U0962243

中华文脉
SINIC CONTEXT

从中原到中国

王战营 / 主编

中华文脉
SINIC CONTEXT

从中原到中国

王战营 / 主编

中国功夫

王广西　王　萌　著

中原出版传媒集团
中原传媒股份公司
大象出版社
·郑州·

图书在版编目（CIP）数据

中国功夫 / 王广西，王萌著.—郑州：大象出版社，2022.2（2023.4重印）
（中华文脉：从中原到中国）
ISBN 978-7-5711-1288-2

Ⅰ.①中… Ⅱ.①王… ②王… Ⅲ.①武术-研究-中国 Ⅳ.①G852

中国版本图书馆CIP数据核字(2021)第276947号

中国功夫

王广西 王 萌 著

出 版 人：汪林中
项目统筹：张前进 管 昕
责任编辑：李小希
封面设计：王莉娟
内文设计：王莉娟
责任校对：安德华 张绍纳
责任印制：郭 锋

出版发行：大象出版社（郑州市郑东新区祥盛街27号 邮政编码 450016）
发行科 0371-63863551 总编室 0371-65597936
网 址：www.daxiang.cn

经 销：各地新华书店经销
印 刷：北京汇林印务有限公司
开 本：720mm×1020mm 1/16
印 张：18.75
字 数：234千字
版 次：2022年2月第1版 2023年4月第2次印刷
定 价：58.00元

印厂地址 北京市大兴区黄村镇南六环磁各庄立交桥南200米（中轴路东侧）
邮政编码 102600 电话 010-61264834

前言

武术是中华民族的宝贵文化遗产，也是中华民族对人类文化的又一贡献。

中国武术，古称“拳勇”“技击”，民国时期又称“国术”，外国人则称之为“功夫”。它是民族智慧的结晶，是民族传统文化在武技领域的体现。中国武术的哲学核心是儒家的中和养气之说，同时又融会了道家的守静致柔、释家的禅定参悟等诸多理论，呈现出三教合一的文化风貌，深蕴着天人合一的东方韵趣，从而构成了一个博大精深的武学体系，成为世界上独一无二的“武文化”。

中国武术浸润着中华民族的性格气质，蕴含着中华民族对搏击之道的独特悟解。它既不同于张扬自我、崇尚刚猛的欧美拳击，又不同于极具岛国文化特色的日本空手道，也不同于秉赋浓烈、充满热带丛林气息的泰拳。中国武术讲究内外兼修、刚柔相济，既有刚健雄美的外形，又有渊雅深邃的内涵。中国武术不仅仅是搏击术，更不是单纯的拳脚运动，也不是力气与技法的简单结合，而是深蕴着先哲们对生命和宇宙的参悟、诠释着古老的东方哲学理念、追求完满而和谐的生命境界的一种近乎完美的运动形式。

中国武术以技击为中心，以强身自卫为目的，但它的练功原则却是始于养气，终于中和守静之道。拳脚招法形之于外，柔静中和固之于内，外猛而内和，外动而内静，外放而内敛，并非一味逞强争胜、好勇斗狠。心如古井，止水无波，视人如草，无法为法，这才是武学境界的极致。

在中华民族的诸多文化形态中，武术文化是一个高度封闭的文化系统，除了汉魏时期的佛法传入，它几乎没有受到过任何外来文化的影响。武术文化兴起于社会下层，更多反映出中国古代下层百姓的性格气质，以及他们的思维方式和行为方式，颇有点平民色彩。因此，武术文化是相当纯粹的民间文化，与琴棋书画、诗文金石等“雅文化”相比，它似乎显得坚硬而粗粝。中国武术文化以其山野草莽之气为深厚底蕴，始终保持着原始古朴的乡野风貌，富于刚健诡异之美，至今仍不失为中国传统文化的一块净土。

青山巍巍，绿水长流。中国武术历经沧桑，千年不衰，至今仍洋溢着生命的活力，它是中国传统文化和民族精神的一个缩影。

目录

小引：大儒黄宗羲与高手王征南

明月当空，万籁俱寂，在浙东余姚城南的化安山中，一座草庵默然独立，小小的窗孔里依稀透出微光。这草庵虽小，居然还有一块门额，于淡淡清辉之中，分明显出“龙虎山堂”四个大字，字体端庄凝重，风骨内敛。时当初春，山风微拂，已无寒意，只是带有大海的咸湿之味，从极远处也仿佛传来海涛的微微声响。

此刻，一位老人正端坐在草庵中。他面孔清癯，望着烛光深思良久，骤然长叹一声，铺开纸，奋笔写下一行字来：

王征南墓志铭

只见他笔走龙蛇，文不加点，不到一个时辰，已将这篇墓志铭写完。他放下毛笔，将文章从头到尾又细看一遍，长长嘘了口气，复又正襟危坐，闭目不动，犹如入定老僧。

这位老人，便是明末清初的大学者黄宗羲（1610—1695）。他所悼念的王征南（1617—1669），则是当时的一名武林高手。

明朝末年，昏君当政，阉党擅权，饥民揭竿而起，外敌长驱直入，天下已呈大乱之兆。不少正直士人矢志报国，谈兵习武之风甚盛，黄宗羲也学了几路拳脚。黄宗羲之父黄尊素（1584—1626）是东林名士，当时任山东道监察御史，因弹劾太监魏忠贤（1568—1627）而遭逮捕，与东林党大臣20余人同时被害。一年后，崇祯皇帝（1611—1644）即位，大力铲除阉党，魏忠贤自缢而死，黄尊素等东林党大臣得以平反昭雪，19岁的黄宗羲赴京谢恩。他袖藏铁锥，誓报父仇，在刑部大堂击伤皇后外甥许显纯、太监李实，在天牢门口拔下崔应元的胡子。他又同另外两位死难大臣的遗孤一起，找到亲手残害父亲的狱卒叶咨、颜文仲，将二人当场击毙。当许显纯、李实、崔应元等奸人被处决后，黄宗羲会同诸死难大臣遗孤在诏狱中门设祭，哭声震天。崇祯皇帝得知，叹息道："忠臣孤子，甚恻朕怀。"下令不得追究他们的越轨行为。

清军大举入关后，黄宗羲在家乡招募子弟兵数百名，组成"世忠营"，在杭州湾一带抵御清军，旋即败溃。他又渡海至舟山，助鲁王谋划军事，但诸将骄悍，不服统制，遂致一事无成。清廷通缉反清志士，黄宗羲赫然名列浙东首位，他只得窜匿草莽，流亡四方，屡濒于危难。南明几个小朝廷先后覆灭，黄宗羲明白匡复无望，不得不奉母回到家乡，隐居在化安山的龙虎山堂，潜心著述。

王征南也是一位反清志士，曾以武功任明军把总。清军入关后，王征南投奔鲁王，屡立战功，升任都督佥事、副总兵。事败后他隐居家乡，终日锄地担粪，俨然一木讷农人。

王征南是武当派传人，武当派为内家者，讲究以柔克刚，以静制动，尤善点穴之术。但王征南深自韬晦，不到危急关头，从不显示武技。黄宗羲曾同他一块儿游天童山，遇到和尚山焰。山焰也是一位奇人，力气大得惊人，平伸一臂，四五个壮汉也拽不动他。但王征南稍一伸手，山焰就痛不可支，蹶然倒地。

后来，王征南因爱子夭折，伤心过度而不幸去世，年仅 52 岁。

王征南将武功传给了黄宗羲之子黄百家（1643—1709）。

月色溶溶，春夜寂寂，不知过了多长时间，黄宗羲终于从对老友的回忆中恍然醒来。他拿过笔，在文章最后添上一段铭文：

> 有技如斯，而不一施。终不鬻技，其志可悲。水浅山老，孤坟孰保？视此铭章，庶几有考。

这一年，是康熙八年，即 1669 年。

二十六年后，黄宗羲以 85 岁高龄，卒于余姚家中。

儒学大师兼抗清志士的双重身份，使黄宗羲名垂青史，令后人景仰有加，他的文集以多种版本流传海内。但是，写于春夜里的这篇《王征南墓志铭》，在很长时间里并没有引起后人的特别注意。

然而，这位老人没有想到，这篇千余字的短文，竟在三百多年后的今天被视为中国武术史的珍贵文献，并引发了一场旷日持久的争论。

在中国武术史上，《王征南墓志铭》享有六个“第一”：

第一次提出内家、外家之分；

第一次提出内家拳始创于武当道士张三峰（丰）；

第一次记录了内家拳的传承谱系；

第一次披露了内家拳的技击原则是“以静制动”，有别于外家拳的“主于搏人”；

第一次披露了内家拳的门规是极秘其技，择徒甚严，且“得传之后，绝不露圭角，非遇甚困则不发”；

第一次披露了点穴之术。

黄宗羲是一代大儒，并非拳术名家，但仅凭这六个“第一”，他在武术史上就足可不朽了。

一

缘起与概貌

关于武术的起源，历来有不少神奇的传说，但多是后人的附会。武术起源于远古人类与野兽的搏斗和部落之间的战争。早在周代，《诗经·巧言》中就出现了“无拳无勇，职为乱阶”的说法。《礼记·王制》记载：“凡执技论力，适四方，裸股肱，决射御。”表明当时可能已经出现了技击性质的比赛，后来又出现了定期的比武大会，即“春秋角试，以练精锐为右”（《管子·七法》）。《庄子·说剑》中记载赵文王养剑士三千余人，“日夜相击于前，死伤者岁百余人，好之不厌”。到了汉代，武术有了长足的发展。河南出土的汉画像石中，有不少描绘武术动作的图案，如“击剑图”“舞剑图”“空手夺枪图”“剑戟对刺图”等，反映出当时已经出现了单练套路和对练拳路。

另外，从春秋战国起，道家行气术就已初具雏形。老子提倡“致虚极，守静笃”“营魄抱一”“专气致柔”，庄子提出“吹呴呼吸，吐故纳新”，战国后期的《行气玉佩铭》已经完整地记录了行气的方法。老庄的养气理论与阴阳五行学说相结合，后来成为中国武术内功训练的基础。老子揭示的某些哲理如以静制动、以柔克刚、大巧若拙等，后来被中国武术的各种拳派普遍吸收，更被各内家拳派奉为技击原则。

内外兼修、形神合一是中国武术的基本特征。在漫长的历史发展过程中，武术与行气逐渐互相融合，武术家通过系统的行气训练以充分调动体内的潜在能量，达到“以意领气，以气催力”的技击目的。宋、元之际，武术与行气的密切结合成为中国武术发展的大趋势。少林武功至明末而大备，武当派亦于同期崛起，都是历史发展的必然。

奇妙的搏击术

不少外国人对中国武术的第一印象，来自李小龙（1940—1973）的功夫电影，“不可思议”是其最常见的赞叹。而当他们进一步接触中国武术之后，他们就会发现自己正在面对着一个远比银幕上呈现的更为奇妙、更加不可思议的世界，这是一个充满了中世纪情调的文化宝库。而在这座文化宝库的后面，高高地矗立着一个既不缺乏智慧也不缺乏人情味儿的古老民族。

中国武术是中华民族智慧结晶的一部分，其中积淀了深厚的历史文化，渗透了多样的民族心理气质。中国武术的招法丰富，使世界上其他任何搏击术相形见绌；而其种种神奇的功法，更是在世界搏击界独树一帜。

中国武术的招法，一般分为打、破、拿、摔四大类。“打”指打法，多为进攻招数。“破”指破法，多为防守招数。“拿”指擒拿法，是以反屈对方关节为主要手段从而锁拿对方的招数。“摔”指摔法，是以使对方身体失去重心为目的的招数。以上四大类只是大致的区分，而在实际应用时彼此难以截然分开，往往是打中有破，破中有打，拿中有打有破，摔中兼有打、破、拿。打、破、拿、摔四法交相为用，融为一炉。仅以常见的腿法而言，就有踹、铲、缠、蹬、点、撩、踩、踢、别、扫、勾、砸等十多种，腿脚的各个部位都可以用以击人，也都可以用以自卫，其中的缠腿、别腿、踩腿诸技法中又暗伏着拿、摔的若干招数。

在中国武术中，身体的任何部位都可以成为进攻的目标，于是，关于人体各部位的进攻和防守就成了武术招法中的一个十分重要的内容。一代又一代的武林前辈们从丰富的实战经验中创造出各种针对人体各重要部位的攻防招式，其招式之多难以数计，其变化之繁复多端令人瞠目结舌。比如，进攻眼部，有用以扰乱目光的虚掌、封掌，也有用以扫伤对方眼眶的云掌、贯拳，还有用以砸击的钻拳、反背捶和劈掌，更有以戳伤双眼为目的的毒招“二龙戏珠”。这些招法都有其相应的防守动作。当然，这些招法并不只限于攻击眼部，在实战中，习武者忖时度势，可左可右，可上可下。如“二龙戏珠”一式，既可攻击对方眼部，又可在途中倏然变向点刺对方喉部，即为“白蛇吐信”；亦可径直点击对方胸部诸大穴，或在行招受阻时，倏然变指为爪，斜击其面部、胸部，或可突以塌掌挫伤对方胸部；同时，手指亦可稍向上移，点击对方额部大穴，或侧向拂击对方太阳穴，也可由指变掌，拍击对方头部。凡此种种精微变化难以尽述，一言以蔽之，不过是“随机应变，幻化莫方”八个字而已。

除了招式精妙，中国武术中还有许多神奇的内功功法，人们常见的多为硬气功。练习这种功法，不仅可以强健内脏，而且能够练出某种令人难以置信的特殊本领。比如“铁裆功”，功成后可使下阴部位坚硬如铁，经得起拳打脚踢。

在中国武术中，最神奇的莫过于点穴术了。根据中国传统医学理论，人体共有十二经络和365个穴位，其中大穴108个，小穴257个。气血调和、阴阳平衡是生命的根本。点穴术即依据此理，反其道而行之，施用点击手法，使对手气血阻滞、阴阳失调，从而失去抵抗能力。武术家们通常认为人体有死穴36个，受击后可以致命，但实际上并非全

角抵纹透雕铜饰（摹绘），战国，陕西西安出土

木篦彩绘角抵图，秦，湖北江陵出土

图绘三男子赤裸上身，腰束长带，下着短裤。右侧二人作势欲搏；左侧一人直立，双手前伸，似为裁判。

部如此。如太阳、百会、风府、玉枕、风池等头部大穴与脑部密切相关，若受重击很有可能造成死亡。其他如华盖、膻中、巨阙、气海、乳根、期门、章门、命门等诸多穴位也属要穴，受击后会造成内伤，或引起晕厥。另有若干穴位对局部肢体有控制作用，如内关对于手掌，曲池对于前臂，肩髃对于全臂，血海、阳陵泉对于腿部等，若该穴位被击中，则有关肢体会立即酸软无力，失去抵抗能力，这也是擒拿术中的一个重要内容。

点穴术是中国武术中的上乘武功，非有较深内功根底者不能掌握。点穴手法多种多样，除了常用的“金剪指”手法（用食指、中指的指尖点插对方要穴），还可以用指节突起部、拳棱、指骨根部、肘部、头部、胯部、膝部、脚尖等多个部位实施点穴术，随机应变，使对手防不胜防。

在中国武术中，身体的各个部位都可以当作进攻的利器，除手脚以外，头可撞，肘、膝可顶，肩、胯可挤靠，腹部可撞人。其中以肘、膝顶撞对方发力猛、威力大，在贴身搏击中常常能收到出奇制胜之效，致敌伤残。行家们常说的“宁挨十手，不挨一肘”，就是讲肘击的厉害。各派武术中都有专门练习肘法的动作，甚至还有不少主要以肘法组合的完整套路，如“六合肘”等。肩、胯的挤靠动作多为同步完成，力发于腰，扭肩上胯，在刹那之间可爆发出巨大的力道，将对手远远摔出。用头部击人也是武术中常见的进攻招式。人的头盖骨硬度很大，可以在近距离内点击对方面部，重创其眼、鼻、下颚等要害部位，也可以径直撞击对方胸腹部，使对方不支而向后仰摔。

中国人虑事细密，心思巧捷，反映在武术搏击中，则是“尚智不尚力”，表现出灵巧快捷、威猛凌厉的特点。明代抗倭名将戚继光（1528—1588）说：

学拳要身法活便，手法便利，脚法轻固，进退得宜。腿可飞腾，

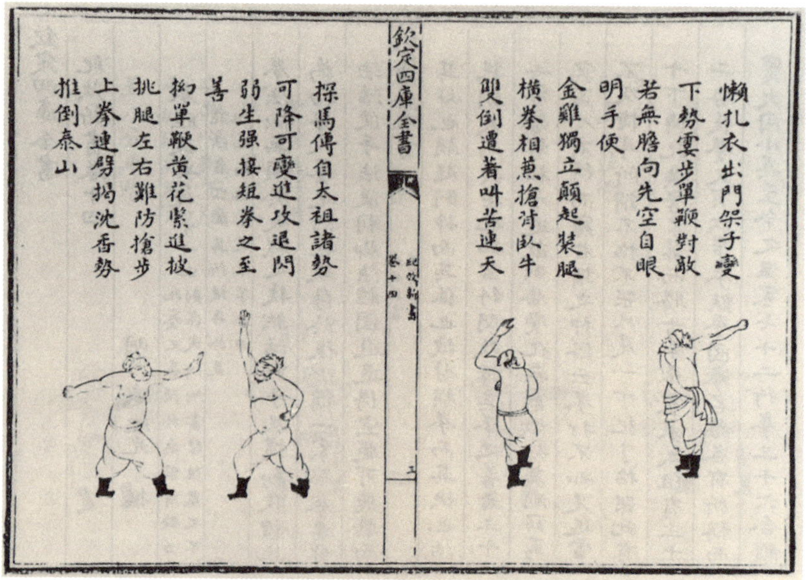

《拳经》，《纪效新书》，明，戚继光

而其妙也；颠起倒插，而其猛也；披劈横拳，而其快也；活捉朝天，而其柔也。知当斜闪。（《纪效新书》）

他在这里总结出“妙、猛、快、柔”四字要诀。“妙”指技法之妙，古人擅腿，此处特指腿法；“猛”指跌人之猛，也泛指入手时的威猛之势；“快”指拳法迅疾，即“以快打慢”“以巧打拙”，出手如箭发，落势如风卷，这是击人制胜的最重要因素；“柔”指以柔克刚，主要指拿法，即以柔劲拿人。这一段中最后的“知当斜闪”四字有两层意思，“知当”是了解对方的发力节奏，“斜闪”讲的是斜行闪步，即避冲逃直的躲闪之法。戚继光的这段话，基本上概括了中国武术的总体风格。

中国武术讲究尚智尚巧，以意击人，反对拙力、蛮力，反对抵牛相斗般的死拼力气。擒拿术乘势顺劲，以小力拿大力；太极拳中的“四两拨千斤”顺势而施，以小力跌大力；地躺拳法主动倒地击人；猴拳以轻灵迅捷见长；八卦掌以圆形步法翻转不停：这些都体现了中国人尚智尚巧的气质特点。以意击人则与中国武术中的心理训练和内功训练大有关系，这是中国人内向自省的民族特点在武学中的体现，也是古代养生术与技击术相结合的产物。

双人对打，1930 年

内外兼修

形神合一、内外兼修是中国武术的基本特征。中国武术合技击与养生为一体，于内顺应人体阴阳平衡、经络贯通的医理，于外合乎攻防有序、发力应敌的搏击之道。养生为体，技击为用。习武之人平时养气修性，身体强壮，精力充沛，临敌时则化气为力，形之为技击。

形神合一指以意领气，意到气到，体内之意（神）与击敌之招式（形）合为一体，二者之间无间隔、无阻滞，彼此贯通，浑灏流转。这是内外兼修所要达到的目标，也是武学的高级境界。

内外兼修中的内修包括两个方面：一是修养武德，二是修练内功。

中国武术以立德养性为本，主张养气合道，文事武备，从来反对好勇斗狠、凶残暴戾。在许多武术家眼里，练武只是立德养性、强健身体的一种手段，而不是目的。中国武术界历来把武德视为头等大事，不少门派都为此立下若干规矩，严令门徒遵守，若有违犯，定然责罚不贷。

以立德养气为本的思想是中国武术所独有的，内功为武术的根基，养气为内功的基础。养气以太和为旨，不偏不倚，不刚不柔，亦刚亦柔。太和之气与争强好胜之心背道而驰，气合于理，拳合于道，气愈充盈而争强好胜之心愈消。所以练拳的人功夫愈高，脾气反而愈好，心胸愈加开阔，极少与人斗气争胜，逞一时之强。

中国武术极讲究内功修练，各门派都有自己的内功功法，其原理不外是以意领气，贯通经络，完成周天功。武术中的内功功法多源于道家的养生术，平时习练可活经健体，一旦遇敌即可以意发力，使招式平添不少威力。

义勇武安王位，墨线版印，宋元，陕西平阳，俄罗斯圣彼得堡国家美术博物馆藏

关羽是仁义神勇的化身。北宋宣和五年（1123），他被敕封为“义勇武安王”。

内功功法大体分为两类：一类是动功，即在练功时辅之以若干动作，以助行气凝力，一些桩功也属于此类；另一类是静功，即或坐或站，四肢处于相对静止的状态。在修练时，大多是动功与静功互相配合，或晨练动功，晚练静功，有的功法则要求按照静功—动功—静功的顺序练习。在练习内功时，最好经人指点，了解真气的运行方向，不能随心所欲，胡练一气，以免对身体造成损害。

武术各门派的内功中还包括按摩一项。在古代，按摩属于导引术的范畴，也多与道家养生术有关。按摩原理同样源于经络学说，按摩时依照经络方向，依次揉搓身体各要穴，如太阳、印堂、风府、命门、肾俞、肩井、鸠尾、关元、曲池、合谷、劳宫、曲泽、心包、委中、涌泉等，目的在于疏通经络，强健肌肉，促进血液循环，并有扣齿、

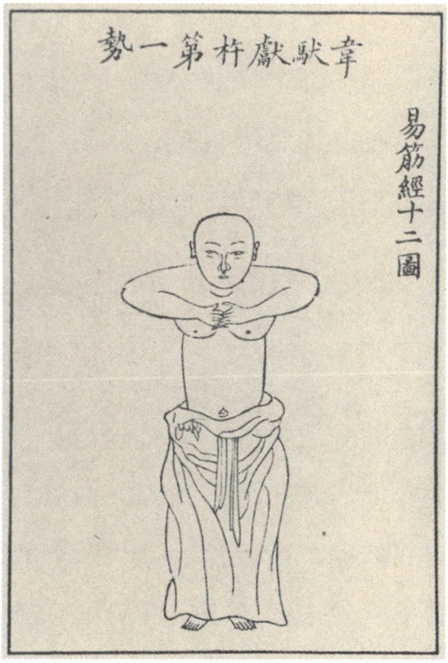

《易筋经》第一势，《内功图说》，清咸丰八年（1858）刊

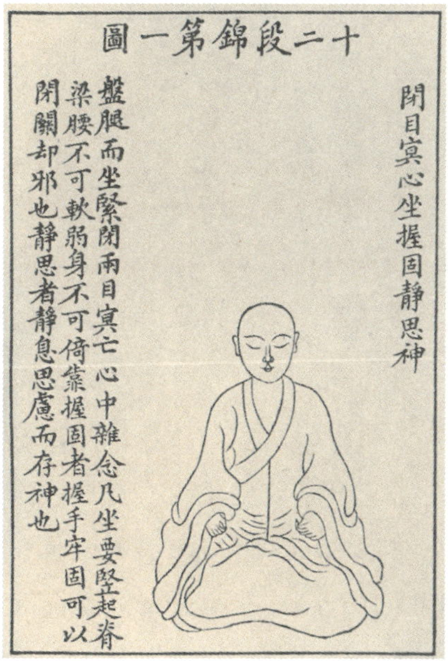

《十二段锦》第一图，《内功图说》，清咸丰八年（1858）刊

干漱、吞唾诸项，合于道家“握固闭口，吞气吞液”的养生之道。

在内外兼修的指导思想之下，学习中国武术必须有巨大的耐心和韧性，急于求成是不行的，只能渐进，不能速成。这与外国搏击术是大相径庭的。

空手道、泰拳和拳击都是以搏击对方为目的的。虽然这些搏击术也都有各自的基本功训练，但基本功训练不久即辅之以实战训练，所以初学者很快就会掌握某些实战技能。习泰拳者，经过基础训练、单招训练、仿真实战训练三个阶段，即可参加擂台实战，这一过程大约需要五年时间。对于中国武术来说，五年时间最多只能练好刚劲，还只是武学中的初级阶段。如果让一位练过五年泰拳的拳师同学了五年中国武术的拳师交手，那么后者很可能抵挡不住前者凌厉刚猛的攻势。倘若五年之后再让这两位拳师交手，则中国拳师未必就不能战胜对方。倘若再隔五年，则中国拳师恐有较多取胜把握。外国的搏击术多凭刚猛之力，急功近利，只求实战效用，且职业拳师多凭此赚钱，所以他们大多烜赫于20—30岁，一过30岁，往往力气衰竭很快，运动生命一早便结束了。同时，由于外国搏击术多不讲究内功，训练过猛，实战中又很容易受伤，许多拳师都留下了终生难愈的伤病。西方拳击手能高寿者甚少，泰拳师平均寿命更短，日本相扑选手平均寿命仅40多岁，和泰拳师的平均寿命差不多。

而中国武术的特点虽然使初学武术者的实战技能进展较迟缓，但由于它合于养生之道，在武技的锻炼中有助于延年益寿，而且只要经年坚持训练，最后也必将掌握足够的实战技能。所以这种渐进性使中国武林高手的年龄特征与外国搏击术高手迥然不同。中国武林高手大多成熟于30岁以后，不少人在40岁前后乃至更晚一些才能达到巅峰状态，他们的成名绝技可以一直保持到六七十岁甚至更久。1983年8月，自然门一代宗师万籁声（1903—1992）先生以80岁高龄，轻易地将美国虎派太极拳法创始人、40岁左右的苏三魂（Soler）掷出数步之远。还有一位名叫王金禅的四川女拳师，1938年曾在四川内江女子擂台赛中获得冠军，以“连三腿”绝招闻名。47年后的1985年，她竟然又接连击败从全国选拔出来的34名武术选手，再度夺取金牌，这时她已是75岁的高龄了。中国武术高手在这等岁数仍然保持着相当不错的竞技状态，这对于外国搏击术高手来说简直是不可想象的。

地域文化的深刻烙印

中国是一个历史悠久、幅员辽阔的多民族大国，地理环境与人文环境均极为多样复杂。由于历史与民族的诸多原因，各地区之间的经济文化发展很不平衡，各地风俗民情也颇有差异，于是形成了若干个各具特色、相对独立的地域性文化区，如中原文化区、齐鲁文化区、燕赵文化区、三晋文化区、荆楚文化区、关陇文化区、吴越文化区、巴蜀文化区、闽南文化区、岭南文化区、关东文化区、藏文化区、蒙古草原文化区、新疆绿洲文化区，以及后起的京派文化区和海派文化区等。中华民族的大文化，实质上就是由这些地域性文化融会而成的。中国古代的学者很早就注意从人文地理学的角度去研究各地域人民性格气质的差异。早在两千多年前，司马迁就在《史记》中详细记述了关中、晋、邯郸、南阳、燕、齐、楚、越诸地民情的差别，这大概是有关中国人文地理学的最早的完整文献了。

武术所呈现的文化形态，必然要以某一地域为依托，从相关地域的文化底蕴中熏陶孕育而出，从而打上该地域文化的深刻烙印。武术的生命力深藏于下层百姓之中，因此它的地域特色是最浓郁的。中国武术有所谓内家、外家之分，又历来有“南拳北腿”之说。清初学者黄宗羲说：

> 少林以拳勇名天下，然主于搏人，人亦得以乘之。有所谓内家者，以静制动，犯者应手即仆。（《王征南墓志铭》）

按照黄宗羲的说法，外家拳是先发制人，主动进攻，内家拳则是后发制人，以静制动。这仅仅是从发劲和搏人的区分上来讲的。后来又有人认为外家拳指刚猛拳路，内家拳指以意领气、偏重内功的拳派，但实际上中国武术的所有门派无不是以内功为根基，所以这种观点也有不尽妥当之处。目前武术界流行的观点是从拳路风格上区分，凡风格偏于刚猛者即判为外家拳，凡偏于阴柔者即判为内家拳。同时也有人主张不宜有内家、外家之分，认为这种提法本身就是不科学的，不符合中国武术的实际情况。

至于“南拳北腿”之说，则是南方人与北方人不同的生理特点在武术中的具体反映。一般来说，北方人身高力大，臂长腿长，重心较高，因而下盘显得空虚。为了弥补这个弱点，他们特别注意发挥腿击的长处，在临敌时善于以迅猛多变的腿法打击对手，而且腰部力量远较臂部力量为大，一旦击中对方，可以造成较大的伤害，所以历来有“手是两扇门，全凭腿打人”“手打三分，脚打七分”的说法。南方人个子一般比较矮小，重心较低，下盘较为稳固，行动敏捷，步法灵活。他们的臂腿不如北方人长，于是就发挥“一寸短，一寸险”的特长，在实战中多以灵活多变、幻化无方的手法应战，避实击虚，贴身靠打，较少用腿脚击人。南拳北腿各有所长，应当因人而宜，不可厚此薄彼。

在漫长的历史进程中，以地域文化为底蕴，中国武术先后形成了七个地域性的大拳系。在每一个大拳系中，又以某一个或几个拳种为中心，衍化出若干个自成体系的拳派。

这七个大拳系是：

（一）少林拳系，以中原文化为依托，以嵩山少林寺为中心，广泛流布于北方各省；

（二）武当拳系，以荆楚文化为依托，以湖北武当山为中心，流布于湖北、河南、江苏、四川、上海等地；

（三）峨眉拳系，以巴蜀文化为依托，以四川峨眉山为中心，流布于四川、重庆；

（四）南拳拳系，以闽南文化和岭南文化为依托，以泉州和珠江三角洲为中心，流布于南方各省；

（五）形意拳系，以三晋文化、燕赵文化、中原文化为依托，以山西、河北、河南为中心，流布全国；

（六）太极拳系，以中原文化、京派文化为依托，以河南、北京为中心，流布全国；

（七）八卦拳系，以京派文化为依托，以北京为中心，流布全国。

其中，少林拳系最早形成，形意、太极、八卦三大拳系形成较晚。人们习惯上把武当、形意、太极、八卦称为“内家四大拳派”。

南人智巧而北人诚朴，这种地域上的气质差异在拳派风格上有比较明显的反映。少林拳肇始于河南登封少林寺，后流布北方

太极拳名师陈微明先生，1947 年

陈微明（1881—1958），湖北蕲水（今湖北浠水）人，先师从孙禄堂，习形意、八卦，后又拜杨澄甫为师，在上海创办致柔拳社。

广大区域，衍化出许多拳派，又由北而南，影响了南方诸拳种，但少林拳至今仍保持着刚猛迅疾、劲力雄浑的特点，在中国武林中独树一帜，这与中原地区人民的民情气质颇有关系。

中原地区历来是兵家必争之地，战祸连绵，所以自古便盛行尚武之风。在艰苦的自然环境的长期磨炼下，中原人民养成了吃苦耐劳、诚厚朴实、坚韧不拔的品格，他们“拙于作伪，亦羞于作伪”，很有毅力和耐性，唯保守性较重，思想不太激进。这种循规蹈矩的思想特点，使他们很容易接受佛教净土宗的信仰，专修往生极乐净土，也使他们容易迷信佛教轮回之说。所有这些，都为以少林寺为代表的寺院武功的发展准备了合适的土壤。

《少林寺校拳图》

此为嵩山少林寺白衣殿壁画，又名《捶谱》，绘于清初。图中一些招式清晰可辨，体现出少林拳大开大合的特点。

北方人身高体壮，但多不如南方人巧言善辩、伶牙俐齿。他们多憨厚之态，少敏黠之智，反映在拳路上，则是大开大合，劲力迅猛，势大招沉，手足并用，架子较高，其风格威猛沉雄，舒展大方。好手行拳，犹如狂飙骤起，暴雨倾至，但闻风声呼呼，当者披靡。少林拳系中的多数拳种都具有这种特点。形意拳是后起的内家拳派，也源于北方，其拳路更加简约实用、朴实无华，突出了以拙胜巧、以少胜多的技击功能。

长江以南，山清水秀，气候湿热，物产丰富。唐宋以后，其经济文化的发展超过北方，因海通较早，民智久开，思想较少保守而富于兼容性，不太恋守家园。闽粤一带民风历来强悍，特别是闽南的泉州、漳州一带，其民风之刚烈遒劲，较之山东、河南有过之而无不及。百姓多聚族而居，私家械斗成风，也时时纠众以抗官府，向称难治。在

福建永定客家土楼

客家土楼外形如圆形巨硐，内有水源及贮粮之所。为安全计，客家人多聚族而居，一座土楼内可居住数百乃至上千口人。

闽粤地区，上层人士多耽于禅悦，一般百姓则虔敬鬼神，禅宗与净土宗较有影响。

闽粤一带濒临大海，山水奇丽，云雾开合，幻化无方，风光景物自成一格，可谓“山耸空翠，水拖软蓝”，不像中原地区千里平畴。这样的自然环境有助于启发人的智慧和想象力，反映在拳路上，则是门户严密，动作紧凑，手法灵巧，架子较低，体现出以小打大、以巧胜拙、以多胜少、以快打慢的技击特色。南拳拳系大抵如此。

四川山高水险，湿热多雾，千里沃野，物产丰富。巴蜀文化历来具有胸襟开阔、兼容性强、求新求变的特点。它既不像中原文化那样，具有顽强的民族主导意识；又不像岭南文化那样，带有鲜明的临海地域色彩，表现出强烈的功利趋向；也不像吴越文化那样，浸润着历史

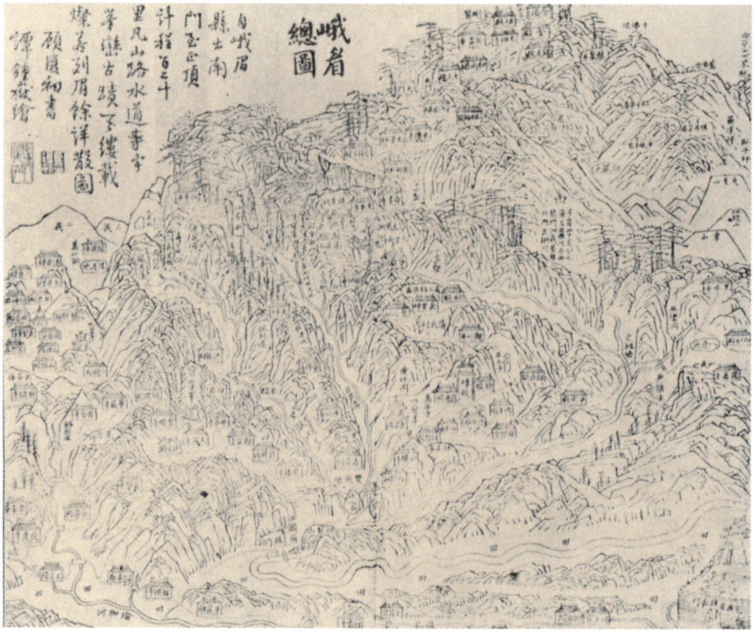

《峨眉总图》，《峨眉山志》，民国 23 年（1934）刊

的自豪感，在轻松与小巧之中陶醉于悠远的神韵。它兼收并蓄，广泛汲取外来文化，呈现出新奇、浪漫的巴蜀情调。

峨眉拳系正是巴蜀文化的一个缩影，兼有寺院武功及南拳两家之长，其手法多变类于南拳，而善用腿法击人又似少林拳法。明代儒学大师、抗倭名将唐顺之（1507—1560）曾写过一首《峨眉道人拳歌》，描绘了一位峨眉道人演练少林拳法的精彩场面。由此可以推测峨眉拳系在形成和发展的漫长过程中曾不断汲取姊妹拳系的有益成分，终于自成一家。

至于东南一带，虽然在清兵南下之际，抵抗最为惨烈，“扬州十日”“嘉定三屠”的惨事都发生在这里，《汉书》称吴人轻死而易发，并非没有道理；不过，东南一带风气大体上还是较为文弱儒雅，尚智而不尚力。在北方的少林拳系和闽粤的南拳拳系之间，东南吴越一带似乎是个空白，而实际上并非如此，史籍中记载的“越女剑法”就出现在这里。在明朝平倭战争中立下赫赫战功的戚家军，其部众几乎全是从浙江台州、处州（今丽水）、衢州、温州一带招募的民众，以悍勇善战著称于世。东南一带海运方便，物产丰饶，经济繁荣，是南北武术交流融会的中枢之地，南北两派的拳种在这一带都有流传，呈现出南北争妍、百花齐放的景象，体现了南北交流的过渡性地域特点。时至今日，沪、宁、杭一带的武术界在国内享有盛誉，未可等闲视之。

此外，我国境内不少兄弟民族也都有自己传统的武术项目。蒙古族人刚毅豪爽，身高体壮，剽悍有力，以擅长摔跤术而闻名全国。回族人凝聚力甚强，性格果决勇烈，富于团结精神和斗争性，其体格也较汉族人高大强壮，自古以来即有尚武之风，其拳路除汤瓶拳、查拳自成一格以外，也多有演练少林拳法和形意拳者，历代均出有武林高手。其他如壮族、傣族、白族、彝族、苗族、藏族、满族、高山族、

《集体操练图》，春秋至两汉，甘肃黑山岩画

图中多数人头顶饰有长羽状物，应为古代北方少数民族。

土家族、哈尼族等，也都各有自己的传统武术。20世纪80年代，云南省武术挖掘组在西双版纳的勐海发现了一组壁画，内容为枪术对练和刀术对练，距今已有二百多年历史。从服饰上考察，似为傣族人。

地域因素不仅使各地区的武术呈现出不同的风格，还深刻地影响了中国武术的传播走向。

中国武术的传播，大体上是由北而南的走向。《汉书》中曾记载："齐愍以技击强，魏惠以武卒奋。"战国时期，齐、魏的疆域大体在今冀鲁豫一带，可见早在两千多年前，华北一带习武之人的技击水平就已名震南北。西汉初年，这一带又出了几位名垂青史的大侠，如鲁地（今属山东）的朱家、洛阳的剧孟、济南的瞯氏、陈地（今属河南）的周庸、代郡（今属河北）的白氏诸人、梁地（今属河南）的韩无辟、阳翟（今属河南）的薛兄、颍川（今属河南）的韩孺等，当时的游侠尚武之盛风可见一斑。在这样的历史土壤中，武术较早走向成熟是合乎情理的。

随着历史上中原文化的数次南迁和南北人民交流的日渐频繁，北方武术逐渐传入长江以南地区，推动了南方武术的发展。从4世纪起，中国境内由北而南出现过三次大规模移民。第一次是在两晋之际，即西晋末到东晋初，当时有一部分北方人辗转迁移到福建，被称为“福老”。第二次是在唐朝末年僖宗时期，即公元 874 年至 888 年之间。第三次是在两宋之际，即北宋末到南宋初。这些从北方迁居南方的人被称为“客家人”，他们一直是中国人中最有活力的一部分。这三次大规模移民，最值得注意的是第二次和第三次。

唐僖宗时，河南固始人王潮（846—898）、王审知（862—925）兄弟率兵五千余人及大批家眷渡江南下，攻占福建。在福建执政的三十年间，他们留在河南的族人亲戚还不断南下，有不少人参加了他们的军队。

北宋靖康二年（1127），金兵攻破宋都东京（今河南开封），掳去徽、钦二帝，宋室南渡，建都临安（今浙江杭州），史称南宋。当时有大批军民官员络绎南迁，总数当在百万以上，形成了历史上最大的一次北民南迁。

戚继光画像

以上三次移民高潮，均是从河南出发。第二次南迁时，少林武功已颇有名气，王氏兄弟又均为带兵之人，他们的部众很有可能将北方武术带到福建。第三次南迁时，少林武功发展更加繁盛，大批移民势必将更加成熟的武术带到南方。

此外，戚继光抗倭的军事行动也推动了北方武术在南方的推广和传播。戚继光是山东蓬莱人，祖上六代都是军官，其武功当属于北少林一系。在部队的武功训练中，戚继光最重实战，严禁花法，所有拳械的训练套路都由他亲自编定。明嘉靖年间（1522—1566），戚继光率领他的戚家军转战浙、闽、粤三省，屡歼倭寇，战无不胜，攻无不克。戚家军的辉煌战绩，必使这种带有明显北方特色的武功对闽粤武术的发展产生相当大的影响。

虽然发生了数次大规模的移民南迁，但由于元、明、清三朝均定都北京，统治时间长达六百多年（1271—1911），而明、清两朝（1368—1911）五百多年间又是中国武术的大发展时期，因此华北地区的尚武之风，随着政治中心在北方的相对稳定而得以持续发展。

这一时期，少林武功已名扬天下，在南传的过程中，对南拳拳系、峨眉拳系的形成和发展产生了重要影响。同时，少林寺的拳术和棍法

少林寺

手持八卦大刀的傅振嵩宗师

心意六合拳名师卢嵩高先生

卢嵩高（1873—1961），河南周口人，师承袁凤仪，为河南心意六合拳颇具代表性的人物，曾在上海传拳多年。

得到抗倭名将俞大猷（1503—1579）的指点，其所著《剑经》（此为论棍之书，当时把棍称为剑、长剑，故称《剑经》）一书也传授给寺僧。另外，少林寺僧洪记还从刘德长处学得独步天下的峨眉枪法。

明朝末年，天下大乱，士大夫习武成风。清军入关以后，各地义军蜂起，战争至为惨烈。抵抗失败以后，不少知识分子为躲避迫害，或隐居，或剃度出家，依然练武不辍，以图光复故国。他们既有一定的武功根底，又有较高的文化素养，将民间武艺带入寺院，与原有的寺院武功交流融会，又加以提炼、总结，使寺院武功愈臻精湛。清朝初年，统治者严禁民间练武，唯有少林寺等寺院的僧众仍暗地坚持练武。以少林寺为代表的寺院武功在这一时期得到迅速发展，巩固了少林武术的正宗地位，成为这一特定历史时期武术发展的一个显著特点。

广东第 11 届全省运动会中元甲女学学生表演功力拳，1930 年

太极拳名师杨澄甫先生行拳照

杨澄甫（1883—1936）生于北京，其祖父杨露禅（1799—1872）、伯父杨班侯（1837—1892？）、父亲杨健侯（1839—1917）均为太极名家。

清末民初之际，北京成为武术的中心，聚集了国内众多一流高手，许多门派的宗师巨匠荟萃一堂，互相切磋武功，极一时之盛。而后，其中的一些人陆续南下，寓居上海，沪上人才一时鼎盛。1927 年 3 月，中央国术馆在南京成立，并两次举行“国考”，全国武林精英几乎尽聚于此。后来，万籁声、顾汝章（1894—1952）、李先五（1905—1974）、傅振嵩（1881—1953）等名师又南下广州。抗日战争时期，许多名师辗转到达四川，重庆一度变成全国的武术中心。这次北拳南传的大致路线是：北京—上海—广州—港澳—海外，其时间大体在 20 世纪初叶至 60 年代，持续了半个世纪左右，对推动南方武术发展起了重要作用。

这大概是自明清以来规模最大的一次北拳南传。经过这次北拳南传之后，中国武坛的南北两大地域形成了大致平衡的格局，但各地域仍然具有自己的某些传统优势，如北方的少林拳系（包括螳螂、劈挂、戳脚、翻子、梅花、洪拳等）及太极、形意、八卦、大成等，南方的南拳拳系、峨眉拳系、武当拳系等。如形意拳，目前虽已传遍全国，但仍以形意三大支的故乡——山西、河北、河南的基础较为雄厚。陈氏太极拳的故乡河南和其他几支太极拳的昌盛故地北京至今仍拥有一批数量可观的太极好手。当然，在这一时期内，也有优秀的南方拳种北传的实例，如自然门即由四川传至北京，而后又南传至广州。广东南拳之一的虎鹤双形和峨眉拳系的一些拳种也逐渐在北方流传。

在今后相当长的一个时期内，北拳南传仍将缓慢进行，其流量和速度将依然高于南拳北传的进程。

二

民间文化的特殊形态

武术文化是中国民间文化的一种特殊形态。它不是一般意义上的文化，而是一种地地道道的“武文化”，又可称为“武学”。然而，它又同专门研究用兵打仗的军事学有很大区别。武术所注重的是个体与个体的对抗，而不是群体之间的对抗。从这个意义上说，武术所体现的实际上是一种关于个体对抗行为的文化形态，其主要表现形式为攻防格斗之术。

武术不仅源于民间，广泛流传于民间，而且始终保持着民间文化的原始、质朴乃至粗糙的特点，始终没有进入较高的文化层次。几千年来，中国武术不断丰富发展，形成了庞大的武学体系，可是它的基本内容仍不外是套路和功法，而且真伪并存，精粗同在，一直缺乏完整而深刻的理论阐释，也缺乏必要的甄别和筛选，犹如一座藏量巨大的富矿，有待于开采和提炼。

武术的文化底蕴在于古代人民朴素的抗暴意识，源于原始人类的求生欲望，而后又引申出惩恶扬善、锄强扶弱的道德价值取向，直接反映了下层人民的愿望。它既不同于刻板华贵的官方文化，又不同于旷逸典雅的文人文化。即使在民间文化的同一范畴内，它也同戏曲、年画之类有明显的区别。戏曲和年画都是供客体观赏的艺术部类，以客体的审美要求为转移，而武术却几乎是纯主体的运动，不以观赏性为主，也很少理会客体的审美要求，只是在攻防格斗上下功夫。因此，在民间文化中，武术文化最不媚俗，最不趋时，也最不容易为时代风气或世俗风尚所影响，它是一种超稳定的传统文化，是中国民间文化领域中的另一块天地。

抗暴意识

抗暴意识是中国武术的基本意识，也是中国武术所有门派的基本指导思想。抗暴意识又可称为“自卫意识”或“防卫意识”，它强调的是自卫防身，抵御暴力侵犯，严禁无故以暴力侵犯他人，严禁恃强凌弱。

中华民族是举世公认的热爱和平的伟大民族。在历史上，尽管中华民族曾经几度强盛，国力雄冠全球，但它极少向外扩张。近代以来，外敌不断入侵，我们顽强抵抗。中华民族很少有不战而降的纪录，倒是从来就有“宁为玉碎，不为瓦全”的传统，不乏与外敌血战到底的决心。因此，中华民族从来没有被外敌彻底征服过。

武术是中华民族的历史财富，它必然被深深地打上民族的烙印，浸润着民族的性格气质。

在这个爱好和平的伟大民族内部，下层人民是最安分的。他们一代又一代勤奋地劳动着，默默无闻地奉献着，为历史的发展做出了伟大的贡献。中国的劳动人民向来要求不高，仅仅是“温饱”二字而已，即便是不温不饱也可以将就着过下去。在长期的暴虐的封建统治下，在连绵不断的天灾人祸的袭击中，中国人养成了惊人的忍耐力，中华民族表现出了极为顽韧的生命力。若不是被逼到绝境，中国人绝不会铤而走险。中国历史上所有的农民起义，都是老百姓被逼得实在活不下去的时候才爆发的，倘若统治阶级逼得稍微轻一点，老百姓就绝不会揭竿而起。

在封建社会里，下层人民的抗暴意识往往带有反抗官府的倾向，如抗租抗捐之类，一旦被官府拿住，就会被加上“谋反”的罪名而难保性命。普通人也会遇到盗贼抢劫、匪人施暴之类的不幸事件，性命财产也难保无虞。无论是反抗官府，还是抵御盗贼，都是被迫而为之，生死难以预料。武术反映的主要是古代下层人民的社会意识，因此武林中的信条是：若不是被逼到绝境，绝不同人动手；倘若一旦被迫动手，则必将全力以赴，置胜败于不计，置生死于度外，哪怕打得天昏地暗也在所不惜。

这是历史的血的经验。前辈们正是不断总结了无数次血的经验，才使武术逐步发展成一种反抗暴力侵犯、保卫自身或他人的生命财产安全的个体行为，使武术文化拥有有关抗暴防身的完整的文化形态。

行家们常说：“搏兔如搏虎。”意思是说，在交手时，不管对方实力强弱，都要把他当作一只猛虎来打，全力拼搏，不敢存丝毫玩忽轻敌之心。这里讲的是一般交手时的情况。倘若群敌环伺，白刃相逼，生死存亡系于呼吸之际，人们又怎敢生出“搏兔”之想？只有豁出性命，或许还能杀出一条生路，拼出一线生机。所以，武术家们一旦被迫作生死之搏，往往会演出惨烈悲壮的一幕。

中国武术讲究的是个体的抗暴意识和个体的抗暴行为，它研究的是个体与个体的对抗，它的所有招式功法都是围绕着抗暴防身设计的，以战胜敌人、保存自己为最终目的。武术各门派都严禁恃技欺人、以强凌弱，也是一种抗暴意识的体现。即使在一般交手时，武术界也讲究“先礼而后兵”，即先向对方抱拳行礼，道声“有请”或“得罪了”。镖师遇上强盗，护院碰上盗贼，也并不是一见面就动手，而是先用江

《劫法场》，版画，《忠义水浒全传》插图，明万历刊本

荆轲刺秦王，画像石，汉，山东嘉祥武氏祠

图中秦王绕柱而走，荆轲掷匕首中铜柱，旋被秦王侍臣抱持，怒发冲冠。

湖暗语套交情，如果对方实在不给面子，这才动手。武林中人彼此试手时，又有“让二不让三”之说。若一方是长辈，则晚辈须让头两招，到第三招才能还手，以示尊敬；若一方是女性，则男性须让对方先攻两招，也是到第三招才还手，以表示无恃强凌弱之嫌。武林中的上述规矩，都是为了缓解矛盾、化解冲突，以不动手为上策。万一动起手来，也因礼数在先，对方不好意思骤下杀手，这样双方都留下一定的回旋余地。

在中国武术中，太极拳和武当拳都是防守的拳术。若对方不来进攻，则彼此相安无事；若对方来进攻，则借力打力，以守为攻；若对方知趣退开，则彼此仍相安无事。意拳（大成拳）的要旨是在对方攻来、双方身体接触的一刹那，陡然爆发内劲将对方弹出，一般也不主动进攻。以上三种拳术都是明显的后发制人，以守为攻。即便是风格较为

《穆桂英大破天门阵》，年画，清，江苏苏州

刚猛的少林、形意、南拳、峨眉诸拳派，也都讲究“彼不动，我不动；彼欲动，我已动”，强调眼明手快，在对方将动未动之际，倏然出招。这就是武术中的“以快打慢”，其实也是后发制人，只是出招疾如闪电，于敌招未至之时已击中敌人而已。拳谚中说“得先者王”“以快为主”，并不是先去打人，抢先动手，而是后发先至，以速度占得先机。在交手时，凡是抢先动手者，多是平庸之辈。

攻击性是人类固有的本性之一，中国武术把这一本性衍化成被动性的防御，而在防御中又强化了攻击，在被动中争取主动。如靠身捶（属少林拳派）中的“马步架打”一式，就是将来拳架开，同时上步出拳，直击对方胸部。少林拳派的迎风八打中有“顺风掌”一式，则是对方以右掌击我耳部，我侧身以右掌磕开，顺势仍以右掌侧击其右耳或右颈部。以上两式都是连消带打，守中有攻，只是“顺风掌”一式显得更紧凑、更利索，攻击的方向正是敌人防无可防、躲无可躲的要害之处。

先守后攻，亦守亦攻，是中国武术技击的基本特点，也是其基本节奏。在防守时，可以或退或闪，或格或架，方法千变万化；而在进攻时，更是将人类的智慧发挥得淋漓尽致，令人叹为观止。在中国武术中，头、肩、肘、手、胯、膝、脚皆是攻击的利器，俗称“七锋”。中国武术最大限度地发挥了人体有关部位的潜在攻击能力，同时也最大限度地伸长了人体诸关节的活动半径，当然也最大限度地调动了人体内部的潜在能量，使之汇为一体，用之于搏击。

既然是抗暴，就必须贯彻“以暴制暴”的原则，抗暴的本身就是实施暴力行为，当然也就“无所不用其极”了。

如果按杀伤程度给中国武术划分等级，大致可分为三个等级：三等为健身或打人之术，为一般习武者所练，其表现形式为套路；二等为伤人之术，为武功较高者所掌握，其表现形式为散手和功法；一等为杀人之术，为民间高手和军警特殊人员所掌握，其表现形式为徒手格杀术。

在中国武术中，不乏“踹膝”“撩阴”“断腕”“锁喉”等阴毒招法。“二龙戏珠”（戳眼）、“白蛇吐信”（刺喉）、“滚盘托珠”（击脑后）、“盘中取果”（扭颈）、“黑虎探爪”（抓脸）、“独占鳌头”（踢腹）之类也都是狠辣招式。可以毫不夸张地说，中国武术中的每一个招式都足以伤人，如最平常的“黑虎掏心”一式，倘若气足力猛，也足可把人击成重伤乃至当场打死。

太极拳《打手歌》云：

> 上打咽喉下打阴，中间两肋并当心，下部两臁合两膝，脑后一掌要真魂。

形意拳歌诀云：

> 肩打一阴返一阳，两手只在暗处藏，左右全凭盖势取，缩长二字一命亡。

《少林打擂秘诀》云：

> 抓推摔劈插，出招先夺头。两拳合太阳，再偷正心口。急中摘茄子，近身卡咽喉。近腿旋跪膝，错身插肋沟。莫忘卸大臂，回马破枕头。乘机卡脖子，换梁抽柱走。近足偷泼麦，背阴臀凸流。更有倒踢脚，朝前猛踢头。摆臀双击胯，奇招使铁头。侧身鬼推磨，迎面放风筝。还有鬼搬跌，神仙也发愁。

少林寺的《擒拿二十四穴歌》中，几乎全是些“溅血”“断骨”“残肢”“绝气”之类的词语，令人毛骨悚然。

由此可见，中国武术在实用时，特别是在抗暴时是极为凶狠的，专找人要命处下手，而且心中不存小善，手下不留容让，诚如《少林交战诀》所言：“你不制他他制你，不可对敌施同情。”

武术源于下层人民的抗暴自卫意识，又在被动的防守中升华出无数绝妙的进攻招式，足以使实施暴力的个体失去继续施暴的能力，从而达到防身的目的，这就是“以暴制暴”“以武止武”的含义所在。

道德规范

“武德”一词，最早见于《左传》。《左传·宣公十二年》中说“武有七德”，即“禁暴、戢兵、保大、定功、安民、和众、丰财”，讲的是对诸侯用兵的道德要求，并含有对战争性质和战争目的的解释，要求禁绝横暴、平息干戈、不误农时、论定功劳、安定百姓、交好诸国、丰饶财粮。《左传》中“武德”的含义同后来武林中所提倡的武德不是一回事，不宜混为一谈。

中国武术界提倡的武德，是指武林中历来存在着的比较严格的道德规范，它是中华民族传统道德的一部分。武德在不同的历史时期有不同的具体内容，但其基本内容长期保持着相对的稳定性和连续性，为各个历史时期的武术界所共同遵守。

武德既然是中华民族传统道德的一部分，它当然不可避免地被打上历史的烙印。封建时代的武德主要包括忠孝节义、重义轻生、除暴安良、锄强扶弱、救厄济困、忠君保主、尊师重道等内容，一方面反映出封建道德观念在武术界的主导地位，一方面也反映了武林人士对专制统治的反抗意识。这种两重性是由社会性质决定的。

一般来说，武术界的传统观念比较浓厚，与高速发展的社会相比，武林中人总显得有些滞后。这是因为中国武术文化属于传统文化，犹如一坛老酒，贮藏年代愈久，便愈见其醇香浓郁。习武之人毕生沉浸其中，心神所在，耳濡目染，不知不觉已被浸润陶冶，其重视传统观念当在情理之中。

据万籁声先生介绍，少林寺传授门徒规条如下：

第一条：尊师重道，孝悌为先！

第二条：苦练功夫，体得先贤！

第三条：不准奸淫，衣冠歪斜！

第四条：不准扬拳舞爪，以下犯上！

第五条：不准无故发笑，口造妄言！

第六条：不准以大压小，公报私仇！

第七条：不准指东杀西，高声争论！

第八条：不准翘脚架腿，开口骂人！

第九条：不准唆弄是非，以欺弱好强！

第十条：不准贪图渔利，盗人财物！

第十一条：要低声息气，不耻下问！

第十二条：要克己和众，助人成美！

另有“十不许”如下：

一、不许恃有本领，欺奸妇女！

二、不许恃有本领，抢孀逼嫁！

三、不许恃有本领，欺负良善！

四、不许恃有本领，劫夺财产！

五、不许恃有本领，酗酒滋事！

六、不许恃有本领，伤残世人！

七、不许恃有本领，胡作非为！

八、不许恃有本领，背弃六亲！

九、不许恃有本领，违拗师长！

十、不许恃有本领，交结匪人！

此外，还有门徒进堂“十愿”，即弟子初入门时跪在师父面前所发的十条誓言。这“十愿”是：

一、愿学此本领，保国安民！

二、愿学此本领，抑强扶弱！

三、愿学此本领，救世济人！

四、愿学此本领，锄恶除奸！

五、愿学此本领，保助孤寡！

六、愿学此本领，仗义疏财！

七、愿学此本领，见义勇为！

八、愿学此本领，兴旺门第！

九、愿学此本领，舍身救难！

十、愿学此本领，传授贤徒！

以上少林寺诸多门规，大体上包括戒色、戒财、戒恶、助弱、尊师、谦让六类，其主旨是要求习武之人去恶向善，体现了中华民族的基本道德观念。其他拳派的门规与此大同小异，如河南派形意拳的门规规定：

宁可失传，也不乱传。凡忤逆不孝者，贪财如命者，逞能欺人者，贪酒好色者，概不得传。

师不正不投，徒不正不收。为师者以严为明，教徒必成；为徒者敬师如父，既学必成。

不求千式有，只要一招精。

功成艺就，决不许在街头卖艺求钱。

武林中的道德规范大致可以归纳为五个方面：

（一）谦和忍让

这是指习武者的个人修养。

武林前辈们认为“德为习武之本”，又主张“善养吾浩然之气”

（《孟子》），历来反对一味习武，不修德行。他们认为习武者必须具有相当的涵养，遇事要能忍让，不到万不得已的情况下不得与人交手，即使被迫应敌，在一般情况下也不得骤施杀手。

武学即道，艺无止境，认识到这一点，人们就不会盲目自满了。凡是武林高手都很讲究“谦让”二字。拳之至理在于中和，拳性刚柔无偏，人的气质亦当以中和为上。在武术界中，武艺越高的人待人越谦和，遇事越能忍让。

对于一般习武之人来说，要做到谦和忍让并不容易。练武要经历几个阶段，当武功小有成就时，最易自满，也最难谦让，自以为“老子天下第一”，忘记了“天外有天，人外有人”这个最浅显的道理。在习武过程中不断与人比试较量，难免要有胜负之分、拳脚之伤，双方可能为此结下仇气。习武者自认为身怀武技，常常瞧不起不会武术之人，借此欺凌弱小，横行一方。

然而，就武术界而言，这还不是最重要的问题。

最重要的问题是门户之见和门派之争。

中国武术界究竟有多少门派，恐怕至今也没有人能说得清楚。少林拳历史较久，许多拳种都出自少林拳系。南拳拳系也十分丰富，仅广东南拳就有洪、刘、蔡、李、莫等近20种。太极、形意都是出现较晚的拳种，但近百年来，由陈氏太极拳又演变出杨氏、吴氏、孙氏、武氏四种太极拳，形意拳演变为山西、河北、河南三大流派，从形意拳中又衍生出意拳。此外，还有不少拳种传人寥寥，又不事张扬，以致罕为人知。如自然门在民国初年刚创立时，有些老拳师竟视其武功为奇谈，认为不可思议。20世纪80年代初，笔者听说河南鸡公山一带有一种“狼拳”，为一老妪所授，传人极少，遂通过朋友介绍，前往鸡公山寻找传人。后找到一位先生，20多岁，在政府机关供职，英气勃勃，待人十分谦和。笔者再三请他演示一二，而终不获请。他坦言道：师门有令，不得在外人面前演示；又说此拳颇不雅观，不看也罢。据这位先生介绍，此拳确为一老妪所传，只在晚间无人处练习，外人无从得见。听说南方有一种“犬拳”（地术拳法），为明末清初之际四月、五枚两位尼姑所传，历代多有女性高手，不知与鸡公山之“狼拳”是否为同门而异名，抑或有何渊源关系。

以笔者的孤陋寡闻，尚且于无意之中，从并不算很偏僻的鸡公山得知一门新拳种，可想以中国之大、山川之奇，那些至今尚在悄悄流传而罕为人知的拳种，当不在少数。

在中国武林中，无论是哪个拳种，哪个门派，无不各有独到之处，只要练到一定火候，自能立足于武林而无愧，很难说哪个拳种最厉害，哪个门派最好。武林高手之称誉，从来是就技艺功夫而言，而不以门派来定。然而，武术界中的门派之争，似乎从来就是纷纭不休，或争正宗，或争高低。

争正宗有两种情况。一种是在各门派之间，认为自己门派是“武林正宗”“天下第一”，其余门派都是“旁门邪道”；另一种是在同一门派之内，认为自己所学是“正宗嫡传”，他人所学皆为“旁门庶出”，这简直是把封建社会妻妾嫡庶那一套关系拉到门派中来。由此，各门派之间互相攻讦，纷争不已，有的甚至兴师动众，以“比武”为名，寻衅闹事，以显示自己门派的厉害；在同一门派之内，为争“嫡传”之名，有时也会争斗不休，导致门派分裂。

争高低就是争谁更厉害，多发生在各门派之间。古人云：“文人相轻，自古亦然。”其实武林中人又何尝不是如此？俗话说：“文无第一，武无第二。”为了争那“天下第一”的名头，古来各门派之间不知发生过多少次拼杀。就一个地区、一个城市而言，各门派未必有胆量去争“天下第一”的名头，却有兴致去争“地区第一”“全市第一”的名头，很想“威震一方”。于是，各门派之间的打斗也是屡见不鲜。

一些有见识的武林前辈对此深恶痛绝，不断呼吁武林同道摒弃门户之见。近代武术名家王子平（1881—1973）先生曾经屡次击败洋人拳师，声名远扬，武林同道来找他试手的不在少数，但王子平先生从来不向外人（甚至包括他的徒弟）说谁是他的“手下败将”。王子平先生是弹腿名家，但他并不认为弹腿是天下第一的拳种。他总是告诫弟子们不要存门户之见，要多看别人的长处和优点。这才是一代名师的风范。

（二）立身正直

这是指武林中人的处世之道。

所谓“立身正直”，指品格高洁，胸怀坦荡，行事光明磊落，一身堂堂正气，不为权势所屈，不为利禄所动，不为美色所惑，不为奸邪所用。不少武林高手常令人感到有一股凛然不可侵犯的堂堂正气，便是武学中“神”的外在表现，也是“道”与“艺”的综合外现。武林高手是历代统治阶级网罗拉拢的对象，但不少武林前辈宁可埋名隐居或漂泊四方，甘心过着清苦的日子，也不愿去充当朝廷官府或豪门大户的鹰犬。

人不可有傲气，但不可无傲骨，武林中不少人都不同程度地具有这种蔑视世俗富贵利禄的傲骨。他们视富贵若浮云，视权势若冰山。他们不屑于为人所用，不屑于低三下四地去逢迎达官贵人，更不屑于听任他人颐指气使。武林中人大多具有较为强烈的独立意识，更习惯于独来独往，不愿受人驱使，同时也不爱驱使他人。若犯了什么事，他们情愿自己承担后果，也不愿去攀扯别人。

独立意识是武林中人立身正直的思想基础。武林中人大多不愿随

《九龙山》，年画，晚清，开封朱仙镇

该年画描绘了岳云罔顾军令，闯阵战杨再兴之场景。后杨再兴感于岳飞父子的大义与诚心，遂归诚。事见《说岳全传》。

波逐流，不屑于与邪恶势力同流合污。他们对社会不平的反抗，他们对强暴者的嫉恨、对善弱者的同情，都是这种独立意识的反映，也都是立身正直的表现。因此，在历史上，武林群落常常游离于统治阶层与百姓之间，与统治阶层隐然对抗，与百姓互帮互助。

（三）见义勇为

这是指武林中人的行为方式。

见义勇为是中国传统武德的重要内容之一。古代所谓“重义轻生”“锄强扶弱”“扶危济困”“路见不平，拔刀相助”等，都不外是见义勇为的不同表达方式。

见义勇为是武林中人武功与个人品格的综合体现，是实现自我价值的主要途径，也是显示武术社会价值的重要方式。这种行为本身包含有胜负意识和抗暴意识，意味着对社会不平的暴力反抗、对邪恶势力的惩罚，也未尝不包含着自我表现的冲动与强烈的社会责任感，事后还往往留下自我欣赏的余韵和不虚此生的欣慰。中国武术之所以在民间具有如此强大的吸引力，除了它健身自卫的特殊功能，与见义勇为的传统武德有很大关系。

见义勇为必须以品格正直、疾恶如仇为前提，在危急时刻敢于挺身而出，舍己为人，置个人生死于度外。此外，见义勇为者还要胆大心细。胆大能神威四射，震慑敌胆，并能比较充分地发挥武艺水平，胜敌而不致反受其害；心细要善于动脑，眼观六路，耳听八方，以免误中坏人奸计。

不过，见义勇为说到底不过是个人对个人的行为，对于庞大的社会不可能产生较大的影响，既不会也不可能触动社会的根基，更无法改变社会的性质。中国自古以来就盛行游侠之风，武林中流传着无数见义勇为的故事，但古代社会的不平并没有因此而有所缓解，人民的苦难也没有因此而有所减轻。由此可见，见义勇为于社会只有小补，而无大效，侠客永远当不了救世主。

即便如此，对于武林中人来说，见义勇为仍是义不容辞的社会责任。发扬武德，惩罚邪恶，对社会而言，无论如何总不是坏事。当然，不可否认，在见义勇为的过程中，习武者也获得了施展拳脚、衡量技艺的难得的实战机会。

（四）尊师重道

这是对武林内部纵向人际关系的要求。

“尊师”是指尊敬师父长辈，虚心求教。“道”的含义有两层：一是指道德修养，二是指武学规律。习武者要在提高道德修养的前提下，认真探索武学规律，在师父长辈的指点下循序渐进。

武术界历来师门规矩甚严。过去弟子拜见师父要行叩头礼，拜见师门长辈也要行叩头礼，见同辈长者亦须行礼。弟子不得违拗师父长辈之言，不得僭越班辈，更不得无礼犯上。弟子拜师之时，必须立誓恪守本门派各种戒律信条。以后若有违犯，师父有权责罚，甚至可将弟子逐出门墙，这叫作“清理门户”。

少林寺在接受门徒时，即严格要求门徒“各守规矩，苦磨工夫，执条遵照。倘有违犯，责打戒尺四十，晓众游擂，儆戒下次。如重犯者，加三等责罚”。在入门时，弟子必须跪在师父面前发誓道：

> 如口是心非，日后违背师长之训，不照“十愿”规条作事，天神共殛，不得好死！

这在旧时可算是最毒、最重的誓言了。

近代以来，各门派的规矩礼数已渐渐宽松，不复旧时之森严。有的门派为师不尊，择徒不严，门规松弛，鱼龙混杂，颇为社会所诟病。但无论如何，尊师重道仍为各门派所共同遵奉。

（五）武林义气

这是对武林内部横向人际关系的要求。

旧时的小说家常常把“为朋友两肋插刀”当作武林义气或江湖义气来歌颂，其实那多是艺术渲染，带有理想化的色彩。“义气”一词含义很宽泛，包括同心同德、同舟共济、生死与共、亲若手足等意义，亦不乏吃喝不分、沆瀣一气等贬义色彩，可以说很难用一个明晰的概念来界定它。武林中人一向把义气视作为人处世的一个准则，朋友之间最深情分的体现。

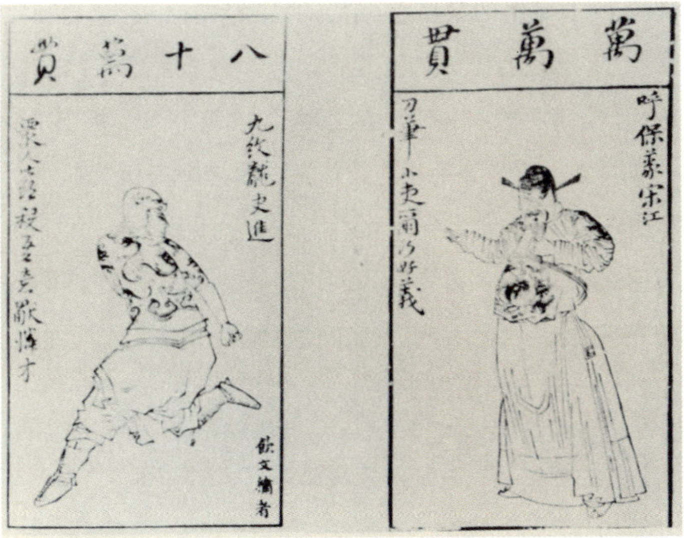

木刻《水浒叶子》：宋江、史进，明末，陈洪绶

武林中人讲义气，首先体现在本门同辈之间，而后才扩展到本门以外志同道合之人。武林中人多看重友情，讲究言必诺，行必果，以食言背友为可耻之行为。他们又极重名望，为了显示自己的任侠好客，对同道往往着意结纳，乃至为其倾尽所有也在所不惜。《水浒传》中的宋江被江湖好汉们誉为“及时雨”，就是因为他对落难的江湖同道一律接纳款待，分别时还每每赠送盘费。所以，武林中的“义气”一词，既含有道德品格上的内容，又不排斥某些实惠因素。

如今，社会上仍有人大谈“江湖义气”，其实他们所讲的“义气”，几乎纯粹以钱财酒肉乃至女色诸种实惠为基础，而抽去了见义勇为、济危扶困等积极含义。他们在“义气”的幌子下结成团伙，横行一方，欺辱良善，甚至成了黑社会的潜在基础。不过，倘若犯了事，他们便常常把“义气”置之脑后，只求开脱自己，不惜把责任推给昔日的“哥们儿”。由此可见，倘若缺少了武德，义气很可能变成害人的东西。

值得注意的是，武术界中的某些帮派活动已经具有秘密会党和黑社会的性质。少数人打着练武和“义气”的旗号，歃血为盟，结成团伙，危害社会治安。辽宁某县曾有一个“五义帮”，自定帮规，提出“杀富济贫”的口号，以绑票、劫路等手法连续作案，后被公安机关抓获。类似的例子还有不少。

当下，随着岁月的流逝，“义气”一词已经逐渐失去了昔日的若干积极意义，而沦落为个别社会团伙进行不法活动的幌子，具有很大的欺骗性和虚伪性，应为武术界所摒弃。

拳谱语言

凡是民间文化，其语言表述都有一个共同特点，即浑朴、质直、俚俗、稚拙。所谓“浑朴”，指天真朴茂，未经雕琢；“质直”指文字浅显，甚少修饰；“俚俗”指语言通俗，明白晓畅；“稚拙”指带有儿童的天然纯真的韵致。同时，民间文化又具有某种古朴的原始风貌，它们较少受到时代变迁的影响，更不会趋时逐新，从而比较完整地保持着历史的原貌。民间文化犹如地质结构中的沉积岩层，从中可以看到久远岁月留下的痕迹。

中国武术恰恰在这些方面都有明显的表现。

中国武林中人历来多在社会下层，总体文化水平不高，其中不乏大字不识的“白丁”。而且自古以来武林内部竞争激烈，各门派均视拳技为珍秘，严格限定在师徒之间口头辗转相授，向不为外人道及；倘若有书写的拳谱，更被视为无价之宝，为防落入外姓之手，大多是传子不传女。因此，时至今日，除极少数拳谱功法已整理出版外，中国武术绝大多数拳种、拳路、功法的记录还散落在民间。由此可见，上千年来中国武术的传承，主要是靠一代一代的习武之人口耳传授，拳谱大体上属于民间口头文化的范畴。直到近代，由于思想逐渐开放和印刷术的发展，这种状况才有所改观。

从已经面世的拳谱来看，其语言大多俚俗，类似民间歌谣。此外，为了形象地描述拳路招法，几乎所有的拳谱都大量使用了比喻和夸张的修辞手法，并广泛借用宗教神话和历史传说，为后人研究武林思想提供了宝贵的资料。

现以一路华拳拳谱为例略作分析。该拳路共 56 式（包括预备式与收式），每式有七言诗一句，共 56 句，392 字。借用动物形象 22 处，涉及的动物有虎、雕、豹、猿、羊、凤、龙、雁、马、蟾十种，其中仅虎的形象就先后出现了 5 次；借用历史人物形象 6 处，涉及的历史人物有周处、项羽、苏秦、张飞、夫差，其中吴王夫差出现 2 次；借

《十二属相图》，年画，天津杨柳青，俄罗斯圣彼得堡国家美术博物馆藏

画中十二属相均以幼童喻之，各执兵器，与相克者对打。幼童形象俊秀可爱。

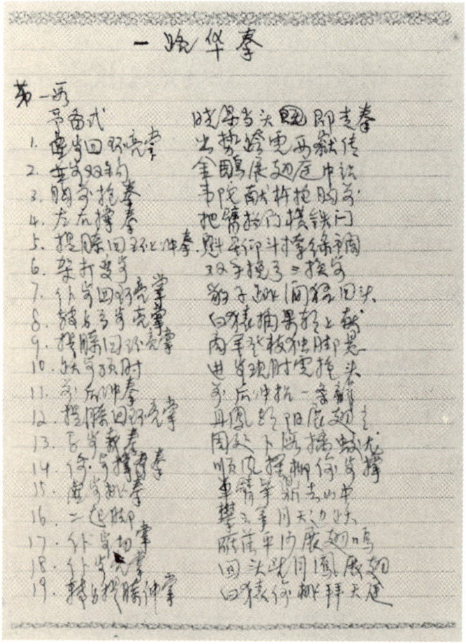

本书作者所抄一路华拳拳谱，1971 年，河南开封

用神话人物形象 4 处，涉及的神话人物有二郎神、哪吒、共工，其中二郎神出现 2 次；借用佛教人物形象 1 处，即韦陀；借用历史故事 1 处，即“马上挽弓射月支”；借用天体形象 9 处，涉及的天体形象有星、魁星、月、银河、九天、北斗，其中月出现 3 次；借用自然景物 19 处，涉及的自然景物有平沙、枯树、海、云、山、涧、柳、花等，其中山出现 7 次。此外，无法归类的有 3 处，即力士、浪子（出现 2 次）。

以上所借用的各类形象共计出现 65 次，平均每一句就出现 1.16 次。可以毫不夸张地说，如果将所有的借用形象统统删去，则一路华拳拳谱将不复存在。

如果我们用这个方法分析一下四路华拳拳谱，就会发现一个更有趣的现象，即宗教形象明显增多。四路华拳共 58 式（包括预备式和收式），也是每式有七言诗一句，共 58 句。其中佛教人物形象共出现 6 处，涉及“结跏趺坐”“罗汉伏虎”“飞天卧佛”等，其中“飞天卧佛”出现 3 次；道教人物形象出现 2 处，即钟离、玄坛。以上宗教人物形象共出现 8 处，每一处均为一句完整的七言诗，占拳谱总句数的 13.79%，而宗教人物形象在一路华拳拳谱中仅占 1.79%。此外，该拳谱中借用历史人物、神话人物共 14 处，占拳谱总句数的 24.14%，而上述人物形象在一路华拳拳谱中占 23.21%；动物形象共出现 20 次，占拳谱总句数的 34.48%，略低于一路华拳拳谱 39.29% 的比例；天体形象出现 7 次，占拳谱总句数的 12.07%，也低于一路华拳拳谱 16.07% 的比例；自然景物形象共出现 19 次，占拳谱总句数的 32.76%，略低于一路华拳拳谱 33.93% 的比例。

在四路华拳拳谱中，共出现各类借用形象 68 次，平均每句出现 1.17 次，与一路华拳拳谱（1.16 次）大体持平。但是，四路华拳拳谱所借用的各类人物形象共出现 22 次，占借用形象总数的 32.35%；而一路华拳拳谱中所借用的各类人物形象，总共才出现 13 次，仅占该拳谱借用形象总数的 20%。与此相映成趣的是，动物、天体、自然景物等形象，在四路华拳拳谱中共出现 46 次，占该拳谱借用形象总数的 67.65%，同一路华拳拳谱中此类形象出现 50 次、所占比例高达 76.92% 相较，明显呈下降趋势。

从常理推断，四路华拳应出现在一路华拳之后。目前，有关华拳的历史资料极为罕见，其发展脉络无从寻觅，但仅就一、四两路华拳拳谱相比，可以看出宗教、神话、历史人物对拳谱语言的影响越来越大。武林前辈们借助这些人物或动物的形象，以通俗的语言描绘拳路中的一招一式，既使习拳者便于记忆和联想，便于以口诀歌谣形式留传，又使拳路平添了一股神幻威猛的气势。

拳谱语言善用比喻，多有夸张，形象鲜明生动，带有强烈的真实感和动作感，由此产生了极强的“可视性”——习拳者在读拳谱时立即可以联想到某个动作，仿佛亲眼看见一样，这不能不说是武林前辈的一大发明。在漫长的岁月里，中国武术仅靠口头传授，竟能有如此辉煌灿烂的今天，这种通俗形象的拳谱语言实在是功不可没。现从一路华拳拳谱中摘出几句，与拳式动作相对照，读者诸君自能体味出其中的韵味：

合雕展翅庭中站——并步双勾手；

韦陀献杵抱胸前——胸前抱拳；

豹子跳涧猛回头——仆步回环亮掌；

丹凤朝阳展翅立——提膝回环亮掌；

黑虎掏心冲前拳——拗步弓步冲拳；

枯树盘根就地缠——盘腿前扫；

吴王试剑劈玉砖——仆步劈掌。

四路华拳拳谱中有些语言更为形象，如：

二郎担山赶日月——单鞭弧形击步；

白鹤亮翅落仙山——虚步分掌；

白猿偷桃回头望——刁手回身推掌；

钟离挥扇风贯耳——弓步扇掌；

飞天卧佛落尘埃——右盘腿跌扑；

猛虎剪尾上下翻——刁手外格；

太白落马倒街前——抢背。

从拳谱语言中，我们不仅可以窥见中国古代下层人民联想之丰富，也可以了解哲学思想（包括宗教思想）对古代武术的影响。如形意拳《无极歌》曰：

人生太空，无争无竞。意境浑然，不着踪影。

这明显本于道家。而形意拳《两仪歌》云：

鹰熊竞志，取法为拳。阴阳暗合，形意之源。

这里以《周易》为理，源于儒家。

太极拳本于《周易》，以太极、阴阳学说为基础，主张“以敬为主”，“平素要先养气”，这些都是儒家的观点。但拳家们在解释拳

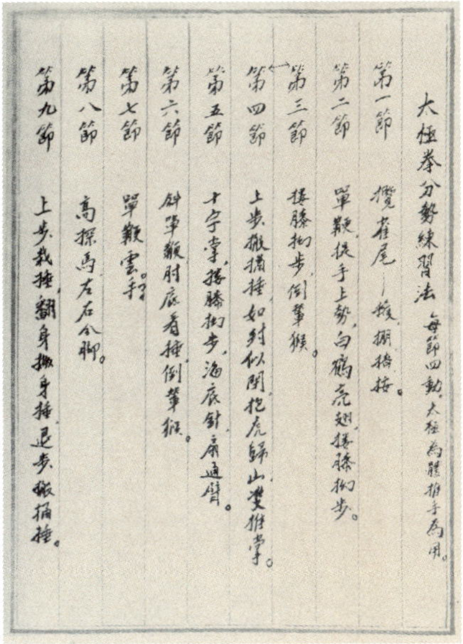
太極拳分勢練習法 每節四動，太極為體，推手為用。
第一節 攬雀尾，掤捋擠按。
第二節 單鞭，提手上勢，白鶴亮翅，摟膝拗步。
第三節 摟膝拗步，倒輦猴。
第四節 上步搬攔捶，如封似閉，抱虎歸山，變推掌。
第五節 十字掌，摟膝拗步，海底針，扇通臂。
第六節 斜單鞭，肘底看捶，倒輦猴。
第七節 單鞭，雲手。
第八節 高探馬，右左分腳。
第九節 上步栽捶，翻身撇身捶，退步搬攔捶。

西峡王岳山（字松峰）先生所抄《太极拳分势练习法》手迹，1946 年，河南开封

理时，常借用诸如“色即是空，空即是色，空空色色，色色空空”这类典型的佛经文字；其歌诀中又有“理经三昧方才亮，灵境一片是玻璃”、“总是此心归无极，炼到佛家一朵莲”这样的句子，前者从禅偈中化出，后者是借用佛教中的形象。不过，太极拳的主导思想还是道家，以虚静胜人之旨，就深得道家之真谛。老子说：

> 天下之至柔，驰骋天下之至坚。
>
> 天下莫柔弱于水，而攻坚强者莫之能胜，其无以易之。
>
> 弱之胜强，柔之胜刚，天下莫不知，莫能行。

太极拳之以柔克刚，即本于此。可以毫不夸张地说，如果没有道家，就不会有太极拳，难怪太极拳名家陈鑫（1849—1929）写出了诸如“有形归无迹，物我两相忘”“返真归朴后，就是活神仙”这类充满道家色彩的歌诀。

从宋代起，儒、释、道三教合流成为中国文化史上的大趋势。形意、

少林拳图解，香烟画片，
民国

太极二拳种皆产生于明末清初，从它们的拳谱中，可以看到三教合流对民间文化的影响。

至于少林拳源于禅宗祖庭，奉“拳禅合一”为武学至境，其宗教影响更不必细说。禅宗以心法为要旨，少林拳之上乘功夫，皆以内功为根基，进退转折尽从吾心求之，即所谓“出于心灵，发于性能”。“心灵”就是“吾心”；“性能”当指悟性，用禅宗的话来说，就是“根器”或“根性”。少林拳拳谱大多语言极为俚俗，除经常借用佛教人物形象外，还大量借用动物形象和历史人物形象，但拳谱中极少出现道家、儒家的人物形象，显示了相当严格的宗教纯洁性和排他性，同时也显示出某种正宗风范。

作为一种民间文化形态，拳谱语言里有时还糅进地方方言，更显示其未经雕琢的天真朴茂之态。《少林打擂秘诀》中有一套“觉远七十四散手”，其中有“我用老虎大坐身，你用撤身不让俺”之句，这个“俺”字就是河南方言。少林寺另有一套《生公（智生和尚）交斗旨要诀》，其中有一句是“近足偷泼麦，背阴臀凸流”。“泼麦”也是河南方言，意思是一种动作幅度较大的割麦方法，这里讲的是像“泼麦”那样用足去踢敌人下部。“俺”和“泼麦”二词至今仍在中原地区广泛使用。河南摔跤术中有“泼脚”一词，也有可能是受了“泼麦”这种劳动方式的启发而发展成专门术语的。

福建鹤拳的拳谱中有“狗法落地蓬车莲，鹤法全靠摇宗手”和“龟背鹤身，虾退狗宗身”这样的句子，其中“蓬车莲”和“摇宗手”不易理解，其实这两个词都是福建方言。“蓬车莲”类似少林拳的“乌龙绞柱”。“宗”专指弹抖之劲，又叫“宗劲”，“狗宗身”是指狗刚从水里爬上岸时，总是浑身一抖，把身上的水弹掉，拳谱借用这个动作来形容那种迅疾的弹抖、撞抖之劲。鹤拳中又把手法、身法的变化称为“摇”，并认为“摇”为柔，“宗”为刚，“摇宗手”就是讲刚柔相济的拳法，即“刚柔相济是正法”。

拳谱糅进了方言，使拳路平添一股浓郁的地域色彩和乡土气息，犹如人们见到紫砂陶壶和“大阿福”泥塑，绝不会搞错它们的产地一样。

朴素俚俗的表述方式和丰富生动的人或动物的动作形象，是拳谱语言的两大特色。拳谱语言应属“群落语言”或“行当语言”，它通俗易读，但外行人却很难理解它的含义。像一路华拳拳谱中的“二郎担山一条鞭，风卷霹雳上九天”两句，不会武术的人很难想到它的意思竟是“弓步掠掌”接“旋风脚”。拳谱语言尽管生动形象，但它对武林群落以外的人来说，无疑是一道语言的障壁，犹如一个谜。从这个意义上讲，拳谱语言又多少有点像江湖上的“切口”了。

三

武学之道

所谓“武学之道”，就是武学的规律，也可以理解为武学的最高境界。

中国武学博大精深，蜚声海内，但武学理论的匮乏和芜杂，又是多年来不争的事实。严格地说，中国的诸多拳派之中，除太极、形意、八卦等少数拳派外，目前大多数拳派尚无系统理论可言。即便如太极、形意、八卦那样拥有自己拳论的拳派，理论仍然有待于进一步深化和提高。

武林前辈为后人留下了无数可称为典范的套路、招式和功法，同时也为后人留下了可供探讨的广袤的武学空间。中国武术不是静止不变的，更不是已经被历史凝固了的文化化石。相反，中国武术在几千年的发展进程中始终充满了活力，如同万里长河，浪浪相续，常变不居。武林前辈们用自己的生命一代又一代地丰富着中国武术，使中国武术始终充溢着原始的张力。过去如此，现在如此，将来也大体如此。

透过浩如烟海的套路功法，人们依稀能够感受到武术深处的生命律动。在数以百计的拳派之间，又可隐约发现它们共同的东西。尽管从风格上看，各拳派之间可谓千差万别，但它们在拳理上的确存在颇多相通之处。这里说的“相通之处”，当然不仅仅指诸如“三尖相对”“里外三合”“含胸拔背”“气沉丹田”之类的一般内容，而是指中国武术更深的文化层次。中国武术的真正的文化底蕴，恐怕就深藏在那里。

衡量一个人在武学上是否达到较高层次，似应从劲力、拳法、功力、心理四个方面来综合考察。这四个方面应是一个有机的整体，是较高层次武功的综合体现，不宜分割开来，单看某一方面。对于高手而言，其劲力应是刚柔相济，其拳法应体现为大巧若拙，其功力应表现为以意击人，其心理应保持善战不怒。将刚柔相济、大巧若拙、以意击人、善战不怒综合到一起，即“合四为一”，或许这就是中国的“武学之道”，也是步入高层次武功境界的标志。

刚柔相济

人们常常把出拳有声、出掌带风当作武功深湛的标志。这种看法不能说没有一点道理，但实际上还是有些片面。

练习武术的人恐怕都有过这样的体会，出拳有声并不难做到，一个人只要认真练上半年，出拳时就会发出轻微的“嘭嘭”之声。出掌带风稍难一些，但也不过用上两三年时间，就可以感觉到出掌时的微弱风声了。由此可见，出拳有声、出掌带风并不能完全说明功力的深浅。如果接着练下去，那拳声、掌风倒有可能越来越微弱，以至于消失得无影无踪。然而，过了一段时间，拳声、掌风又会渐渐出现，而且强度比原来还大。在许多年中如此反复多次，习武者的功力也随之而层层递进。在有些拳种中，练到一定火候，其拳声会从当初的略嫌清脆的“嘭嘭”之声，逐渐变成浑厚的“嗡嗡”之声；其掌风也会从当初略嫌轻飘的浮掠之风，逐渐变为沉实的扑面之风。当然，也有些拳种并不追求什么拳声、掌风（如太极拳），但它在发劲时仍然能爆发出一种声音，令人感受到它内在的雄浑劲力。

其实，中国武术从来就不是一味追求刚猛劲疾，而是讲究亦刚亦柔、刚柔合一的。这是中国武术各拳派对劲力的共同要求，也是内外合一的具体体现。

刚，又称为“阳”；柔，又称为“阴”。刚柔相济，就是拳论上常说的“阴阳悉化”。在中国武术中，没有纯刚无柔的拳法，也没有纯柔无刚的拳法。过刚则力尽，少了蕴蓄；过柔则绵弱，少了劲势，二者均有明显的弊端。孔子有言，“过犹不及”，是说凡事做过了头，就如同做得不够一样，都不合于事理。打拳也是这样，过刚或过柔都于拳理有悖。

在中国武术中，刚柔相济一般体现为弹抖崩爆之劲，其发也速，其去也疾，其势也猛，其力也透，像太极拳的松柔劲、形意拳的旋按劲、少林拳的冷脆劲、八卦掌的搬扣劲等，无不如此。这种弹抖崩爆之劲均是先蓄而后发，其方向大都是旋转前冲，犹如被压缩至极点的弹簧，陡然间撤去压力，一弹而出。在发劲的时候，力生脚底，气发丹田，借助膝、胯、肩、肘、腕诸大关节的协调动作，于刹那之间爆发而出。练成了这种劲力，是习武者内外兼修、有所进境的一个重要标志。

这种刚柔相济的特点正是中华民族的性格气质在技击领域的必然反映。

中国向来被称为“礼仪之邦”，中华民族一向以谦和有礼著称于世，但我们民族自古以来就具有一股特殊的韧劲，坚忍不拔，百折不回，同时又具有内方外圆、含而不露的风度。中华民族历来沉稳而内向，极少有暴戾狂躁的表现，也极少有恃强凌弱的行为，在绝大多数历史场合下总是心平气和、锐气内敛，不到万不得已绝不轻露锋芒。在中国传统思想中，儒家提倡“中庸”，道家主张“守静”，禅宗讲求“悟性”，它们都是以收心敛性为宗旨，以内省为主要思维方式，以道德的自我完善为人生目标。在中国传统文化里，从来没有鼓吹强暴的理论，相反，先哲们倒是谆谆告诫道：“兵强则不胜，木强则兵，强大处下，柔弱处上。”（《老子》）意思是说，军队过于强大反而会打败仗，树木过于坚挺就会被砍伐利用，坚强者处于下位，柔弱者反倒占了上风。

所有这些，反映在技击领域，则是雄猛之气深敛于内，柔静之态呈现于外，劲力内含，待机而发，深戒轻狂浮躁，锋芒毕露。

中国武术的练法，大多是由外而内，由刚而柔。所谓“由外而内”，是指由筋骨皮肉之功练到“内壮”之功，最终以内功为重点，以浑厚的内力作为实施拳法招式的基础。所谓“由刚而柔”，是指由刚猛的劲力转向柔韧的劲力，以刚柔相济为劲力的极致。如果仅会招法，而缺乏浑厚的内功根基，一旦遇上真正的高手，则必败无疑。同样，单凭刚猛蛮拙之力逞强者，到头来很少有不吃亏的。有些人练了几十年拳，总也吃不透这层道理。他们一味追求刚猛之力，苦练皮肉之功，徒然练得皮粗肉壮，横眉怒目，动作僵硬，步履沉滞，反而还沾沾自喜，自以为有了一身功夫。其实，说得严重点，这种练法不过是“以身殉技”而已，不仅于健康无益，而且很难步入武学的较高境界。

此外，刚柔相济之说还包含着对习武者性格气质的影响和规范。

中国武术有一套严格的有序性训练系统。在长达几十年的岁月里，习武者必须由低而高，由浅入深，由外而内，由刚而柔，依次渐进，不得轻躁；否则，必将欲速则不达，还容易练坏身体。中国武术主张以神（意）为帅，形神合一；又主张以内为主，内外合一。所谓“形神一元论”，就是对这种理论的哲学概括。经过长年的严格训练，习武者不仅应练出比较高超的武技，而且能练出遇险不惊、处危不乱的良好心理素质。即使在临敌之际，也能做到心如止水，以虚静忘我之心迎敌，以面前无人之心视敌。行家们常说的“视敌如蒿草，应敌若无人”，就是这个道理。

初练武术的人，即使消去了拙力，也多是纯刚无柔，不知自己有多大能耐，火气甚大，动辄与人交手。等练到内功稍有根底、出拳稍有柔性时，习武者就会发现自己能耐有限，横暴之气自会渐渐收敛。

一旦进入敛气入骨、以心行气的阶段，习武者但求处处平和顺畅，圆转无不如意，收发无不随心，便有可能大彻大悟，觉已往之非，恨闻道之晚，深知“山外有山，天外有天”，虚己待人，谦和忍让，不与人作无谓之争。试看那些真正的武林高手，大多儒雅清秀，似有仙风道骨。他们目光清朗透澈，神态和蔼安详，步履轻灵飘逸，两眉正中隐隐若有红光，拳经上叫作“一点灵光吊在眉”，功法上称作“光聚天心”。他们的体格未必很壮实，反而以清瘦者居多。他们没有凶暴浮露之相，目光也不威猛狞厉。他们一般不言武，更不言勇，而是锐气内敛，刚猛尽收，外如秋水，柔静澄澈。练到这种地步，才可算是悟得了武术的真谛。

参加第 11 届奥运会国术表演的女选手翟连沅，1936 年

在一般的格斗中，人们常见的多是以快打慢、以强打弱、以进打退的实例，但在武术技法中并非都是如此。向逵（1890—1957）先生说过：

> 拳术家之言曰：“拳无不破，唯硬不破，唯快不破。”是非真知拳术者也。余进一解曰：“硬中有软不破，快而能稳不破。”佛经曰：金刚石虽硬，羚羊角能破。夫以硬遇硬，则无所用其硬矣，况不能如金刚石乎？不能稳而求快，基本功夫已输一着，固不待敌之直攻直击，而已立脚不牢，手虽快，奈著于人者无几何。（《拳术》）

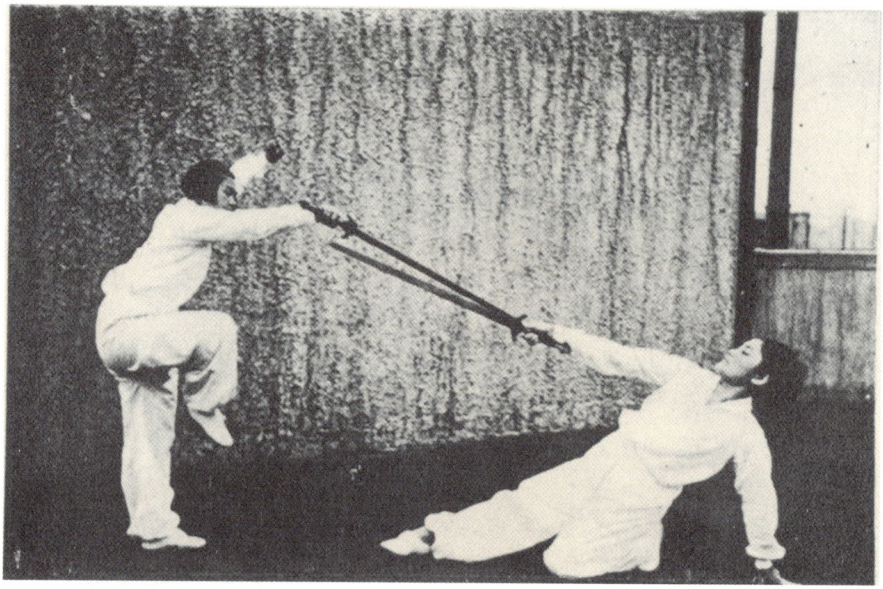

参加第 11 届奥运会国术表演的女选手傅淑云（右）、刘玉华演练三合剑，1936 年

这里说的“硬中有软”，就是刚中有柔、刚柔相济的意思，“快而能稳”也含有亦刚亦柔、亦韧亦爆的成分。所谓“唯硬不破，唯快不破”，只能是对不会武术者或虽知武术而功力较浅者而言。擅打硬拳的人若遇到太极高手，其拳虽硬虽快，也势必处处受制而无所施其技。

陈鑫把习武者的劲力分成四个等级：

第一等级：妙手，五阴五阳。

第二等级：好手，四阴六阳。

第三等级：散手，二阴八阳。

第四等级：软手，纯阴无阳；硬手，纯阳无阴。

这里所说的“阴”就是柔劲，“阳”就是刚劲。陈鑫认为，纯刚无柔的“硬手”和纯柔无刚的“软手”都是最低等的武功，“散手”较好一些，“好手”又胜一筹，唯有“妙手”才是刚柔无偏，入于神化之境。可惜绝大多数习武者都是刚多柔少，处于第三等级或第四等级的水平，能达到第二等级“好手”水平的已为数不多，更不必说“妙手”了。

大巧若拙

“大巧若拙”一语出自《老子》，原意是说最灵巧的东西，看起来却像十分笨拙一样。武术行家们借用这句话，用来说明真正高明的拳式招法并不一定繁复华丽，而是比较简单朴拙；而在实战中，大巧若拙不仅指招法，更重要的是指习武者自身的功力。

一个人武功水平的高低，不取决于他会练多少套路、多少招法，而取决于他功力的深浅。会套路多者未必武功就高，会套路少者未必武功就低。事实上，那些常年坚持“少而精”练法的人不可轻视，那些自称“通晓内外拳法”的人未必真是高手。一招平平常常的形意崩拳，不过是上半步，打一拳，来回重复，如此而已。倘若由一个初练者以此招应敌，恐怕甚难自保，而郭云深（1855—1932）却凭这“半步崩拳”而名震海内。1943 年，蔡龙云（1928—2015）以一招迎面三腿踢得苏联籍拳师马索洛夫连栽跟头。他们所用的招法都不复杂，但因为功力较深，发挥出了巨大的威力。

招法的实施最终要靠功力作为保障。倘若功力深湛，则一招极为寻常的拳法便有势不可当之威；倘若没有功力，则招法再灵巧也难敌高手。拳谚说“一力破十巧”，就是指功力而言。高手们应敌，心气相应，劲力相随，举手便是招式，抬腿便见功夫，浑身无不是力，上下无不可应敌，岂有成法可寻？“拳无拳，意无意，无意之中是真意”，“拳打三节不见形，如见形影不为能”，这才是高手的风范。

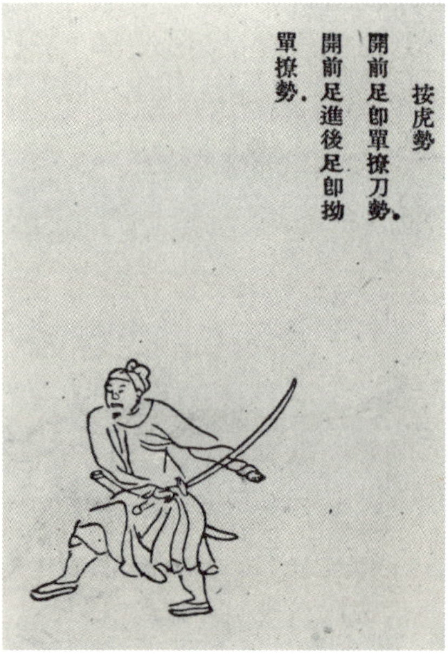

单刀十八势之一：按虎势，
清，吴殳《手臂录》卷三

在武术中，最厉害的就是那种浑厚朴拙的劲力。这种劲力以内功为基础，以意领气，以气催力，意气合一，形神合一，可将周身的潜力在刹那之间调动起来，借助身体的某一部位爆发而出，或手或肘，或肩或胯，力生锋棱，犹如放电。在应敌时，这种劲力几乎不需要借助什么招式，也不必预先作势，更无须死缠硬拽，只要接触对方身体的任何部位就会即刻发出。太极、形意、意拳都着意追求这种极为潇洒的武学至境，只是“苦海无边，彼岸杳然”，最终真正能达到者为数极少。

中国武术拳派众多，但无论哪一种拳派，都是越往高层次上练，招法越显得不重要，内功的功法的效用反而显得越来越突出。单凭招法定输赢，是武学中比较低的层次。以内功功力判胜负，才是较高水平的较量。比如对方抡右拳砸来，你若以左手架开，右手出拳，固然不能说不对，但已经是“犯了招架”。在高手们眼里，这种招式不值一提。同样的情况，倘若你斗然缩身而进，径以右肘撞出，则技击效果很可能要比上述“架打”好得多。这就是拳谚中说的“不招不架，只是一下”，而“犯了招架，就是十下”。上述两种招式均为反击所用，却有快慢、巧拙之别。然而，倘若只是表演，则马步（或弓步）架打一定比缩身顶肘潇洒大方得多。还是同样的情况，倘若你内功深湛，则可以在与对方身体相触的一刹那发劲，将对方远远放出。不过，这种发劲的效果只靠一个人很难表演出来，而且也没有什么招式，只是身子一抖而已。倘若表演，其观赏价值连缩身顶肘也不如，而在武学境界上，与缩身顶肘之类又不可同日而语了。

中国武术的发展，经历了一个由简而繁、又由繁而简的历史过程。太极、形意等内家拳的出现，就是由繁而简的重要标志。太极拳和形意拳都没有太多套路，拳式动作都比较简朴，极少出现大幅度的跳跃。后起的意拳索性连套路也不要了，纯以功法训练。这些拳种都坚持以拙胜巧，以少胜多，体现了中国武术的发展趋势。

人们在武打电影中常常看到这样的镜头，一个人高高跃起，凌空蹬腿，对方顿时被踢个仰面朝天。其实，这种凌空蹬腿之类的动作很少有人在实战中使用，原因在于这类空中动作准备时间长（一般要加上几步助跑），动作幅度大，缺乏隐蔽性和突然性，不仅难以击中对方，而且极易为对方所乘。此外，两人面对面格斗，近在咫尺，岂容你从容跳起？所以，即使你想用这一招，在实战中也很难找到机会。影视中常有这样的镜头，是因为这类动作舒展大方，具有某种造型美，能使观众从打斗中领略到某种审美情趣。这是实战技击与表演艺术的区别。如果将形意拳中的劈拳或崩拳搬上镜头，那就无论如何也收不到这样的艺术效果了。

姜爱兰在青岛国术馆落成典礼上表演剑术，1934年11月23日

个人练拳也大体如此。开始学拳的时候，人们大都在招法上下功夫，由简而繁，愈学愈多；再练几年，就可能逐渐由招法转向功法，但对招法仍甚有兴趣；又练上十来年，于招法上的心气就渐渐淡了，而集中精力练功法。如果这时候再练下去，就有可能悟出大巧若拙的道理——拳本无法，无法为法，方是武学至境，再回头看看往昔所练的种种招法，真有“登泰山而小天下”的感慨。

在武术界，常常见有人炫耀什么招式最绝最妙，什么招式“没有破法”。这种说法实在缺乏见地。天下没有绝对的妙招，也不存在无从破解的拳法。所谓“绝妙”，只是相对而言。对付功夫差点的人，这种招法也许相当绝妙；倘若遇上真正的高手，恐怕就很难绝妙了。而武功略有根底的人，往往会为各种招法所诱惑，乐此而不返。岂不知在无数招法的背后，还潜藏着一个更广阔、更神秘的武学天地。一

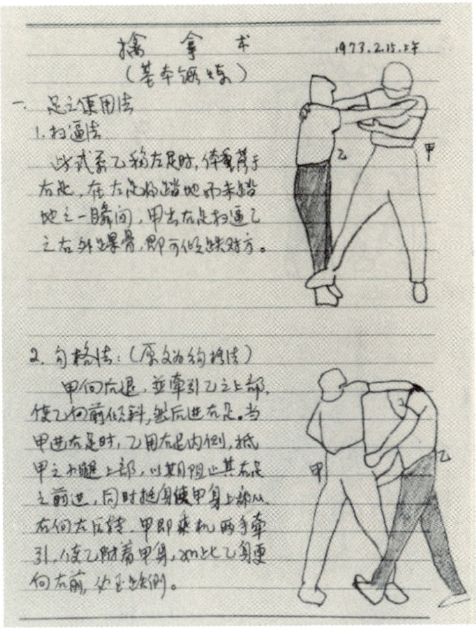

本书作者所抄的《擒拿术》，1973 年，河南开封

旦跨入这个新天地，就有可能豁然开朗，领悟到中国武术的奥秘并不在于什么招法，最厉害、最可怕的招法就是没有招法。

现在流行的许多拳书，里面有不少对练拳路，无非是说甲一拳打什么地方，乙如何防；乙一脚踢什么部位，甲如何躲。这些对练套路都是人为设计的，以之练功，固然有益，但如果死搬套路，那就很可能有害了。在实战中，情况千变万化，谁也不会死搬套路去打架。笔者曾见过一些对练表演，的确是激烈紧凑、花团锦簇，但也确实是“表演”，其观赏价值远在实战价值之上。如果说这些是花拳绣腿，恐怕也不过分。比如擒拿术，明明都是一些简练朴实的动作，但表演者非要拿足架子，加点花法不可，给人以不伦不类之感。

行家们强调，练拳不是为了给人看，如果在练太极拳时观众鼓掌叫好，“那就糟了，那定是我们将暗劲练成明劲了，长劲练成断劲了，太极拳练成他家拳了”（《太极拳理传真》）。

实际上，不仅太极拳如此，其他不少拳派也不同程度地存在着这种倾向。练拳者是内行，观众大多是外行，他们要看热闹、听响声。于是，内行为了迎合外行的口味，常常练走了样，不该跳时也跳，不该喊时也喊，拳出得特别长，腿蹬得格外远，打得拳不像拳，舞不像舞，为媚俗而不惜歪曲了武术的本质特征。

练为战和练为看，是识别大巧若拙和为巧而巧的一个重要标志。旧时代江湖拳师的功夫多是练为看，打起来噼噼啪啪，热热闹闹，其实是为了卖艺赚钱，糊弄外行人。镖师、护院们掂着脑袋吃饭，随时都有可能遇上强人，他们的功夫才是练为战，是真功夫。练为看使武术出现了两种倾向：一是愈来愈巧，向杂技靠拢；二是愈来愈花，向舞蹈靠拢。目前以第二种倾向表现最为明显。

卢翠兰在南京冬赈游艺会上表演剑舞，1930 年 12 月

花架子好学，真功夫难练。想学花架子，有个三五年工夫就差不多了。要想练出真功夫，不下一二十年苦功恐怕是不行的。武林中有“十年不出门”之说，意思是练拳者若不经历十年的苦练，就不敢出门闯荡。当然，如果学花架子，即便是练一辈子，充其量也不过是身体健壮、手足敏捷而已，绝无可能跻身高手之列。

戚继光练兵，曾三令五申，严禁“花法”。他认为士兵操练武艺，上阵打仗，就是干杀人的勾当，而不是为了好看。试看被戚继光定为军事教材的俞大猷的《剑经》，远不如今日棍术之花哨，侦察兵所练的擒拿格斗之术，也并没有多少观赏价值，而于实战中每每发挥威力。

无法为法，这就是武学领域中的“自由王国”，大巧若拙，恰恰是步入这“自由王国”的最后一级台阶。

以意击人

所谓“以意击人”，就是用意念导引真气，用真气催发劲力，用来击中对方。

有人会说，以意击人，不就是用思想来指挥拳脚吗？不要说练过武术的人，就连七八岁的小孩子也会这样。这是有关人类运动最简单的常识，怎么能与高深武功拉扯到一起？

诚然，任何人的运动都是由思想来支配的，不会武术的人也一样能拳打脚踢，但这种情况与武学中的以意击人远不在一个层次上。懂点拳脚的人在应敌时可能会稍微从容一些，但他未必能以意念引动内力，这也不能算以意击人。只有内功练到一定火候，才能领悟到以意击人的真正含义。

拳经中常说“形神合一”“意到拳到”，就是强调意念在技击中

《射虎石》，《唐土名胜图会》，日本，冈田玉山编绘，文化二年（1802）刊

西汉名将李广夜巡，风起草伏，误石为虎，张弓怒射。平明复视，箭羽竟尽没石棱之中。

的主导作用。“练拳不练功，到老一场空”，这个“功”就主要指内功，当然也包括若干外壮功法。在内家拳中，内功始终居于主要地位。即便是外家拳，要想练出一身好本领也必须以内功为基础。通过长年的内功锻炼，不仅可以最大限度地调动起人体内部的潜在能量，练出非同寻常的内劲，而且可以使人的中枢神经获得极为敏锐的反应能力，而这种反应能力全靠意念的作用。

在练习内功时，必须首先做到凝神敛气，即意念高度集中，返观内视，并通过意念的导引，使真气由丹田而出，周身浑灏流传。在与人交手时，要通过意念来引动内力，形之于手足。从这个意义上讲，高水平的武功较量实际上是双方意念与内功的较量，而不仅仅是拳法招式的较量，更不是仅凭蛮力的死拼滥打。

凝神敛气的关键是气沉丹田，行家们常说的“两臂由丹田生”，就是指两臂之力应从丹田而起，否则必是拙力、蛮力。丹田蓄力才有可能在行拳时周身圆活，不僵不滞。一旦出招，意之所至，内劲迸发，劲力顺达，产生较大的威力。

凝神敛气是平时的功夫，以意击人是实战中的具体运用。如果没有多年的内功根底，以意击人只能是一句空话。以意击人要求反应极为敏锐，心念甫动而内劲已发，招无定式，应手而至，力发如箭，击人如草。

形意拳大师车永宏（1833—1914）有一次正在洗脸，一拳师开玩笑，悄悄用脚向他后腰踢来，当脚与他的身体将挨未挨之时，车永宏身形陡然一起，那位拳师即被弹出，跌倒在地。这就是以意击人练到极致，周身无不是意，周身无不是力，可以随意出招，而不惧他人贸然偷袭的实例。

由于以意击人用的是身体的合力，所以它力量大、速度快，不仅具有较强的冲击力，而且具有较强的穿透力。冲击力强，能够将对手击倒，严重的可造成局部骨折；穿透力强，能够使力量穿透对方的皮肤和表层肌肉，对内脏造成伤害，严重的可使人晕倒，甚至死亡。在散打比赛中，运动员必须戴上厚厚的皮手套，就是为了减弱冲击力和穿透力，使运动员得到必要的保护，尽量减少伤亡事故。

武林中流传着一句话，叫作“一拳不如一掌，一掌不如一指”；还有一句话，叫作“宁挨十拳，不挨一肘”。这是因为用拳击人，接触面较大，作用力有所分散；用掌缘击人，接触面就小得多，可以使力量更具有穿透性（美国军队的格斗教材就很注意这一点）；用指头点击，接触面更小，如果功夫到家，穿透性就更强了；用肘击人，其动作大多是转身顶肘或上步顶肘，全身力量都集中在肘尖一点，再加上转身时的旋转力或上步时的前冲力，往往可以给对手造成相当严重的伤害（如骨折或晕倒）。

以意击人，说清楚不容易，做起来更难。一般来说，练过三五年功夫的人，对以意击人还很难领悟。一个人如果练了十来年的功夫，而且注意修炼内功，也许能对以意击人有所领悟。但是，能够完全做到以意击人的，毕竟还是极少数，即便是一些被誉为“名家”“高手”的，也未必总是能够得心应手。至于那些死练套路又不善于动脑筋的人，即便练上十年二十年，在这方面也很难有什么长进。所以，学习武术并不能完全靠体力，在很大程度上要靠动脑筋、靠悟性、靠坚持不懈的钻研。

善战不怒

老子说过：“善战者不怒。”意思是善于作战的人，从来不靠愤怒行事。反过来说，就是“善怒者未必善战”。把“善战不怒”这句话引申到武术领域，就是要求习武者必须养成良好的心理素质，善于调节自己的情绪，一旦遇敌，不惊不怒，不怯不乱，仍以平常心对待。

越女是古代传说中的一位武术家，她曾应邀向越王勾践讲授剑术。她说：

> 凡手战之道，内实精神，外示安仪，见之似好妇，夺之似惧虎。（《吴越春秋》）

这里的大意是：搏击的道理，在于体内精神饱满，而神态却要表现得安详从容，犹如一位端庄美丽的妇人，但一旦出手却势如猛虎，让敌人猝不及防。

孙子说：

始如处女，敌人开户。后如脱兔，敌不及拒。

这段话同上面越女的话意思大致一样。技击之道，就是在与人交手之前，神态温柔，犹如少女，使敌人放松警惕，导致门户洞开，而后迅疾出招，好像正在逃命的兔子，使敌人来不及抗拒就已经败下阵来。

善战不怒不仅是个心理素质问题，还体现了内功对人的性格气质的深刻影响。用武术语言来说，善战不怒属于“神”的范畴，是武功达到高级境界的必然结果。略通拳脚的人未必善战，而大多善怒，内功有点根底的人应敌时也未必总能保持虚静心态，唯有练成深厚内功者才能时时保持这种从容镇定的心理境界。

人们都有这样的体会，一旦发怒，必将是气血上涌，胸部胀闷，小怒则气闷，大怒则气胀，直到胸部闷胀欲裂，郁气仿佛要喷射而出。如果武术家在应敌时也是怒气填胸，必将导致真气上浮而散乱，气沉丹田将成为一句空话，敛气入骨更无从谈起。而且人在愤怒之下极易乱了方寸，头脑发热，意识昏昧，不要说“以意行气”，就连平时练就的招法也忘了个八八九九，拳不应手，手不应心，出拳僵硬，步法呆滞，平时的功夫能发挥出三四成就算不错了。

善战不怒包括两种情况，一种是怒而不怒；一种是镇静如常。

所谓怒而不怒，是指心中愤怒而佯装不怒。乍遇变故，突逢强敌，习武者心中怒气升腾，但在神态上却强自压抑，努力做出从容的样子。由于他在紧迫之际尚能自我调节情绪，迅速定下心来思索对策，所以不致手足无措，甚至能够立即实施进攻，反客为主，争取主动，或在躲开对方第一、二轮进攻后立即转入反攻。无论如何，他大约总可以避免两种最坏的结果——被敌方的威势震慑，不战而败；虽接战但惊慌失措，一触即溃。即使最后战败，他也有可能给对方留下一个不好对付的印象，使对手以后不敢轻易再来启衅。

战马超，刻绘，山西广灵

在交手时，怒总比怯强。人一胆怯，六神无主，未交手就已先在精神上输了，又怎能去全力拼搏？即使勉强应战，也是心寒气软，旧有的拙力先吓掉三成，拙力尚且不足，又何谈刚柔相济之劲？所以交手时心怯必败。发怒虽然易乱方寸，发力不畅，但大怒之下，势如疯虎，虽无刚柔相济之劲，拙力却可能比平时平添二分。若对方功力不深，又无万全准备，倒有可能先被吓住。俗话说："一人拼命，十人难当。"又言："横的怕不要命的。"不过，这些都是低层次的较量。倘若遇见高手，则如何发怒恐怕也无济于事。

所谓镇静如常，就是指保持一颗平常心。古人所言的"无故加之而不怒，骤然临之而不惊"可作为平常心的形象解释。武林高手们遇事，大多存一个"不过如此"的念头，不怒不震，不寒不惊，保持稳定的

门吏与卫士，画像石，汉
河南南阳出土

左为门吏，右手举刀，左手持盾，躬身曲膝，意甚警惕。右为卫士，身披甲胄，高举利斧，作恐吓状。

心理素质，大有“泰山崩于前而色不变”的气概。

平常心是练出来的，不是装出来的，更不是事到临头逼出来的。就武术界而言，平常心是高手所必备的心理素质，也是习武者应当追求的心理境界。

平常心的训练大抵可分两个层次。

第一个层次是平时练拳时就带着敌情观念，假想面前时时有敌人，每出一招一式都是与敌人对打，不懈不怠，以假为真，如临大敌，如对刀丛，宁可失之于谨严，不敢流之于浮滑。一旦真的与敌人交手，则放胆打去，“视敌如蒿草，打人如走路”，不计胜败，不计生死，无论对手强弱，都尽全力搏击。在这方面训练有素的人，在临敌时一般都能保持常态，也能较好地发挥武艺水平。

练出这种平常心，已属很不容易。君不见，一些练拳多年甚至小有名气的拳师，一旦临敌，还免不了横眉怒目、咬牙切齿，或呀呀怪叫、神态紧张，不知他们在平素练拳时是不是这样，但给人的印象却是紧张有余，放松不足，有时甚至连动作都变形了。有些拳师还把这种“横眉怒目”式的临敌表情也当作震慑敌胆的要诀传给弟子，殊不知这种自作紧张的面部表演正是气血上涌、真气散乱的表现，即使平素能够气沉丹田，这时也难沉下去了。

平常心的第一个层次的训练会囿于拳法招式，而且带有很大的被动性，因为在训练时心中必须时时有假想之敌，不能自然而动，意念所行，时有僵滞，时有间断，须在主观上不断予以纠正和引导。此时之平常心，似乎还处于“必然王国”，尚未进入“自由王国”的境界。而平常心的第二个层次的训练，就可视为从“必然王国”向“自由王国”的过渡了。

这第二个层次的训练主要凭借内功。

中国武术中的内功种类极多，但其基本原理大体一致，即以心行气、以气运身。练习各种内功都要求以虚静为上，周身放松，排除外界的任何干扰，目如无视，耳如无闻，返观内视，心中空明，重在内心体验，重在自我领悟。内功实际上是心法，是自我观照、内向验心的意气运动，其成功的关键在于自然，忌用任何强力、拙力，即使在意念上也不敢用强。太极拳的《十三势行功心解》说：

以心行气，务令沉着，乃能收敛入骨；以气运身，务令顺遂，乃能便利从心。

这段话所阐述的，不仅是太极拳的内功准则，也是中国武术中绝大多数拳种内功的共同准则。

中央国术馆副馆长李景林表演太极剑，1930 年

李景林（1885—1931），直隶枣强（今河北枣强）人，曾被名师宋唯一（1860—1925）秘授武当剑术，后拜师杨健侯门下，学习杨氏太极拳。他大力发展武学，提出过“全民国术化”的口号，并于 1930 年创办山东国术馆。

《太极拳论》说：

> 一举动，周身俱要轻灵，尤须贯串。气宜鼓荡，神宜内敛，无使有凸凹处，无使有断续处。

太极拳以虚静胜人，尤求“轻灵”；是一种绵绵不绝的意气运动，故“尤须贯串”。其实，在中国武术中，从没有追求僵滞板重的拳种；从理论上讲，也从没有提倡意断气断、徒逞肢节之力的门派。

以虚静练内功，心地空明，周身顺遂；以自然为极致，无忧无患，无拙无强；心中自然，周身自然，内外浑然一体，形神融而为一。与敌交手，亦无非以虚静、自然应之。有敌与无敌一个样，交手与自练一个样。练到这种地步，才可算有了高层次的平常心，也才算步入了“自

《挟弹游骑图》，元，赵雍

赵雍为大画家赵孟頫（1254—1322）次子，擅画人马。画中人乌帽绯衣，挟弹控骑，回顾林木，意甚悠闲。

由王国”。

善战不怒与刚柔相济、大巧若拙、以意击人共同构成了中国武学较高层次的主要内容。刚柔相济是对劲力的要求，大巧若拙是对拳法的要求，以意击人是对内功的要求，善战不怒是对心理素质的要求。这四个方面紧密联系，相辅相成，缺一不可，犹如四根巨柱，擎起了中国武学的巍峨楼阁。这四个方面均以浑厚内功为基础，换言之，这四个方面都是深湛内功在技击领域中的具体表现。

文学家讲求“意在言外”，佛家讲求“超然象外”，武术家似乎也应超脱一些，从具体刻板的拳法招式中多少解脱一点，研究一点拳法招式以外的东西。拳法招式再多，也不过是古人定下的程式，中国武术的内涵固然包括拳法招式，但绝不等同于拳法招式。拳法招式只是中国武术的表现形式之一，而其深厚底蕴远不是程式化的拳法招式所能包容得了的。

从这个意义上讲，中国武术也是“意在拳外”了。

四

贵在中和

拳之至理乃在“中和”二字。其形之于劲，则为刚柔相济；其形之于法，则为大巧若拙；其形之于战，则为以意击人；其形之于神，则为善战不怒。中和于内，则八方支撑，周身顺遂。无防人之心，而不惧敌之来袭；无击人之心，而仆敌于数步以外。凡武功练至较高境界，都能对“中和”二字渐有领悟。若徒以一招一式而逞强，仅凭血气之勇而演拳者，则不足与论。

中和的原意指儒家的中庸之道，就是万事万物无不达于和谐的境界，无偏无倚，无过无不及，是道德的最高规范。武林前辈们借用这个词，阐释两类问题：一是认识与把握自我，二是认识与把握世界。它都要求习武者力求在自我与客观世界之间找到最佳契合点，最大限度地发挥出自身潜力，又不违背客观规律。这就是武术中“中和”一词的含义。

中和的意义是一代又一代的武林前辈们付出了无数沉重的代价才逐渐认识到的。然而，从深层次分析，“中和”一词最终成为武林高手的共识，却象征着一种无可奈何的妥协，标志着武林人士对自我、对客观世界认识的深化，同时也标志着一种人生境界的成熟。

“中和”一词虽然在古籍中很早就出现了，但它被借用到武术中却是在中国武术趋于成熟之际。武术界对中和之理的共识，无疑是武学理论上的一次飞跃，它反过来指导和促进了武术的健康发展，特别是促进了内家拳的繁荣。在中和之理指导下的中国武术文化，更加鲜明地打上了中国传统文化的印记。武术既不同于同属于东方的空手道和泰拳，更有别于西方的拳击，它是地地道道的中华民族的技击术。

妥协的产物

中和之理的提出，比较恰当地界定了个人在社会、自然界的应有位置。它既包含着横向的人际关系、纵向的隶属关系，也包含着人与自然的关系。在武术中，它是若干功法拳理的指导思想。中和的原意是无过无不及，早期人类由于对自然规律缺乏深入的认识，其行为方式往往偏于“过”；同样地，武林中人的行为方式也容易偏于“过”，违反客观规律行事，结果是“过犹不及”，功夫练过了头，同没有练到家是一样的。

中和是武术界妥协的产物，其主要原因在于：

（一）人类自身运动能力的局限；

（二）社会的制约。

我们的祖先很早就开始了挖掘人类自身潜力的研究，《行气玉佩铭》的呼吸吐纳之术，其功法已较为完备。其后，道家对养生学和气功学的发展做出了极大贡献。在长期的历史发展过程中，武术与气功逐渐结合起来，武术界借用气功中的若干功法以固气长劲，形成了武术中的内功。武术也从单纯的攻防格斗之术兼有了养生的文化形态。

人对自身运动能力的认识，经过了一个漫长而曲折的历史过程。在原始社会，由于生产力极为低下，人类通常是慑于大自然的“不测之威”，对之顶礼膜拜，在那个时期还谈不上人对自身运动能力的认

行气玉佩铭，战国初期，天津历史博物馆藏

此为一个十二面体小玉柱，上刻 45 字，记录了行气的方法和方向，类似后来的周天功法，是我国迄今为止发现的最早、最完整的气功功法，武术中的内功与此有渊源关系。

识。其后，随着社会的发展，出现了阶级，出现了“士”这一知识阶层，人类开始有条件研究自身。中国人偏于内向自省，于人体自身的研究尤其热心。经过魏晋南北朝和唐宋时期的两次大发展，道家气功已臻成熟，形形色色的成仙得道之术也混杂其中。宋明时期恰值中国武术的大发展时期，气功成熟于前，武术繁荣于后。武术家们很自然地借鉴了气功的成果，使武术与气功融为一体，使武术由向外练逐渐转化为向内练，内外结合，形神合一，从而使中国武术更趋于完美。

在武术与气功结合的过程中，气功中的诸多神幻思想也被武术界接受过来，无疑加重了武术中原有的巫化色彩。到了清代，秘密会社又与武术结下了不解之缘，于是武术的巫化色彩更加显著。迨至晚清，武术、神幻、巫术几乎变成了三位一体，令人真伪难辨、人神不分。但是在这一时期，武术的神幻和巫化色彩达到高峰以后，开始走下坡路，武术的本来面目逐渐被人们正视。

科学知识的普及和武术界的实际情况，使人们从理论和实践两个方面同时认识到人体自身运动能力的限度，认识到练了武功也并非万能。作为一种高等哺乳动物，人除了智力高超，其自身运动能力远不能同一些动物甚至许多低等动物相比，人既不能像虎、豹那样疾奔如闪电，也不能像鸟儿那样遨翔于天空、像鱼儿那样逐波嬉浪。人的自身运动能力实际上是极为有限的，即便是练成了高深武功也不会有太多突破。武术界需要在幻想与现实之间找到心理上的一个契合点，这个契合点就是中和。

中和，不仅是中国人心理平衡的支点，也是武林中人在幻想与现实之间的支点。武林中较早提出“拳理在于中和”的是形意名家耿继善（1861—1928）。太极名家陈鑫也说：“能敬能和，然后能学打太极拳。”耿继善和陈鑫都是清末民初人，练的都是内家拳。由此可知，中和之理大概是在清末民初之际首先为内家拳派所领悟。武术界之所以于此时承认中和之理，与当时的社会环境、文化氛围极有关系。反侵略战争的爆发迫使武术界从实践中正视武术的功能和局限，新文化运动的兴起与西学的输入则有助于从理论上廓清迷雾，学会以科学的目光重新认识武术。

中和之理是武术向内练的必然结果。内功讲虚静，讲阴阳和谐，以内向验心和自我体味作为运动的基本观照方式，而四肢未必有大幅度的动作。这种外静而内动的运动方式要求习武者必须保持平和沉静的心态，不能刚猛躁忿，也不能急于求成。习武者一旦能经常进行自省和反思，善于保持虚静心态，就会逐渐领悟“和谐”二字对于提高武功是何等重要。和谐主要在于精神的和谐，有了精神的和谐，才会促成动作的和谐，这样才能做到“形神合一”。精神上不和谐，发力必有僵滞之状，拳脚必有木强之态，即使苦练，也不过是“形在神遗”而已。

和谐就是中和。中国人习惯于把人体这个小宇宙同天地这个大宇宙联系起来，所谓“天人合一”“天人感应”“三才说”等古代哲学的命题，大都同中国人的习惯思维方式有关。在自身精神和谐、内外和谐的基础上，武林前辈们还同时寻求与自然、宇宙的总体和谐，讲求顺从自然、与天地相通。内功中的种种呼吸吐纳之法，都不外是“采天地之灵气，取日月之精华”，回归自然，以先天之元气补后天之气。练内功，大都要求环境幽静，空气清新，有树木花草，最好还要在水边。有不少内功还要求比较严格的练功时间，如子时（夜11时至凌晨1时）、午时（上午11时至午后1时）等。所有这些，都是为了求得与天地自然的和谐，借助天地之气来长功，使人得以复归到先天的“婴儿”状态。

一旦精神和谐，习武者就不会全力去追求那种具有神幻色彩的超越人体自身能力的所谓“特异功夫”。他们在锐气内敛的同时，对武术的局限性也就会自然地产生比较清醒的认识。从中国武术史上看，形成较早的少林拳系神幻色彩最浓，而后起的太极拳系、形意拳系的神幻色彩相对就淡多了。

由超越现实到正视现实，这是武术中和之理形成的根本原因。武林中人受到社会的种种制约，主观认识与客观现实之间产生了尖锐的矛盾，最后的缓解方式是不得不作出退让和妥协，而奉之以较为明智的中和之理。社会现实是最好的清醒剂。

武术的基本观念之一是抗暴意识，即所谓“路见不平，拔刀相助”。然而，在封建专制统治下，不平之事比比皆是，焉能个个相助得了？纵有几个武林好汉行侠仗义，又何济于事？赃官多如牛毛，岂能杀尽？不平触目皆是，焉能铲完？一个人武功再高，也只能是心有余而力不足。

《燕青扑高俅》，版画，明，《忠义水浒全传》插图

况且，以个人的微薄之力来同封建国家的整个国家机器作对，其失败是注定了的。即使武林高手们参加农民起义军，其作用也是微乎其微的。据史料记载，明、清两代的历次农民起义，其起义军中不乏武林高手，但这许多次农民起义并没有因此而避免最终失败的命运。道理很简单，战争的胜负远不是个别人的武功高低所能决定的，甚至不是靠军队的整体武功水平来决定的。

其实，在历史上，武林中人的行侠仗义行为都是自发的，带有偶然性和随意性，武林中从来没有形成过统一的组织，也根本不可能形成统一的组织，更不用说军事组织了。他们无法有效地反抗社会，但又不甘心向封建统治阶级俯首称臣，于是只得隐居于山野草泽之间，虽然有时或多或少地给统治者惹下一些不大不小的麻烦，但基本上彼此相安无事。

《浔阳楼》，年画，天津杨柳青

这种全身远祸、明哲保身的处世之道也是一种和谐，它在个人与社会之间形成了某种平衡的态势，这种平衡的态势反过来又有助于强化习武者自身的精神和谐，以此形成了一种良性循环。久而久之，中和之道变成了武林高手的心理定势。

融会于拳理之中的中和之道既是一种人生境界，也是一种哲学境界；既是人生竞争、社会竞争的精神产物，也是我们民族智慧的结晶。中和并不是要完全泯灭竞争，而是追求那种超凡脱俗的、在更高层次上展开的竞争，这种竞争的意义已经远远超出了武术的范畴，而扩大到整个人生领域。

守静致柔

守静致柔是道家思想，最早由老子提出。老子说：

致虚极，守静笃（尽量使心灵虚寂，切实坚守清静）。

静为噪君（静是动的主宰）。

守柔曰强（能保持柔弱，才是真正的强大）。

道家追求的最高精神境界是“道”。老子认为，“道”是万物之源，具有某种超时空性，它同时又体现了一种周行不息、循环无已的运动规律。“道”是合乎自然的，而虚静就是自然状态。可是自从“道”创生万物以后，万物的运动发展离“道”越来越远，越来越不合于自然状态，越来越趋于纷争的状态，所以只有返回本根，持守虚静，才合于自然，才能消除一切纷争。在这个基础上，老子提出了“复归本根”的观点，而本根就是虚静。

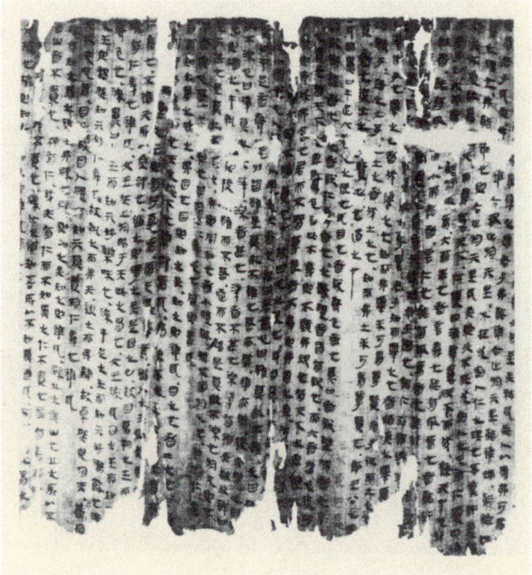

帛书《老子》（局部），西汉，湖南长沙马王堆汉墓出土

老子又进一步指出，复归本根、持守虚静的唯一途径在于“营魄抱一”“专气致柔”，即精神与身体合二为一，专精守气，致力于柔和。只有这样，才有可能“复归于婴儿”，即回归到婴儿那样的自然单纯、无欲无虑的状态，这是本根之所在。

在人生竞争和社会竞争中，老子坚信“柔弱胜刚强”，“坚强处下，柔弱处上”，“强梁者不得其死”，所以他主张“知其雄，守其雌，为天下溪”（虽深知什么是雄强，却安于柔雌的地位，甘作天下的沟溪），这样才能返璞归真，有可能成为最后的胜利者。

中国武术在某种意义上可说是一种“方外之术”，深受道家思想的影响。且不说武术的内功功法有不少来自道家的《云笈七签》等典籍，单就技术原理而言，被不少拳派奉为圭臬的“以柔克刚”之说，就是直接从《老子》一书中化出的。但以柔克刚是实战的表现形式之一，其更深的心理层次和临战心态却是守静致柔，即持守虚静，保持柔韧，锋芒内敛，以逸待劳。

在技击方面，守静致柔表现为“不争之争”，即先行退让，然后利用对方的破绽实施进攻。退守在前，进攻在后，以“不争”达到“争”的目的，即“有不为，而后可以有为”。用老子的话来说，就是“将欲歙之，必固张之；将欲弱之，必固强之；将欲废之，必固兴之；将欲夺之，必固与之”。大意是：将要使它收敛，必须先让它扩张；将要使它削弱，必须先让它增强；将要使它废毁，必须先让它兴起；将要把它夺取，必须先让它得到。老子认为，这才是真正深沉的聪明（“是谓微明”）。把这个原则引入技击，就是以静待动，引诱敌人先出招作势，使其呈现“张”“强”之态，我则让出部分空间，使敌进身，招式使老，然后乘隙而攻之，夺回空间，制服敌人。

老子又说：“善为士者不武。”意思是善于当武士的，从来不炫耀他的勇武。善拳者不言勇，高手们不言武。真正的高手极少到处炫耀武技，那些热衷于自称如何如何了不得的人，十个中倒有九个可能是借此混饭的。高手们一旦被迫同人动手，开始时大多是故意放敌进来，以守为攻，即所谓“不敢为主而为客，不敢进寸而退尺”（《老子》）。孙子说：

兵者，诡道也。故能而示之不能，用而示之不用，近而示之远，远而示之近……攻其无备，出其不意。

武林高手们大多是“能而示之不能”，这倒不是完全出于诡诈，而是心理素质和人生阅历使然，当然也包含技击经验在内。

在临敌时，武林高手们会针对对手的不同情况，采取不同的对策：“乱而取之，实而备之，强而避之，怒而挠之，卑而骄之，佚而劳之。”（《孙子》）如果从技击上理解，这段话的大意就是迫使对手慌乱，然后伺机反击，如果对手功力扎实，就要小心提防；如果对手实力很强，就要避开他的锐气；要设法激怒对方，然后制服他；也可以卑辞示弱，麻痹对手，使他骄傲；对手体力充沛，要设法使他疲劳。一言以蔽之，要想方设法使对手犯错误，或逼或诱，尽量削弱对方的优势，扩大自己的优势，这就是孙子所说的“先为不可胜，以待敌之可胜”，“故善战者，立于不败之地，而不失敌之败也”。

真正做到守静致柔是极难的，绝大多数习武者都无法达到这个境界，甚至相当一部分习武者不知此为何物。一般的习武者多偏于刚勇，争强好胜，情绪易躁忿。武功略有造诣的人，常常由于有人捧场而心绪虚浮，对自己的功力缺乏冷静而客观的估计。其实，情绪躁忿也罢，心绪虚浮也罢，都不外是武术功力与心理素质的综合反映。在武术界，心理素质与武功水平基本上是同步提高的，极少有武功很高而心理素质很差的例子，也很少发现武功甚低而心理素质甚佳的情况。所以，心理素质好坏可以在很大程度上反映出一个人武功水平的高低，而心理素质的最佳境界就是守静致柔。

守静致柔属于中和的范畴，它既是武术向内练的必然结果，又是向内练的心理标志。一位太极拳行家曾深有体会地说：

> 太极拳的用意，在身内，不在身外，不能想到一手一式的用法。倘想到用法，就反而违反了太极拳听劲的原则，容易犯主观主义的错误；同时还很可能将太极拳变为外家拳，将暗劲变为明劲。

练习拳架，练的是基本功，培养的是松柔、宁静、灵敏、完整、沉劲、气魄，等等。有了扎实的基本功，竞技时自会胜人一筹，不是在练拳架时想到这一拳是在打人，功夫就会如何高明了的。……须知人的思想，外多必然内少。如想到身外的用法，则肯定不利于身内功力的增长。（《太极拳理传真》）

这位先生讲的是太极拳，他认为“在身内，不在身外”的原则不一定适用于外家拳。其实，中国武术的所有拳派都是向内练的，只是在训练顺序上有所差别。太极拳一入手就应当向内练，形意拳也大体如此。外家拳的入手功夫多是基本功、套路之类，待练到一定程度才开始练内功，所以外家拳的向内练相对来说要开始得晚一些。造成这样的误解的原因可能是目前社会上的外家拳师，十个中有九个不传内功（有的拳师本人就未必会内功），习外家拳者多以刚勇而炫人耳目，于是形成了外家拳只向外练的印象。殊不知少林寺的高深功夫，无不是向内练的结果，少林武功的“拳禅合一”，本身就包含了守静致柔的因素。至于在练拳时“想到一手一式的用法”，那是初习武术者所免不了的，不独练外家拳是这样，练太极拳时也不例外，这与练武者所处的武学层次有关。所以，无论内家拳，还是外家拳，其最终的追求目标都是“拳无拳，意无意，无意之中是真意”，即在高度虚静之中，以无意之意而击人于无形之间。从这个意义上讲，内家拳和外家拳可谓殊途而同归。

由此可见，守静致柔不仅是练好内功的基本途径，也是武功水平的心理显现，同时又在实战技击中发挥着重要作用。守静致柔以不争为争，体现了道家思想对武术的影响和渗透，也鲜明地体现了中国人的思维方式和行为方式。守静致柔，不争之争，是中国武术的“道”之所在。

人生境界

中和之道是一种人生境界，它是儒、释、道三教合流的宇宙观的必然产物，也是中国古人对人生体验的哲学概括。在历史上，我们民族既不像大和民族那样，充满了极为顽强的争胜意识；也不像日耳曼民族那样，习惯于严谨而抽象的哲理思维。我们的先哲习惯于对人生体验作直观式的概括，使其既富于哲理性，又极为贴近生活。我们的民族经历了举世罕见的漫长的封建专制统治，锻铸出成熟而沉稳的民族性格，以内向、坚韧、谦和、保守为其特点，多沉固之志，少浪漫之质。中华民族实际上是一个十分务实的民族，中和之道就是这种务实性的体现。

孔子说："暴虎冯河，死而无悔者，吾不与也。必也，临事而惧，好谋而成者也。"意思是：凡是恃力逞勇、至死不悟的人，我是不赞成的。我所赞成的，是那种遇事谨慎、善用计谋而有决断的人。所以孟子称赞孔子"不为已甚"，说其从来不做太过分的事情。老子说："不敢为天下先。"意思是不敢走在天下人的前面。他又以"飘风不终朝，骤雨不终日"来比喻狂暴刚猛的难以持久。佛教更是主张泯灭爱憎，等同苦乐，无色无相，安心无为。

儒、释、道三家的处世哲学，都有其出世的一面，又无不有其入世的一面。人们通常把释、道两家视为出世之学，其实所有的宗教都不能真正离开俗世而存在。老子讲权术，讲用兵之道，仍然以俗世为对象。至于释家，早在东晋时期，和尚们就"或垦殖田圃，与农夫齐流，或商旅博易，与众人竞利"（《释驳论》）了；禅宗的"彻见心性，顿悟成佛"之说，进一步承认了俗世间一切享受的合理性，为佛教走入俗世敞开了大门。所以，即便是释、道两家，也不是绝对出世的。

《三教图》，明，丁云鹏

画中红衣罗汉、孔子、老子对坐说法，而红衣罗汉最高大，似与画家信佛有关。

在出世与入世之间，先哲从理论上找到了一个最佳的处世方案，那就是“穷则独善其身，达则兼善天下”。孔子说：“不义而富且贵，于我如浮云。”老子说：“祸莫大于不知足，咎莫大于欲得，故知足之足，常足矣。”应当指出，儒、释、道三家的处世哲学，都不乏辩证因素，也都同时具有二重性。这种二重性对中国武术产生了深刻影响。

一部中国武术史，一面是“壮士多横死”的普遍现象，一面是终生追求“拳道合一”境界的个别现实；一面是无休无止的恩怨仇杀，一面是超脱尘俗的逍遥自在；一面是好勇斗狠的无尽角逐，一面是心平气和的潜心修炼；一面是唯恐闯不出名头的焦躁，一面是不愿传出名声的深沉。所有这些，在漫长的武术史上绘成了交叉的、多层次的立体画卷，显得那么凝重沉郁，又那么悲壮奇丽。沉默的岁月悄悄地掩去了以往武林中的无数次厮杀和呐喊，同时也掩去了不知多少个动人而荒唐的故事。

在武林竞争中，“天外有天，人外有人”，谁也不敢夸口自己的武功是“天下无双”。在复杂的政治斗争中，企图单凭武功来实现某种政治理想是极不现实的。清军入关以后，以傅山那样的文武全才，以少林寺那样的武林正宗，也只能是让反清复明的强烈愿望付诸流水。事实证明，一旦超出了个人之间的搏击，武术的功能必然要大打折扣。

历史上无数血的教训使武林中人认识到武功的局限性，同时，内功的习练不仅为武术开辟了新的天地，也使武林中人的人生境界升华到一个新的高度。

习练内功，要心如枯井，静若参禅，无色无相，无碍无滞，全凭习武者自己的直观观照和内心体验来体察功法的进程，与外界无涉，与他人无干。近代著名诗人八指头陀（寄禅，1851—1912）是一位有深湛禅定功夫的高僧，其《夜坐有得》一诗中有云：“超然象外忘言说，唯有虚空印我心。”此处的“超然象外”和“唯有虚空”八个字道出了禅定三昧，这是一般粗通禅理的士大夫们无法企及的。八指头陀以禅定为正业，乐于禅寂而流连忘返，正如他在《与石葵上人书》中所言：“冥心独坐，迥脱诸根。禅寂之乐，匪言可喻。”武术家们以内功为日课，其练功时的心境也大抵是“超然象外”“唯有虚空”，即“静坐忽忘照，身心亦已冥”，其真气游走、冲关过穴的体味，打通经穴、天人交会的精微，神与物游、迥脱尘表的灵悟，以气发力、击人如草的畅快，自有种种“匪言可喻”的乐趣，非一般人所能理解。

尚济在描述自己练习内功时的体会时，曾有过“心无其心，身无其身”的感受。这里讲的是形意拳的内功，其他拳种的内功与此大同小异，都要经过一个这样的过程。“心无其心，身无其身”，从本质上讲是淡化自我，也就是“忘我”，这是符合道家主旨的。老子说：“人法地，地法天，天法道，道法自然。”一切纯任自然是宇宙间的普遍规律，天、地、人概莫能外。庄子从“丧我”（忘我）、“物化”（物我界限消解，万物融而为一）出发，提出了“天地与我并生，而万物与我为一”的见解，使道家思想步入了更高的哲学境界。练内功，实际上就是淡化自我意识，逐渐达到“忘我”境界的心理过程，也是一个净化心灵的过程，同时又是返璞归真、回归自然的过程。

《六祖斫竹图》，南宋，梁楷

六祖慧能主张见性成佛，曾言“青青翠竹，尽是法身”。此画用笔刚劲老辣，又极为简括，时称“简笔”。

自我意识一旦逐渐淡化，则人的争强好胜之心也必然会同步淡化，血气之勇渐少，与人为善之情渐浓。平时与人无争，即使一日被迫应敌，

《谯国夫人冼氏像》，清，金古良编绘《无双谱》

《无双谱》约绘制于康熙中期。金古良画风颇受陈洪绶影响，而功力稍逊。谯国夫人冼英（512—602），又称冼夫人，南北朝时期高凉郡（今广东茂名）人，俚人（壮族先民分支）首领。她爱国爱民，致力于维护国家统一、促进民族团结，功勋卓著，深得后人敬重。

《周元理像》，清，华冠

周元理（1706—1782），浙江仁和（今浙江杭州）人，官至户部尚书，关心民瘼，颇有政绩。画中三名随从均携弓箭，护卫周元理穿行于山林之中，似与游猎有关。

也未必先存打人之心。这样的高手，于富贵利禄、名望地位都不会太在意，当然也不愿意奔竞于权贵之门、汲汲于名利之间。他们不屑于仰仗他人鼻息，也无意于靠击败同道来扬名立威。他们活得潇洒，活得自在，视武术为自己的生命方式，情有所钟，如鱼得水。从这个意义上讲，那些武林高手们才活得真正像一个“人”。遗憾的是，在封建社会里，能够真正像“人”那样生活的武林高手并不多。正因为如此，这样的人生境界才尤其值得珍视。

人类社会的历史就是一部充满了竞争的历史。没有竞争，就没有人类的进步。只是竞争的形式表现各异，大而言之有外交、军事之争，小而言之有功名利禄之争。在竞争日益普遍、激烈的今天，若提中和之道，恐怕会被人斥为“不合时宜”，然而，当世的那些真正的武林高手仍然徜徉于中和之道的人生境界之中，也还有习武者心甘情愿地为步入这种境界而苦苦求索。练武是一种生活方式，也是一种人生归宿。人生在世，必然有所希望，有所寄托。这份希望与寄托，不知令多少人如痴如醉，如癫如狂，武术又何尝不是如此？

还是老子说得好：

> 上士闻道，勤而行之；中士闻道，若存若亡；下士闻道，大笑之，不笑不足以为道。

五

高手的必由之路

行家们常说：“练武之人如牛毛，练成之人如牛角。”此话不是夸张。在中国，懂个三招两式的人比比皆是，但真正的高手又有多少？练武入门不难，难就难在持之以恒、精益求精。武学如海，本无止境，穷一人毕生之力也不过尽一瓢之饮，何况穷一人毕生之力亦极难实行。

从拜师入门到技艺大成，要经过一段曲折而艰难的长途，凡无名师者、意志不坚定者、天资稍差者，都决计走不到终点。练武练一辈子者，未必一定就是高手；能演练一二百个套路者，也未必能成为大师。在“高手”“大师”满天飞的今天，更感有旧调重弹的必要。

虚名易得，真功难练。倘若打败几个不会武术的人就可捧为“高手”，凭几路花拳绣腿夺个奖牌就可誉为“名家”，堂堂的中国武术岂不太廉价？武林本是激烈竞争之处，若没有真功夫，若不经过一次又一次的实战搏击，岂能在武林中立足？高手是打出来的，不是捧出来或吹出来的，也不是凭套路表演出来的。根据武学的规律，20来岁的年轻人实际上很难具有高手的水准，能达到“中手”就算很了不起了，绝大多数还只能称为“低手”。道理很简单：在武学的长途上，他们才起步不久，距炉火纯青的境界还相当遥远。

武术是一门科学，练武术和做学问一样，都必须循序渐进，有一个不断积累、不断认识、逐渐深化的过程。如果有谁只把武术当作练拳脚、增力气的技艺，而忽视它的文化内涵和技击理论，那么他充其量也只能成为皮粗肉壮的一勇之夫。

通向武林高手的道路非三年五载能够走完，途中必须经受种种磨难和考验，还要耐得住寂寞，习惯于孤独和内省。提到爱情时，我们会说：“问世间、情是何物？直教生死相许！”练武术也一样，需要将武术当成自己的爱人，一旦敢于“生死相许”，矢志献身，那么成为高手的指望就添了几分。

流血的竞争

《水浒传》里写八十万禁军教头王进初到史家庄时，见史进练武，把一根棒使得风车般转，很不以为意。史进不服气，硬要比试。谁知王进只轻轻一点，便把年轻气盛的史进掷翻在地。史进练的就是花棍。另外还有花拳、花枪、花刀、花叉等许多种，统称为花法，又叫花架子。

花法是“练为看”的，要起来高跃低扑，盘旋斗折，令人眼花缭乱，但未必能上得阵仗。真正的武术是“练为战”的，一招一式都实实在在，却未必赏心悦目。这两者构成了中国武术的两种走向。两千年来，它们互相渗透融会，形成了中国武术亦华亦实、观赏与实战并重的发展趋势。

戈舞，上海市立体育专科学校女生表演，1946 年 10 月

然而，中国武术的实质还是“练为战”。

武学大师戚继光极为重视武术的实战效用。他认为，在双方交战时，“锋刃既合，身手相接，彼死则此生，势不俱存”。所以，在士卒的平时操练中，绝不能掺入任何一点花法，

《盾舞》，剪纸（窗花），晚清，山东蓬莱

盾舞又名藤牌舞，相传原为戚继光练兵所创，后由戚家军退伍将士带回戚氏故乡蓬莱，演变成一种民间舞蹈，一直流传到清朝。

如长枪之单舞、藤牌之闪滚、钩镰之转身跳打之类，均是“周旋左右，满片花草”，必须统统删去，否则“学熟误人”。

他还规定，若在考核中，士卒的实战功夫没有长进，要罚以军棍。考核五次仍无进步者，打四十军棍后予以革退。戚继光很风趣地说，当兵不想学武艺，不练好实战本领，那不是同自己性命有仇？不是呆子又是什么？

武术起源于原始人类同野兽的搏斗和部落之间的战争。它最初的目的很明确，就是战胜敌人，保存自己。豺狼虎豹没有什么审美意识，原始人类也没有在战场上鉴赏敌人厮杀动作优美与否的闲情逸致。所以，武术从它的雏形起，就带有嗜血的性质，是人类生存竞争的必然产物，在血光中发展，也在血光中成熟。中国武术体系与文化博大精深，其中不知浓缩了多少岁月、多少悲欢、多少生命，当然，也凝聚了无数智慧。虽然早在殷商时期就出现了“武舞”，武术已经开始具有观赏价值，但武术的最初目的并没有过于淡化。在健身和观赏之外，武术的社会功能依然是防身制敌，它仍然不失为生存竞争的手段之一。

武术的竞争性是在人与人面对面的肉体搏斗中显示出来的，所以

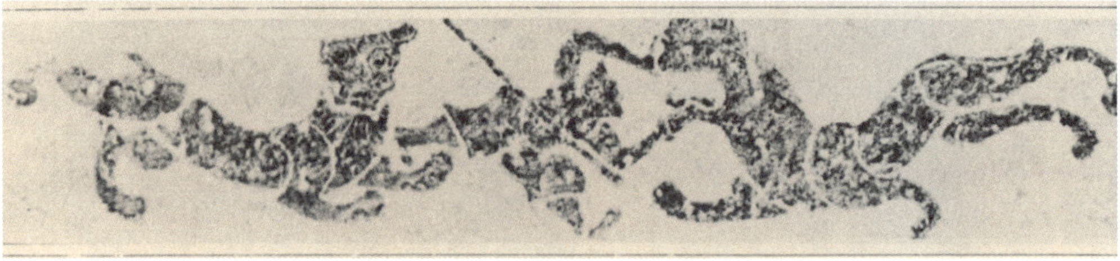

力斗二虎，画像石，汉，河南方城出土

它特别具有直接性和残酷性的特点，这是在人生的其他竞争中所不易看到的。如果说人生的其他竞争是不流血的竞争，那么武术恰恰是流血的竞争。从这个意义上讲，武林之中的竞争是人生最残酷的竞争之一。

中国武术中的一招一式，都有十分明确的攻防目的。冲拳击胸，栽拳击腹，上冲拳和下勾拳击头；低踹击膝盖以下，平踹击腹，高踹击头颈；指出点穴，掌出截腕，膝出打阴，胯出挤靠；回掌搂带，勾手防踢；矮身防扑，闪身防后：凡此种种，不一而足。每出一招，非攻即防，攻防兼备，均为有为而发，目标都是对手血肉之躯的具体部位。

中国武术有个原则，叫作“练拳时面前似有敌，交手时面前若无人”，意思是说习武者平日练拳时，先假想眼前站着一个对手，这一拳打他什么部位，那一脚踢他什么地方，他如后退我如何跟进，他如前扑我如何闪避，全都要心中有数，姿势正确。久而久之，攻击意识就会在习武者心中强化起来。武林高手们更是“时时面前若有敌”，“处处背后若有影”，习惯于使自己时刻处在临敌的位置上。这种高度敏锐和经年不懈的防卫意识是一般人很难理解的，这是由武术的本质所决定的。

武林中还有一句俗语，叫作“千招会不如一招精”，要求习武者必须练出自己的一两式绝招，作为看家本领，若遇强敌，可凭此绝招克敌制胜，化险为夷。过去，不少武林高手都有绰号，像清末民初北京的神跤沈三、河北的神拳李、山东的神腿王二、陕西的鹞子高三等，这些绰号标志了他们的绝技所在。有些人还苦练出惊人的指功、头功、掌功、肘功、膝功、腿功，动起手来可置敌于死地。有的高手专门苦练左式，以致左手比右手威力还大，应敌时可攻其不备，出奇制胜。凡此种种，无不为了实战。

为了在格斗中求胜，武林中人除练好常见的兵器外，还常常携带暗器，如飞镖、金钱镖、飞刀、飞蝗石、如意珠、标枪、飞爪、袖箭、弹弓等。武林中讲究单打独斗，交手时双方近在咫尺，目标清楚，于是暗器就派上了大用场。在激烈的格斗中，倘若骤然施放暗器，常令对手猝不及防而陷于被动，轻者落败，重者非死即伤。有人还把暗器喂上毒药，一旦击中，可使敌人毒发丧命。

有些暗器更是常人所难以想见。从前走江湖的女子，鞋头内往往嵌有铁块，以之踢人，可致对手重伤，俗称“铁鞋尖”。据《大清畿辅列女传》记载，晚清时期，河北有一位姓于的女子，嫁正定人何鸿受为妾。于氏生于世代习武之家，自幼练武，可力举数百斤，而外貌却文文弱弱。她所用的一把单刀竟有十多斤重（一般的单刀重不过二斤），所穿的皮靴，靴底密密麻麻排列着数十支铁锥，每支长二寸，锥锋向前，极为锋利，一律用皮绳缀着。一旦遇敌，只要抬脚前踢，铁锥就会即刻飞出，伤敌于瞬息之间。

试想，倘若一个人一生的主要心思都用在研究如何打人方面，那么他会设计出多少种伤人之术？中国武术已经有两三千年历史，其中不知凝聚着多少高手的才识智慧，各种各样的奇招怪法又何可数计？外行人看武林很神秘，内行人看武林简直诡异。常言道“未入江湖想江湖，入了江湖怕江湖”，绝非虚言。尽管武林并不完全等同于江湖，但个中的种种诡异之道，与江湖也大同小异。而且，武林中人大多争强好胜，其中夹杂着太多说不清、道不明的恩恩怨怨，最后常常免不了要在拳脚兵刃上见个高低。武术中的招式就是这样从历史的血光中逐渐发展起来的，以无数人的生命和鲜血为代价，凝聚着无数人的胜负生死的经验教训，想让武术不带点血腥味儿实在是太不可能了。

从前的保镖、护院、江湖拳师全凭一身武艺走南闯北。镖局走镖，在路上遇上强盗，若用江湖暗语软说不行，必须凭真本事将强盗打败，否则镖被劫走，镖局砸了牌子，镖师本人也会丢饭碗。护院为大户人家所雇，若来了盗贼，也必须拿出几手真功夫才能不辱使命。江湖拳师遇上故意找碴儿踢场子的，实在躲让不了，也只得拿出真功夫应战。那些绿林大盗、黑贼惯偷和在江湖上故意找碴儿的人，也都不是泛泛之辈。他们若不是自恃有几手绝活儿，也不敢斗胆吃这碗黑道饭。所以，在上述场合下，双方既是武技较量，又含有生死之争。

打擂也是过去常见的一种比武形式。先由当地某大户请一名武艺高强的人当擂主，设下金银赏物，然后由台下的人上去攻擂。在打擂之前，大多先要立下“生死文书”，声明死伤由命，他人概不负责。这种打擂是较量真功夫，常有死伤。由于打擂的赏物相当丰厚，而且一旦获胜可以立即扬名，自有大户请去护院教拳，可谓名利双收，所以常常能吸引武林人士参加。

武林中最常见的比武形式还不是上述这些，而是试手，即多少讲点交情，只比武功，不赌生死，一般讲点到为止。如果一个人在武林中稍微闯出点名气，那就一定有人找上门去试手，实际上就是挑战。倘若能把这个有名气的人一举击败，那么挑战者的名气就会更大。所以，试手虽然表面上是在比试武艺，实质上却是在赌名气、赌声望。名望所系，人们必然全力以赴。武林前辈向逵曾总结道：“善拳术者，不（轻）

《刀马人》，剪纸（窗花），清，河北丰宁

易出手，出手必用全力；不（轻）易校手，校手必见胜负。”这里说的“校手”就是试手。这两句话恐怕是经验之谈了。

在试手时，如果双方都很有涵养，讲究武德，则无论谁胜谁负，都不会太伤和气，真正做到点到为止。尽管双方都希望获胜，但并没有以性命相赌的念头，所以谁都不会乘机加力伤人。可惜的是，武林中并非人人都是道德高尚之士。那些唯恐闯不出名头的人，那些唯恐坏了声望的人，那些嘴上说得好听可一到交手便执意要赌生死的人，那些动不动就下杀手的人，也实在并非少数。如果双方都赌性命，或一方要赌生死，另一方被迫应战，那么试手的气氛一定会变得杀气腾腾，令人不寒而栗。

有个别歹毒的人为了取胜往往不择手段，不惜使用阴毒下作的伎俩来暗害对方。这些阴毒招数大都是在试手时落于下风、乘对方不备时使用的：有的是佯装倒地不起，乘对方前来搀扶时突施暗算；有的是拳脚不敌，突然拔出暗藏的兵器或施放暗器。还有一些人，不是光明正大、堂而皇之地正面向人挑战，而是悄悄跟踪，伺机偷袭，其人格更等而下之，许多武林高手都遭遇过这种暗算。

武林中人的胜负意识不仅极其强烈，而且十分持久。如果在试手中败北，他会念念不忘，发愤练功，誓雪此耻。即使双方相距千里，几年以后他也很有可能再度上门挑战。所以大凡武林中交手，老江湖出手均十分谨慎，不到万不得已，尽量不使对方失面子，以防冤冤相报，过不得一天清静日子。

名气、声望，武林中人珍爱几如生命，而名气、声望又必须靠击败他人来博取，靠不断击败他人来抬高。如果认真调查一下，几乎每个习武者，不管水平高低，差不多都有过与人交手（包括试手或打斗）的经历，而且多数人都会说自己有过取胜的纪录，这是可信的。至于那些武术名师，一生中与人交手更是不计其数，他们的名气就是从这无数次交手中闯出来的。如果一个人屡战屡败，那他只好从此销声匿迹，终生不再言勇了。

习武者的攻击意识和强烈的胜负意识融汇在一起，使得武林中的争斗不可避免地变成了流血的竞争，而且在相当多的场合下演变为生死之搏。清朝中期，河南洛阳有一个叫马三元的形意拳高手，性勇好斗，远近拳师找他较量，竟先后被他击毙数十人。晚清时，河南鲁山有一个叫张老格儿（形意名师张聚之子）的拳师，也曾屡屡击毙前来较艺的外地拳师。就是在这种经久不衰的残酷的流血竞争中，优胜劣败，汰弱存强，武术悄悄地发展着，完善着，涌现出一代又一代的高手，而其余的绝大多数人都被岁月的尘埃无情地湮没了。

这就是武术。

牛毛与牛角

武术是中国的“国术”。就眼下而言，如果说全国14亿人中，有几百万武术爱好者，恐怕毫不夸张。但是，如果要认真清点一下全国究竟有多少武林高手，那大概谁也回答不上来。原因在于，究竟练到什么样的水平才能称得上高手？这个具体标准恐怕很难说清楚。事实上，武术界从来也没有为此定过什么具体的、统一的标准。

所谓武林高手，顾名思义，必须具有出类拔萃的武功，在武术领域有所建树，在武林中享有较高的声望，得到了社会的承认。可是，有些“高手”只是舆论界吹出来或捧出来的，热闹一阵以后，便不知去向、销声匿迹了，人们免不了产生受愚弄的感觉。所以，武林高手云云，实在是说不清楚。

有人说：全国武术冠军该算是武林高手了吧？不然他们怎能技压群雄、独占鳌头呢？

事实上未必尽然。曾经有一位名闻海内外的全国武术冠军获得者，竟被两个街头小流氓打伤。事情传出，武术界曾掀起一阵不大不小的骚动，人们对全国武术冠军有没有真功夫提出疑问，又连带着掀出了一个老问题——武术究竟姓“武”还是姓“舞”？可惜的是，这个问题迄今并无定论。

其实，全国武术比赛并不是对抗性的实战比赛，而是套路的演练比赛，主要比难度、比编排、比动作规范。只要动作难度高、编排新颖、爆发力强，就有可能拿高分，登上冠军宝座，也有可能拿到“武英级”。不可否认，全国武术冠军们都有很扎实的基本功，也都有良好的身体素质。但扎实的基本功和良好的身体素质毕竟不能同武林高手画等号，因为武术是对抗性运动，必须在实战搏击中才能分出谁是“高手”、

河南留学欧美预备学校（1912—1921，今河南大学）武术队，河南开封

谁是“低手”，否则武术就同跳水、体操差不多了。

也有人说：那些开武馆的大概都是高手吧？不然他们怎么敢亮出招牌、开馆收徒呢？

当然，开武馆需要有点真功夫。不过，在商品大潮的冲击下，滥竽充数、鱼目混珠者也不乏其人。有少数人凭着几手三脚猫功夫招摇撞骗，欺蒙外行，大赚其钱。20 世纪 70 年代初期，河南某地有位拳师，教拳多年，门徒不少。有一天晚上，他赴人酒宴，一个根本不会武术的小伙子要拜他为师，拳师执意不收。二人越说越僵，动起手来。小伙子一拳打下，拳师竟当场丧命。

还有人说：全国散打比赛的冠军应该算是武林高手了吧？这可是从实战搏击中打出来的全国冠军啊！

的确，散打比赛是面对面的搏击，又允许手足并用，最接近武术的本来意义。全国散打比赛的冠军的确具有较高的实战本领。但是，

山东国术考试之女子散打，1934年

在散打比赛中，为了保护运动员，规则规定运动员必须戴上厚厚的皮手套。这样一来，武术中诸如指法、掌法等种种功夫就无从施展。尽管散打最接近武术，但总显得比真正的武术要笨拙一些。

照这样说，武林中岂不是就没有真正的高手了吗？

高手肯定是有的。但就某一时期而言，高手的数量相当少，名副其实的高手尤其寥寥，与数以百万计的习武者相比，恰如牛角与牛毛之比。万籁声先生说：

> 愿学道之人，有如牛毛，得道之人有如牛角，真正苦志信行者少，标榜趋务虚名者多。（《武术汇宗》）

万先生在这里讲的是修炼道术。如果把这段话套用到武术方面，基本上也是符合实际情况的。

成为武林高手必须具备以下三个条件：

一、有学武的天分；

二、有名师悉心传授；

三、有超乎寻常的毅力。

所谓学武的天分，就是天资天赋，并不是每一个习武者都具有。练武和研究科学一样，要想有所成就，首先要头脑灵活、思路敏颖，具有较高的智力。练武又特别讲究悟性，讲究独立思考的能力。“师父引进门，修行靠个人。”练武之人一生要遇到多个关口或曰“魔障”，而这些正是提高水平的关窍所在。武林中人对于这些关窍往往秘而不宣。即使师父传了，也要靠个人的领悟、体验才能化成自己的本事。天分低的人，即使师父传了，也未必能够完全领悟；天分高的人，即使师父不传也有可能逐步悟解。

练武不仅是肌肉的运动，还包含着繁密复杂的脑力活动，对人的思维能力有很高的要求。武林中常说“以意领气”“以意击人”“意与气合”，这里的“意”就是指思维活动。习武时，要全凭思维来指挥动作。如果说初习武者对此还没有什么深切体会的话，那么进入较高境界的练武之人就会体味到其中的甘苦了。凡武功练到一定境界，便主要靠内功来增强功力。练好内功是成就高手的必经之路。练内功几乎完全靠悟性，悟透一层则功长一分。在这个阶段，习武者的天分就显得更重要了。

所谓名师传授，就是常言说的“名师出高徒”。学武之人如果仅靠自己胡乱摸索，没有名师点拨，那很难练出名堂。历来的武术名家，大都是从小投拜名师，艺成之后又四处求教，才能练成一身非凡武艺。无师自通而终成高手的情况极为罕见。

所谓超人的毅力，就是在十几年乃至二三十年的漫长习武岁月中，习武者要挨得住每天的筋骨之累和皮肉之苦。习武之人从开始学艺到技艺大成，最少也需要十年工夫，实际上所费时日恐远远不止此数。

如练少林功夫，要经过“三膘（胖）三瘦”，劲始入骨，再经过“三伏三九”，劲始归根。在练功过程中，有时能吃能喝，气色壮旺，有时不思饮食，面黄肌瘦。特别是在劲力转换之际或初习内功之时，往往会出现浑身无力、气色不佳的状况。凡此种种磨难，使许多人心生畏惧，半途而废。

此外，一个人从十几岁到40来岁，要经历若干次大的人生转折，如升学、恋爱、结婚、开始谋生等，再加上人际关系的种种干扰，任何一次转折都有可能使习武之举半途而废。青春期心理影响更为重要，许多习武的青少年都是因为过不了这一关而过早地结束了练武生涯。因此，真正能闯过各道难关而最终坚持下来的，实在是寥寥无几，也只有这极少数人才有可能步入武学的较高境界。

晚清时期，直隶新城（今河北高碑店）有个叫任骑马的人，曾手刃杀父仇人，而后自首。官府念他为孝子，免其死罪，别筑一室囚之，并给予种种优待。任骑马在狱中坚持日夜习武，久而久之手掌能够碎石，手指可以穿木，睡觉时左右脚轮流放置在脖子上方。咸丰初年，任骑马被释出狱，欲投军，未至而足折，于同治初年去世，终年68岁。从记载上看，任骑马也算得上武林高手了，可惜关在狱中30年，始终没有施展的机会。

其实，像任骑马这样刻苦练功的人不在少数。直到现在，有的练武之人还是边端着碗吃饭，边压着腿，甚至如任骑马那样，睡觉时还保持着朝天蹬的姿势，常年不懈，拳不离手者更是大有人在。笔者早年曾结识几位青年，他们每天清晨4点多钟就起身到远处练拳，带上两个馒头，一直练到八九点钟；晚上天黑以后再练，直到10点钟左右才休息，每天练功七八个小时。

练拳只是为了健身的人也不是没有，像一些中老年人学习太极拳。

然而，练武之人一旦有了防身的念头，那就很容易醉心于攻防之术，年轻人尤其如此。而当他们一旦步入武学堂奥，就更是身不由已、欲罢不能了。古代的一些文学家以写诗为茶饭，武林高手们又何尝不是以武学为茶饭，念兹在兹，须臾而不可离？

除了付出大量的时间、精力、体力，习武之人还必须自觉地抑制某些本能的欲望，这也必须具有超乎寻常的毅力才可能实现，从某种意义上说，这比单纯的体力消耗更难做到。比如童子功，据说只能从童身练起，严禁房事。功未练成而行房事，则功法必破；即使已练成此功，亦应少行房事。这种说法不知有没有科学依据，而历代相传皆是如此。在中国武术中，无论哪个门派，几乎都把远女色、少房事奉为练功戒律之一，认为贪恋女色必将使人元阳不固，精力耗损，功力减退，神智萎顿。习武之人的自我克制，从形式上看很像佛门弟子的殉道之举，其体现的实质也确实是一种殉道精神——殉武学之道。他们为练武而牺牲人生许多乐趣和享受，在相当长的时间内强迫自己过着类似清教徒或苦行僧的生活。而这许多乐趣和享受，这一生也许再也没有机会去补偿了。

上述三个条件，对于成就一名武林高手来说缺一不可。就习武者而言，天资聪颖和意志坚强都是主观条件，名师传授则是客观条件。在主观条件具备的情况下，能否得到名师传授是成就高手的决定因素。即使有天分、有毅力，但是未遇到名师指点，恐怕练一辈子也不过是个中流水平。

人生际遇，往往可遇而不可求，带有极大的偶然性。笔者在20多年前曾遇到一位老人，当时已年近80岁。这位老人自幼习武，直到白发苍苍还每天坚持练功不懈，但到头来武功平平，只好教几个小孩子来排遣晚年寂寞。据说他早年先后投过十几位师父，家产耗尽，但始终没有练出什么名堂。一言以蔽之，际遇而已！

如此说来，牛毛与牛角之比并不过分。

苦海与彼岸

佛家云：“苦海无边，回头是岸。”而练武之人却是“苦海无边，难见彼岸”。

人的一生，无不有所企盼，于物质上或希望升官，或希望发财；于精神上或学业有所建树，或内心有所丰富；于情感上或追求风流快活，或追求平淡自适。只要不是生活所迫、境遇所逼，几乎谁也不愿去自找罪受。而当人生目的达到之后，多数人都会发出“人生得此足矣”的感慨。尽管人生的句号是画在生命终结之时，但许多人是在生命终结之前很久就停止了前进。

习武生涯却有所不同，它自始至终都处在进取的过程之中。从开始练武的那天起，只要习武者矢志坚持，那么，直到他生命终结之时，他都一直在追求着、探索着，在武学的茫茫苦海中经受着无尽的磨难，内心无法安宁。而彼岸在何处？那个“习武生涯得此足矣”的落脚点在哪里呢？似乎只是习武者心中的幻象，一个既具体又虚幻的目标，可望而不可即，甚至连望也望不见。

艺无止境，天外有天，强中更有强中手。习武者即使终生打熬筋骨、苦练功夫，到头来能被众人称一声“高手”已属不易，又有谁敢说自己已经悟尽了天下武学、四海所向无敌呢？

1934 年，曾有人在西安摆下擂台，号称“拳打南北二京，足踢少林和尚”。少林寺著名武僧德根（1914—1963）出手比试，一拳将对方击毙，但德根的右脚踝骨也被对方扫断，终生残疾。

清雍正、乾隆年间（1723—1796），甘凤池是名震四海的武学大师，天下少有敌手。相传甘凤池住在金陵（今江苏南京）时，有一天率领众弟子上街游玩。一个樵夫挑着一担柴路过，无意间挂破了一个徒弟的衣服。双方发生了冲突，甘凤池心中恼怒，随手向樵夫挥出一拳。不料拳还没打到对方身上，自己先跌倒在地，樵夫身法之快，谁也没有看清。徒弟们又惊又怕，面面相觑，没有一个人敢上去交手。樵夫数落了甘凤池几句，挑起柴担扬长而去。

像甘凤池、德根这样的高手，在习武者之中可说是万人之选了，也可以说是到达彼岸了，尚且还有这样的遭遇，一般的习武之人又有什么可以自夸的呢？

一般的习武之人，即使竭尽毕生精力，也未必能练到甘凤池、德根那样的水平。德根 6 岁出家，16 岁师从少林寺武总教头贞绪大师（1893—1955）习武，又曾请业于俗家拳师胡三林，后来还出山访师求艺，所练极苦。据说他熟谙一百多套少林拳法，尤精于实战技法，出手必应，击人必中。至于甘凤池，史料上所载更是神乎其神，《清稗类钞》说他“得运气炼神之术”，武功居全国第七。在江苏泰州，他曾遇自称天下无敌的“打人王”，“打人王”以全力击之，甘凤池用腹部坦然受力，“打人王”被震得踉跄后退，竟然撞倒了一堵墙。

相传在当时，与甘凤池齐名的共有九名高手，武艺最高的是个和尚，使一根三四百斤重的大铁杖。这个和尚作恶多端，其余八名高手遂联手围攻，苦斗多时，将其击毙。

还是在清雍正、乾隆年间，扬州武林中出过两件事。一件是扬州某武生一向以拳术自负，却被一个名叫曹三娘的女子一招击倒。当时该武生与曹三娘试手，径向曹三娘扑去。曹三娘端坐在榻上，手一挥，那武生即应声跌出。另一件是蜀僧大岩寓居扬州天宁寺时，好打抱不平，屡败当地武林好手，但最终却被人乘隙击断膝盖，从此豪勇之气顿消。

山野草泽，市廛歌榭，皆可为藏龙卧虎之地。武学没有止境，苦海也没有尽头。

学武之人，一入门必须先练基本功，如桩功、腿功、臂功、腰功、指功、眼功等。练站桩，要一直站到两腿发抖，汗如雨下。练拔筋，每每是筋张欲断、疼痛钻心，几欲哭号。练臂力，要直练到双臂肿胀，连饭碗也端不稳。练指功，无论是拔木桩、提坛子，还是抓石球、抵砖石，每次练后都是手指颤动不已，连筷子也捏不住。练腰功，直练得疼得夜里每翻一次身都要鼓足勇气。这些皮肉之苦，并不是咬咬牙，三天两天就能苦熬过去的，而是每天都要重复若干遍，持续相当长的

少林寺僧练功

一个时期，舍此再无捷径可寻。

练了几年基本功，长了气力，身手活便，又学了几套拳法，这样可差不多了吧？其实，这只不过是武术的入门功夫，仅仅是锻炼筋骨而已，于武学一道只算略知皮毛，更艰苦的考验还在后面。在所有的习武者中，最少有一半人闯不过这一关，一早就打了退堂鼓。这是习武过程中的第一次大淘汰，也是淘汰人数最多的一次。

凡是未练过武术的人，与人较量时所凭的都是“本力”，又称“蛮力”或“拙力”。这是一种僵硬的力，其特点是速度慢，作用时间长，力的作用距离也比较长，而且是只凭身体的某一部位（如腿、臂）发力。这种蛮拙之力随着生理机能的衰老会很快消退，并不是武术中所要求的劲力。

武术中所要求的明劲，是依靠周身协调，以腰为轴，在刹那之间爆发出来的那种弹抖崩爆之力，其势猛，其速疾，其劲冷脆，犹如迅雷之鸣不及掩耳，闪电之发不及瞬目，击人立中，跌人立仆。

这种崩弹之力必须先蕴而后发，先蓄而后放，不仅速度快，而且富于弹性，具有穿透力，出掌带风，发拳有声，有时可以达到掌风呼呼、拳声嘭嘭的程度，令人凛然生畏。如果仅凭拙力，不管力气多大，也难以达到这种境地。

崩弹之力主要是靠身体诸大关节，如肩、肘、腕、胯、膝的猛烈抖甩而发出的。无论用什么部位击出，它都是全身的合力，要靠全身关节的同步配合，劲力顺畅，一发而出。不少拳种都要求出拳时松肩沉肘，胳膊不要伸得过直，站步时要求双膝微弯，腿不要太直，其原因之一就是使肩关节、肘关节和膝关节在发力时保持必要的弹性，加快运动速度，增强应变的灵敏性。

练习崩弹之力也是一个相当艰苦的过程，是学武生涯中的第一次

“换力”。练压腿、拔筋等基本功，只要柔韧性不是太差，年龄不超过 20 岁，训练比较刻苦，大约两三年工夫也就差不多了。但是练好崩弹之力却比这费时间。比如形意崩拳，动作看来平平常常，极为简单，不过上半步、出一拳而已，而且来来去去都是这一个动作。可是，如果没有一天三五十拳的练习，不经过五六个寒暑，那崩拳是练不出多大名堂的。

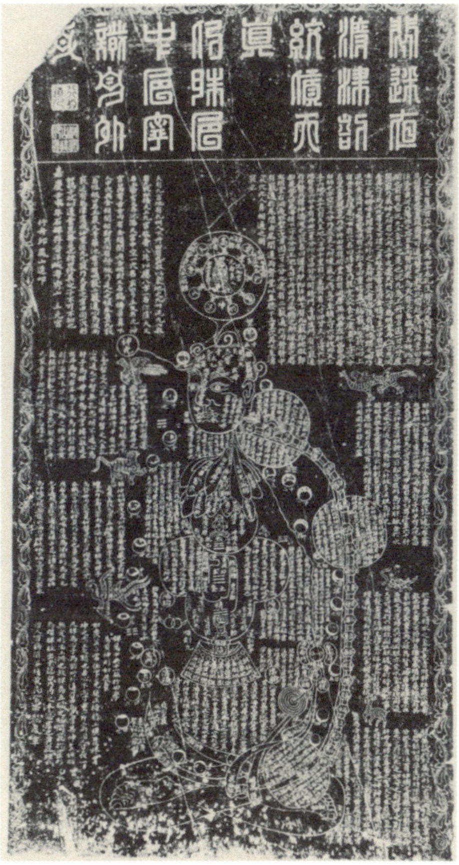

练功碑，清，广州越秀山

明劲练到一定程度，可以不必预先大幅度蓄势而能发劲，即在极小的空间内单靠关节的抖动就能爆发出力道不小的弹劲，俗称“寸劲”。如敌人猝然袭来，待自己发觉时已近不逾尺，但仍可在这二三十厘米的距离内，借肩、肘、腕诸关节的骤然抖动而发劲，以挑、撞、格、击等多种手法来反击敌人。此时双方距离极近，那种崩弹之力发劲又疾，一发即至，即发即收，未收又发，连环进击，一秒钟之内可连续击出多次（若双拳同时出击，一秒钟内可击出三次；若单拳轮流出击，一秒钟内可击出四至六次。在 30 厘米的超短距离内，以双拳同时击出的效果较好）。敌人躲无可躲，退无可退，防不胜防，往往手足无措，而面部、胸腹部已被重创。

一般来说，如果主客观的条件都比较好，练出明劲恐怕需要六七年时间。至少有95%的习武者在这一阶段被淘汰，永远退出习武的行列。如果习武者的主客观条件差一些，即便是坚持练功，也有可能永远在明劲之门外徘徊，这样的例子也有不少。这是习武过程中的又一次大淘汰。

练会了这种功夫，一般可以算作会武术了，但是这不过是初窥武学门径，仅仅进入武学的初级阶段。

练出明劲之后要练暗劲，这是武学的中级阶段。暗劲不像明劲那样刚猛，而是刚中有柔，刚柔相济，具有极强的柔韧性。在中级阶段，要逐渐消去刚劲，渐长柔劲。这是学武生涯中的第二次“换力”。

能否练成暗劲，关键在于练气。其实，早在武学的初级阶段，习武者就应当学会把身体各部的散乱之气收聚于丹田（脐下深处的球形区域）。人们常说的“气沉丹田”“气发丹田”，就是这个道理。

练气的时候，必须排除一切干扰和杂念，以松、静为旨，做到松而不懈，静而不散，使呼吸细长而深入。练气功法有很多种，最常见的是周天功，即以意念导引，使真气由督脉（在背部正中一线）而上，达于头顶百会穴，下通任脉，由腹部的气海穴沉入丹田，使丹田充盈。如此完成一次循环，就叫“一周天”。因此许多武术家认为，练气的关键在于打通任、督二脉。

如果说练基本功是对习武者肉体和意志的磨炼，那么练气过程则是在更高层次上对习武者精神的考验。武林中不少人都有过类似的体会：要把多年练就的刚猛之力一点点消去，要付出多么大的代价！一位老人曾回忆道，他早年师从名师练形意拳五年，一拳劈出，带动风声，似乎势不可当。但这是明劲，只不过是形意拳的基础功夫。为了把明劲练成暗劲，后来他又从站桩练起，足足练了七年。他夜晚在公园练拳，虽然全身放松，但打出拳去，居然发出嗡嗡的震动声，能传出好远。他这才领悟到形意拳由外向内练的奥妙。

其实，不仅是形意拳，中国武术的所有拳种都是由外向内练的，由四肢躯干的表露于外的刚猛之力，转向以内气为主的刚柔相济之劲。在中级阶段，重在培养意念活动，以意领气，以气率形，意动气动，以气催力。在练拳时，全身放松，心意平和，但意念必须高度集中，周身俱要协调自然，含蓄圆活。出拳不求快求猛，而是顺应自然，以意念导引，使丹田之气达于拳脚。

武学境界的高低最终是由内功高低来决定的，而不是由招式套路来决定的。凡是真正的高手，他在内功方面必定有相当的造诣。不仅太极、形意、八卦等内家拳是这样，而且少林、峨眉、南拳等外家拳也无一例外。一个同样的招式，由一个不会内功的人和一个内功有相当根底的人分别演练，其威力气象定然大不相同。若使该二人交手，在双方技法大致相当的情况下，则后者十有九胜。

练习内功一般需要有名师指点，入门之后即可自行练习。练习内功还需要懂得一点医学，熟悉人体主要经络的走向。练内功最难做到的是排除杂念，不受外界干扰。过去武术界的人常常把练气之道说得很神秘，不轻易传授。不少人练了十几年拳，只知道气沉丹田，却不知真气为何物，如何运行，于是“气沉丹田”也就差不多成了一句空话。内功神秘之说往往令人望而生畏，似乎可望而不可即，不少习武者就是在练气的殿堂前停下了脚步。

由于以上诸多因素，在练成明劲的人中，绝大多数都难以进一步练出暗劲，这是习武长途中的第三次大淘汰。练成了暗劲，可以算在武学上有一定造诣了，但充其量还处在中级阶段。

武林高手的标志是看他能否练成化劲。将暗劲练到至柔至顺的地步，柔中有刚，刚中有柔，就是化劲。拳谱中说的“阴阳混成，刚柔悉化”“拳无拳，意无意，无意之中是真意”“有形有意都是假，拳到无心方见奇”，都是指化劲而言。

当然，在高级阶段，也并不排斥具体的招式技法，但它们已经退到次要的地位。在初级阶段，以基本功和技法为主，内功只是刚刚入门。在中级阶段，技法与内功并重。但是，当暗劲练到一定火候，习武者就会感到内功远比技法难练，而且比技法更重要。从此以后，武功的长进主要由内功的进境来决定。在练习化劲时，几乎完全要靠内功训练。内功大成，也就标志着化劲大成。

在练习化劲时，习武者周身内外全仗真意运用，手足动作所用之力，有而若无，实而若虚，运气时并不着意，又不是全不着意，而是忽隐忽现、若有若无。练到一定时候，常常会出现身无其身、心无其心的感觉。一些高手如实地记录下他们练习化劲的体会。

太极拳名师孙禄堂（1861—1932）先生说，他练化劲时，每天练一形之势，到停势时，心中神气一定，就感觉到腹部如有物萌动，后

孙禄堂先生像

来又感到周身发空。再练一些日子，感到丹田内如有两物相争。这时仍是练拳趟子，动作缓缓悠悠，不敢有任何不平稳处。练拳时，呼吸用意于丹田，不论行、走、坐、立，都有内中或动或不动的感觉。有时熟睡时内中忽动，动而即醒，仍用练拳的呼吸方法。再过一段时间，睡熟后内中不动，周身四肢忽然似空，周身融融和和，而且不论静坐、练拳都会产生这样的感觉。

形意拳名师尚济（1921—2016）先生也有类似的体会。他说，在做静功时，闭目合睛，抱神归一，便会觉得宇宙之大，空无一物，只有眼前一片光明，自身虚无缥缈，仿佛遨游太空，一不小心，就有摔下来的危险，所以精神又十分集中。做动功时，便觉得飘飘荡荡，如三尺罗衣挂在无影树上，心无其心，身无其身，随意而动，无可无不可；又如悬肘写大草，将意、气、神集中到笔尖，按中有提，提中有按，任意而动，笔走龙蛇。如用之应敌，本无意打他，只是随进攻之势，随意应之，往往可将对方击出甚远。

高级阶段的训练重在对人体中枢神经及其反应能力的训练。在长期的内心虚静的状态下，中枢神经的反应可以达到极其敏锐的地步，乃至“一羽不能加，蝇虫不能落，人不知我，我独知人”（《太极拳论》）。这是形容习武者的感觉灵敏已达极处，即便是加上像一片羽毛、一只苍蝇那样微乎其微的力量，他也能立即觉察并作出反应。习武者练出了这样的功夫，在同人交手时，只要一搭上手，对敌人的功力深浅即了然在胸，而敌人对我却懵然无知，只能处处被动，为我所制。

一般的技击家讲究的是以快打慢、以强击弱；高明的武术家却把以柔克刚、以静制动奉为准则。一般的技击家在临敌时常常心急如火，气血上涌，恨不得一拳把对方打翻；高明的武术家面对强手，却能做到心平气静，从容不迫，以逸待劳，后发制人。他们在同人交手时，心境空明，无虑无念，置胜败于不计，置生死于度外，形神合一，拳无定式，但一抬手一投足均为精妙招式，威力极大。其动作或快或慢，或柔或刚，如行云流水，绵绵不断，又如钱塘之潮，滚滚而来，令对手无招架之功，无退避之处，处处无不受制。

练成了化劲的人才能真正称得上武学大师。在练成暗劲的武林人士中，能最终达到这个境界的，大概百人之中也只有那么一两个吧！

如果说武学苦海中真有什么彼岸，那么练成了化劲也就可以认为是到达彼岸了。

从开始学武起计算，最终能到达彼岸的，其比例大约是十万分之二三。如果说目前全国有500万人练习武术，最后能真正称得起武林高手的，大概只有一二百人；能练成暗劲、达到中流水平的，大概也只有一万多人；其余的绝大多数都在练武的长途中被先后淘汰了。

从暗劲转向化劲是武林高手的分界线。从武学进境来看，这一关最难闯。既然练出了暗劲，则此人的意志与天资均不会太差，然而，天下练出化劲者本就寥寥，且大多秘不示人，所以练化劲主要靠自己揣摩领悟。倘若路数对、悟性高，则有可能功力益进；倘若路数不对，或路数虽对而悟性稍差，则有可能永远也练不出化劲来，武功只能停留在中流水平上。

武功进境越高，对习武者的悟性和控制意念的能力要求也就越高。也就是说，天资和思维能力在习武者的练武过程中将发挥越来越重要的作用，乃至成为决定性的因素。武功进展到一定境地，仅仅靠苦练已经远远不够了。武学中的精妙深微之处，必须在内功有了相当功底之后才能逐一领悟。习武者的内功越深厚，对拳理的领悟就越透彻，由此层层递进，才能逐渐步入较高的境界。

苦海无边，那遥远的彼岸大概就在这个方向吧！

内省与孤独

金庸（1924—2018）在《神雕侠侣》中写到一位独孤大侠。他仗剑纵横南北，所向无敌，以致普天之下再也找不到一个对手。他成了名符其实的“天下第一剑”。但是，他从此厌倦了人生，埋剑隐居，与神雕为伴，最后死在一个荒凉的山洞里。他留下的遗言是：

剑魔独孤求败既无敌于天下，乃埋剑于斯。呜呼！群雄束手，长剑空利，不亦悲夫！

这位独孤大侠欲求一败而不可得，其心境又岂是常人所能理解？阳春白雪，和者盖寡；冬虫夏草，识者弥鲜，正所谓“前不见古人，后不见来者”，“高处不胜寒”矣！这位独孤大侠虽然是文学家虚构的人物，但他没有对手的寂寞也不全是凭空杜撰的，而是有一定生活基础的。

武林中人大多气质内向，性格孤独，习惯于内省的思维方式与独特的行事方法，与常人总有些不同之处，甚至格格不入。

从常理讲，习武者的精神世界应当是十分充实的，但他们似乎生活在另一个世界里，灵魂深处几乎始终是孤独、寂寞的。他们又总是被某种似有若无的失落感困扰着，剪不断，理还乱，最终常常是带着某种遗憾离开了人世。而他们的内省和孤独，他们的失落和遗憾，一般人大多难以理解。于是，这便成了一个亘古之谜，像历史那样遥远，又像梦境这般贴近。古往今来，不知有多少武林高手在孤独中赍志而殁，把永恒的谜底埋葬在九泉之下。

自然门的始祖徐矮师，因身形矮小，故自称徐矮师。他于清末时将绝技传给杜心五（1869—1953）后，即称赴峨眉山修养，从此飘然远引，不知所终。他与杜心五相处 8 年，从未讲过本门源流，问亦不答。

自然门名师杜心五先生

杜心五，湖南慈利人，清末时毕业于日本东京农业大学，师从川人徐矮师，技艺大成，传万籁声。

直到今天，这位武学宗师的名字、身世还是一个谜，恐怕永远也无从索解了。

唐人高适（704—765）诗云："莫愁前路无知己，天下谁人不识君？"但正是那些"谁人不识"的名人，倒是比常人有着更多的无法排遣的孤独。他们往往是智者，见识超越了一般人，所以他们在自己所处的社会环境中很难找到知音，难免产生茕茕孑立、形影相吊的感觉。那些身怀绝技的武林高手们又何尝不是如此？

大凡成为武林高手的人，多从幼年起即悉心学习武艺，其所从必为名师，名师之督责必为严苛，所以关于武功的种种意识，如胜负意识、防卫意识、拳道意识等，很早就在他的心灵里扎下了根。清初著名学者颜元（1635—1704）从8岁起师从吴洞云学习文武诸艺，14岁开始习练内功，23岁学兵法。57岁时漫游中原，遍访文武名流，"折竹为刀"，数招之内击败商水大侠李子青。69岁时，他还为人指点刀法。颜元天资聪颖，幼年开始学武，大概到50岁上下，其武功才达到巅峰状态，其间经过了大约40年的漫长岁月。在如此漫长的岁月里，习武

颜元像

颜元原字易直，更字浑然，号习斋，直隶博野（今河北博野）人，是一位罕见的文武全才。他提倡实学，反对空言，开创了颜（元）李（塨）学派。

画像于民国初年发现于山西太原。

者耳闻目睹，心中所想，手中所练，不是武功自身，也大多与武功有关。经过如此的长年习染熏陶，有关武术的种种意识已经融入他的灵魂，一些技法招式已经融入他的身体。一旦遇事，心意甫动，出手便成招式，抬腿便见功夫。

在这种情况下，高手们不仅同一般不会武术的人之间缺乏共同语言，就是同武林中那些武功比较低的人之间也缺乏共同语言。在同一水平层次的高手们之间，由于胜负观念、防卫意识、门户之见、名望之念等诸多因素，他们彼此也极少开诚布公地交流练功的心得经验。况且，在同一时期内，高手的数量实际上极少，他们宁可炫耀功力，也绝不会公开功法秘诀。也就是说，高手们彼此之间虽说应当有较多的共同语言，但实际上他们的心灵往往是互相封闭的，甚至较常人之间封闭得更严密、更牢固。

这种孤独的状态主要是由练功的特殊要求造成的。

学习武艺，除了开始一个阶段由师父传授，越往后练就越要靠自己动脑筋。等练到暗劲以后，几乎完全凭自己的悟性和毅力去摸索。

《红衣罗汉像》，1944 年，张大千

画中罗汉趺坐于竹木泉石之间，目光炯然，神态自若，如入清心绝俗之境。

年长日久，习武者自会养成内省的习惯，十分重视自己的思维活动，注意自己的意念运动和真气游走。在练功时，他们全神贯注，致力于意与气的结合、气与力的结合，对每招每式都要反复地进行自我检查。他们的外表也许是沉静的，但意念却在不断地运动，带动真气在体内周流不已。这种内动而外静，或以内动指导外动的特殊的意气运动和练武方式，与一般人的运动方式大相径庭，而由这种特殊运动方式锻炼出来的思维方式当然也是特殊的。

武林高手们数十年如一日地潜心钻研武技，以练武为事业，视武技如生命。他们所孜孜追求的，是武功的进步与提高。但是，艺无止境，而一个人的生命终究有限，武功再高也逃脱不了生老病死的自然规律。于是，他们在弥留之际的人生缺憾也就可想而知了。

武术练到高级阶段，一定要讲究顺应自然，诚如自然门歌诀所言："动静无始，变化无端，虚虚实实，自然而然。"顺应自然则一通百通，一顺百顺，无丝毫拙力，无丝毫勉强，圆活流畅，无不如意。这就首先要求习武者心地虚静，一片空明，无牵无挂，无执无碍，不为任何世俗尘念所扰。久而久之，不少武术家就逐渐养成了冲淡平和的气质，把世间的富贵利禄看得不是太重，于个人的荣辱浮沉也不总是放在心上，与世少争，与人少争。于是，在一般世俗者眼中，一些武林高手似乎变成了身在尘世而心在世外的不食人间烟火的"怪人"，对他们的行为方式当然也就难以理解了。

内省形成于武术所特有的练功方式，孤独则形成于习武者对武术的专注和献身精神，同时也与武林中特殊的人际关系有关。

中国有句古话，叫作"文人相轻"，其实练武之人又何尝不是如此？恐怕比文人之间还要严重。自古以来，无数次擂台比武，高手之间的无数次打斗，各门派之间的无数次较量，大都是这种争胜心理的反映。直到晚清时期，八卦掌名师董海川（1796—1882）与形意拳名师郭云深还在北京举行了一场持续

八卦掌一代宗师董海川先生画像

董海川，直隶文安（今河北文安）人，相传他在江皖深山中遇一道人，得授八卦掌。

三天的大比武，最后打成平手，议决形意、八卦合为一门。

中国武术界历来门派观念极重，畛域分明。各门派之间往往壁垒森严，互不服气，有时还明争暗斗，屡生事端。直到今天，门派意识虽已逐渐淡化，但门派之争仍时有耳闻。

20 世纪 80 年代初期，国内有家报纸曾刊登文章，说旧时上海某派某人曾打败过北方某拳派的一位创始人，后来又有一家晚报对此事大加渲染，由此引起轩然大波。北方该拳派立即派人南下，要求澄清事实，还有弟子表示欲与某人一决高低。幸亏各方面及时做了工作，才使得事态未能进一步恶化。

即使在同一门派之内，师兄弟之间的关系也未必总是处得那么融洽。同门之间的嫉妒猜疑，多表现为争武功的高低及同师父的亲疏。笔者曾听说，20 世纪 70 年代初期，某门派有两个师兄弟，彼此功夫不相上下，因为有一次师父夸奖了师弟几句，师兄不服，竟在单刀进枪的对练中故意加力，将师弟的额头戳伤。

上述种种，并非危言耸听。武林中的门户之见及种种纷争，实非外人所能想象，也非外人所可理解。

颜元晚年曾感慨道："宇宙无知己，唯有地天通。须臾隔亦愧，自矢日兢兢。"对这位武林高手来说，宇宙之大，竟然找不到一个知己，只有与天地互通灵犀。片刻无隔，矢志奋进不懈，才能使心灵感受到一点自我慰藉。这是多么浓重的孤独，又饱含着多少生命的悲凉！难怪颜元在临终前半年，奋笔写下"立心高明，俯视一切"八个字，这可视为他暮年心境的写照，也正是不少武林高手的共同心理。

武林高手们大多从社会底层走出，在世人的白眼下、同行的嫉妒中默默自省，在刀光剑影里讨生活。他们经历过不少挫折和失败，也经历过不少胜利和喜悦，心中蕴满了只有自己才知道的甜酸苦辣。他们没有必要向局外人诉说，也极少愿意向局外人诉说，“如人饮水，冷暖自知”。坎坷的经历使他们中的大多数不屑为荣辱贵贱所动，也不屑与芸芸众生为伍，而心甘情愿地长年忍受着孤独的折磨，甚至离群索居，不问世事。

真正的武林高手，都是从内省和孤独的苦水里浸泡出来的。他们为了武术，几乎可以舍弃人生的任何享受。

真正的武魂，是武林中那些善于内省和忍受孤独的灵魂！

六

神拳与神功

神拳与神功大概至今仍是中国武术的专利。如果一个民族在21世纪尚沉浸在神话传说之中无法自拔，那它绝不是一个科技高度发达的民族；同样地，在文化领域中，倘若某种文化形态在21世纪仍然为神幻氛围所笼罩，那就可以断定，人们对这种文化形态还缺乏科学的阐释。武术文化正是如此。

神拳、神功之类在武术界传闻已久，至今仍广有市场。究竟有没有神拳，有没有神功？只要稍微有点科学常识就不难得出结论，但武术界最缺乏的恰恰就是“科学”二字。

最早从事神拳研究的，并不是武术家，而是历史学家。他们从义和团的神拳入手，追本溯源，一层一层地剥去了神拳的外壳，还它以历史的本来面目。令人遗憾的是，历史学界的研究成果，似乎从来没有引起武术界的注意。这倒不是说武术家们不读书或读书不多，而是因为就目前的总体学术水准而言，武术界与历史学界远不在同一个层次上。可以不客气地说，武术界的文化水准一直是比较低的，其学术水准相应地也不算高。

由于历史的原因，武术界唯心的东西一直比较多。近几十年来，武林中的有识之士在这方面做了不少工作，科学态度和务实精神给中国武术带来了活力。然而其间也不乏反复的情况，出现了不少神幻的宣传，气功领域尤其突出，唯心主义大有卷土重来之势。至今，武术的“神”味依然甚浓。

“神”味不去，科学不入，这是当前武术界理论水平不高的症结所在。要想把武术真正推向世界，推向奥林匹克赛场，“神”味是非去不可的。

神拳、神功云云，说到底，无非吓唬自己的同胞。在历史上，清廷的“天朝上邦”式的自尊自大并没有吓退英国的炮舰；中国武术的神拳、神功也未能吓退洋人拳师。

最要紧的是正视自己。

关于神拳

一提到神拳，人们马上就会想起义和团。其实，早在义和团之前，中国历史上就流传着不少与神拳有关的故事。康熙五十六年（1717），山东巡抚李树德奏称："因前任登镇时，曾闻东省当年有称白莲教，或称'一炷香'，以及天门、神拳等教，煽惑男妇，夜聚晓散，不惟有伤风化，抑且有害地方。"（《山东巡抚李树德奏报白莲教教首李雪臣密图起事已经拿获折》）这是"神拳"一词首次在历史文献中出现，可见至迟在18世纪初，神拳教已在山东一带传播。

半个世纪以后，乾隆三十一年（1766），在浙江鄞县吴家山爆发了一次神拳起义。鄞县位于天台山麓，交通闭塞，经济落后，民间宗教和秘密会社一直很活跃。据说这一带的神拳起源于一种叫作"舞仙童"的民间游戏。"舞仙童"疑为一种迎神舞蹈，后被人借端附会，演为神拳，以天台山为中心，流播浙江南北。神拳中增添了"舞仙童"中所没有的武术成分，把原来的迎神舞蹈变成了一种亦舞亦拳、以练拳为主的新的活动形式。

历史文献为我们保存了吴家山神拳比较详细的资料。据《乾隆三十一年四月初四日熊学鹏折》记载，吴家山神拳崇尚佛、道二教，拳场上供奉着天台山拳师牌位，因为"前代天台曾有五僧以舞拳为能事"，遂被吴家山神拳奉为"拳祖师"。练拳之前，人们先要到道教的龙王庙里取来香灰，或点在额头，或用水调和后饮下，然后口念咒语，双手作揖，走上几圈后即可舞拳。念咒、作揖、走圈都是为了澄虑静心、屏除杂念，同时还要经过练拳群体中诸多成员在情绪上彼此激发和相互调动，营造出神秘的氛围，形成一种所谓神灵附体的自我感觉，演练出半为巫舞、半为拳式的若干动作。这种情景已经很像后来义和团的神拳了。

吴家山神拳信奉《五公经》。《五公经》是民间宗教的一种秘本经卷，它假托志公、宝公、唐公、化公、朗公及观音大士的偈言，称述前代兴亡及水火刀兵诸劫，宣传吃斋避灾、练拳避劫。这种“归顺免灾”“入教避劫”的动员方式，是民间宗教在组织暴动时经常采用的。吴家山神拳在政治上以“灭清复明”为号召，宣称有佛法护卫、神兵相助。但神拳起事仅两天，就被官军轻易地镇压了。

此后，神拳在民间并没有绝迹，仍然是借助秘密会社形式传播，时断时续，若明若暗，但始终没有形成统一的教名和教主，也理不出什么传承谱系和师承关系。

道光元年（1821），朝廷在河南中牟破获了又一起神拳谋反案。拳师刘顺义原在中牟设场授拳。嘉庆十八年（1813），中牟大旱，村民跳舞迎神求雨，刘顺义乘机宣称神道附身，宣扬“五魔下降，火水灾劫”，随后起事。中原地区动荡不安的社会环境无疑催化了神拳的反抗意识。

在中牟神拳兴起时间前后，在川、滇、黔三省交界地区的流民中流传着一种叫作“少林神打”的神拳。据说是用清水一碗，焚烧檀香，口中念咒，以手指在水碗上画符三道。头二道符水吃下可以治病治疮，第三道符水吃下即有神人附体，自能舞弄拳棒。道光九年（1829），少林神打在四川南川县（今重庆南川区）组织暴动，以全军覆没而告终。

到了19世纪中叶，民族危机激化了本已十分尖锐的阶级矛盾，社会更加动乱，各种教门会党愈趋活跃，不少教门与神拳相互融合，借助神拳提高号召力。在四川，少林神打衍化出青莲教、青主教，从青莲教又衍化出灯花教和红灯教，二教中均有拳勇之术。青莲教传入北方后，又衍化出金丹道。金丹道设“文武合场”，文场吃斋行善，调心养性；武场演练拳术，称“武圣门”，吸收了少林拳系中的金钟罩功夫，宣称“刀枪不入”，这当是对近代火器兴起的一种反馈。

八卦教是清代北方地区流传最广的民间宗教系统。该教是康熙初年由河南人刘佐臣在山东单县创立的，其后衍变出不少支派，在山东、直隶（今河北）一带势力很大。八卦教中也有供神、念咒、习武的传统，它的一些支派曾在道光（1821—1850）中期起事造反。

光绪七年（1881），直隶威县（今河北威县）道士张恩岭创立白阳九宫教，教人降神过阴，演习拳棒。同时，直隶朝阳（今辽宁朝阳）一名佛塔住持创立了一个神拳会，召集童女念咒练拳，以“八卦老母”为护法之神。其咒语为：

天打天门开，地打地门开，要学神拳会，快请师符来。快马神人骑，八卦老母来的急。急急如令。

这段咒语略经改动以后，便成了后来义和团中最常用的咒语，可见这种神拳会已经十分接近义和团的神坛了。

上述白阳九宫教和神拳会都是从八卦教中衍化出来的支派。八卦教系统的降神术与武术相互融合的直接结果，是产生了义和团。

义和团是中国历史上规模最大的神拳组织。义和团团众所演练的，有梅花拳、大洪拳、小洪拳、猴拳等，均属于以嵩山少林寺为中心的北少林拳系。义和团的活动，除了敬神、烧香、吃符、念咒、降神附体等巫术，还要练习踢脚、甩手、跑架子（走拳趟），可见这种神拳

天津“坎”字义和团总坛遗址

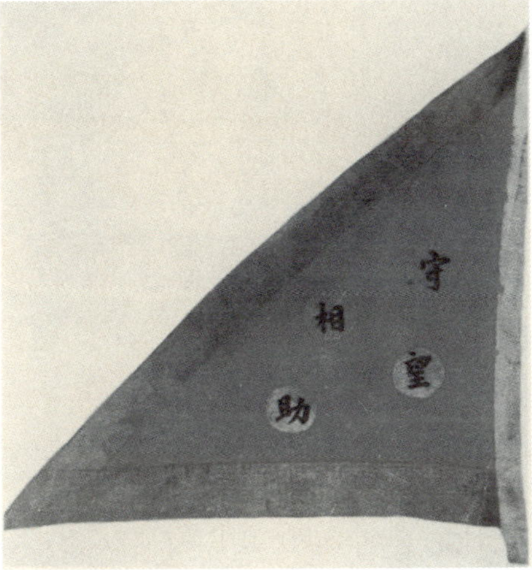

义和团“守望相助”旗

义和团团员

红灯照成员

不仅是“自行舞弄”，多少还要学点真功夫。各地义和团大多起源于拳会、刀会等民间武术组织，其首领多是当地的著名拳师，均广有徒众。像赵三多是梅花门的，有弟子及再传弟子两千余人。阎书勤是洪拳门的，有弟子数百人。他们的基干队伍均由自己门派的徒众组成。

义和团运动极大地推动了武术的普及。当时，山东、直隶、山西、河南及东北各地遍设拳坛，成千上万的男女老幼着魔般地演练武艺，京津一带尤为红火，可谓中国武术史上空前的盛举。但是，义和团的神拳也使本来就带有迷信色彩的中国武术更加宗教化和神秘化，导致武功与巫术合二而一。例如红灯照少女练功，以铜盘贮水供神前，绕行时呼“飞”字不绝，宣称练习 48 天就能在空中飞行。又有所谓水上轻功，让女孩站在水池旁边，师父诵咒，数周后女孩就可以在水面上行走。这些都是故弄玄虚的无稽之谈。

义和团失败以后，武术中的巫术成分并没有绝迹，而是辗转流传

《渡海天王图》，绢本设色，唐，敦煌莫高窟藏经洞

此图绘毗沙门天及随从眷属乘云渡海。毗沙门天为佛教护法四天王之一，亦称北方天王。图中天王体态魁梧，戴华丽高冠，身披皮甲，威风凛凛，右手持青龙长戟，左手有云气上升，云中现一宝塔，体现出盛唐画风。

《天王力士像》，元，山西永清永乐宫壁画

下来。直到20世纪40年代，北京还出现过一个叫“太极神教”的民间教门，教首叫孙悟子。这个太极神教也是演练所谓神拳，据说念咒请神以后可以不教自会，显然是义和团的遗风了。

上述种种神拳，均与秘密会社有关，都带有政治色彩。事实上，中国人历来崇拜神灵，中国古代的神仙之多，大概很难数得清楚。天上飞禽，地上走兽，水里鱼鳖，乃至树木花草、昆虫石头，皆可化为神仙妖怪，游荡人间。中国的民间文化形态，实际上几千年来一直处于“神话时代”。直到今天，我们的民间文化仍然带有鲜明的神话色彩。由于这个原因，我们民族文化中最接近下层的那一部分，依然基本保持着古朴天真的原始形态。来自民间的武术，便自然保有着这份本身的文化风貌。

因此，在中国武术中，即便抛开神拳，几乎每个拳种的起源也往往伴随着一个离奇的传说、一则引人入胜的神话故事，伴随着一个或几个“神龙见首不见尾”的传奇人物。在拳派的形成过程中，也常常会生发出不少半人半神式的故事，给武术平添了一种神秘感，也涂上了一层诡异的色彩。从外国的达摩到中国的张三丰，从“深山白猿”到少林寺的紧那罗王（佛教“天龙八部”之一，相传创少林烧火棍法），从名将岳飞到皇帝赵匡胤，这些或神或神化人物或历史名人，都曾一度成为中国武术史上举足轻重的角色，直到今天还被武林中不少人顶礼膜拜。此处略举数例。

托名于神者：

少林棍法：传说为紧那罗王所创；

四川鸿志门：传说为鸿钧老祖所创；

四川昆仑拳：传说为鸿钧老祖弟子老子、元始所创。

托名于神化人物者：

武当拳：传说为张三丰所创；

少林拳：传说为达摩所创；

三皇炮捶：传说为伏羲、神农、黄帝所创；

太极拳：传说为张三丰所创；

太虚拳：传说为张三丰所创；

通背拳：传说为战国时白猿所创。

托名于历史名人者：

形意拳：传说为岳飞所创；

岳门拳：传说为岳飞所创；

《中兴四将图》，南宋，刘松年（传）

图绘南宋中兴四将，自左至右，依次为岳飞、张浚、韩世忠、刘光世，每将身边各侍立一名卫士。故老相传，形意拳为岳飞所创，但无根据。

岳氏散手：传说为岳飞所创；

赵门拳：传说为赵匡胤所创；

长拳（太祖拳）：传说为赵匡胤所创；

罗门拳：传说为隋、唐之际罗艺、罗成父子所创。

以上所列拳术，涉及少林、武当、峨眉、太极、形意等五大拳系。此外，南拳拳系据说为福建泉州少林寺五位僧人所创，八卦掌为江淮间某异人所传，也都带有某种神幻色彩。如此说来，中国武术几乎所有拳派都多多少少同神或者神化的历史人物沾了边。

拳术与妖异沾边的也有。据《镇海县志》记载，乾隆三十年（1765），浙江镇海（今浙江宁波镇海区）有一个姓夏的人被妖怪迷惑，此妖怪会法术，能附在人身上要弄拳棒。顺从者望着拳棒作揖，口称“师父”，然后勇气就能增加百倍，被称为“打神拳”，引来不少游侠聚集。后来，妖术被人识被，原来是猴精所为。这只猴精就逃到鄞县的吴家山，啸聚谋逆，被官府发觉后镇压。把鄞县吴家山的神拳起事归结为猴精作祟，实在是无稽之谈，中国武术的诡异神秘色彩，与这种种或神或妖的传闻不能说没有关系。

对于武术的种种离奇传说，武林中人大多深信不疑。中国武术一直是门派之内师徒相授，对于本门派名誉看得极重。对于本门派起源和前辈的有关传说，无论如何离奇、如何荒诞，也都是宁可信其有，不愿说其无，否则就是不信师言，对前辈不恭。各门派为了抬高自己，也都竞相制造神话，仿佛把起源说得愈神秘，本门武功就愈高；前辈武功高，后人也可以沾点光。原始形态的文化大多都离不了神灵，武术当然也免不了带有“神”气了。

神功种种

在封建专制和名教纲常观念的长期压抑下，中国人一向是谨小慎微、循规蹈矩的。然而，人的思想总是活跃的，即使在严密禁锢之中，也总是要寻求发展宣泄的孔道。中国人特别注重对自身精神世界的研究，从远古的神话传说中受到启示，精神、兴趣很容易流于荒诞奇幻一面，逐渐形成喜好神幻的民族心理特征。关于中国武术的种种传说也不例外。

《封神演义》图三幅，年画，山东潍县

上图为黄明大战殷太子洪；中图为杨戬大战梅山妖狐；下图为梅山白猿（袁洪）败阵。

中国武术从开始形成的时候起，就充满了神幻色彩。明清时期，中国科技日渐落后，而这几百年间正是中国武术特别是内家拳的蓬勃发展时期。人们不能以科学态度正确评价武术，反而以讹传讹，使种种神幻之说不胫而走。中国文人也历来好奇，各种笔记小说乃至正史中关于武功的神幻描写屡见不鲜，民间艺人又将其添枝加叶，广为流布，由此关于武功的种种神幻之说几为社会所公认，似乎只有神乎其神、无所不能，才是真正的中国武术。直到今天，神幻之说仍有相当大的市场。

关于武术的神幻传闻甚多，笔者仅略举传闻较广的数例。

“以一当百”之说。

越女论剑，是古代武功的一个著名例子。据《吴越春秋》记载，越女对越王说，只要练好了剑术，便可以“一人当百，百人当万”。意思是一个人可以打得过一百个人，一百个人可以打得过一万个人，此话显然是夸张了。常言道：“好汉难敌双拳，双拳难敌四手。”一个有几年武功根底的人，大概可以勉强抵挡住两三个人的围攻；一个武功较好的人，也许能够击败五六个一拥而上的壮汉。但是必须有个前提，即会武者没有被对方抱住手脚，倘若被死死抱住手脚，即使是武林高手也难免一败涂地，这样的先例不是没有。《水浒传》中的病关索杨雄何等厉害，但被两个地痞抓住双臂，竟一点儿本事也施展不出，只有干瞪眼的份儿。

如果敌人多到上百，团团围住，死战不退，乱拳交加，那么即便武功再高，也有精疲力竭之时。如能及早突围，已属侥幸，哪有将敌人统统打倒之理？又如以一百精锐之卒，迎战一万羸弱之师，其比例也是一比一百。此一百壮士，无论如何骁勇，武技如何高明，只要是一味厮杀，别无他策，恐怕一个也难以生还。在众寡悬殊、双方混战之际，什么硬功、内功大抵都派不上用场，只求不失常态、招法快捷而已。而且久战不下，难免疏失，敌人众多，防不胜防。所以，以一

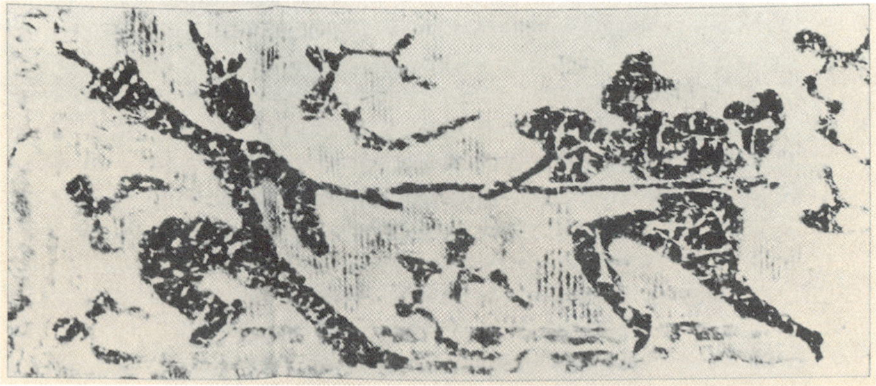
徒手战长矛，画像石，东汉，河南南阳出土

敌众当有一个限度，并不是说只要武艺好，敌人再多也尽可抵挡。

“刀枪不入”之说。

不少人都看过银枪刺喉和大刀砍腹的表演，表演者身上均无伤痕。这是一种硬气功，但演练时也有诀窍：一是所用兵器不可锋利，一般不会开刃。倘若兵器锋利，像《水浒传》中杨志卖的那口吹毛即断的宝刀，则任何血肉之躯也抵挡不住；二是发力要匀，不可使猛劲。银枪刺喉是用一根双头长枪，枪尖分别顶住表演者二人喉下凹处（在两锁骨正中），然后二人均匀使劲，使枪杆弯曲，直至折断。大刀砍腹，也是均匀使力，看起来刀举得很高，但在接触皮肤的刹那间并未产生较大的加速度，所以不致伤人。如果兵器开了刃，又发力猛刺猛砍，那后果也就难以设想了。

又有所谓铁布衫功，俗称金钟罩，也属硬气功，据说功成后可不怕击打，这种抗击打能力其实也有个限度。清代咸丰、同治年间（1851—1874），湖南有一个名叫谌四的拳师，以不怕击打闻名全省。当时，长沙人陈雅田精于拳术，谌四就去拜访他，一再请他动手。陈雅田无奈之下，只得挥拳击之。不料三拳打下，谌四竟晕倒在地，三天后才苏醒过来，从此成为残疾。原因在于这种功夫只能抵御一般的直力，如果遇上行家的弹抖之劲，则“虽轻必透，脏腑震动”。所以即使练了这种功夫，也万不可有恃无恐，随便让人来打试。20世纪80年代，有一名青年僧人在某地体育馆表演，说别人打他不动，孰料观众中有一青年拳师应声而出，一拳把那僧人打出一丈多远，全场为之哗然。1989年春，笔者曾见一位拳师当众表演此技。该拳师当时50余岁，很有经验，找了几个不会拳术的小伙子来打他的腹部。每当对方出拳之际，他总是往前猛跃一步，使对方来不及发力，而拳头已触及自己腹部，于是表演每每成功。该拳师借此敛钱，大概也是没有遇上善击之人吧。

“隔山打牛”之说。

“隔山打牛”又名“劈空掌”，据说可隔着若干距离发力将敌人击倒。《少林拳术秘诀》中说，一位名叫智圆的少林高僧能在百步之外，运掌力将人击倒，人称“神掌”。又说少林高僧澄远也会此技。20世纪80年代，一家杂志刊文说民国时期，某高手曾在三步以外击倒一人。以上说法均无从对证。从力学原理上讲，要想一举击倒百步以外之人，其出掌的风力必须超过八级，这根本是不可能的。即使两人相距仅一步，一方仅凭掌风将另一方击倒，恐怕也难以实现。当世的众多武林高手中，从未听说过有哪一位会这手“神掌”，否则尽可请其出来一显身手，以正视听。如今，武林中宣传“劈空掌”的人基本已经绝迹了。

轻功之说。

这是社会上流传最为广泛的一种武功神话。所谓轻功，指跳跃功夫。据说武林中人练了此功，跳跃可逾常人，落地无声，极言其身体之轻，故有此名。传说中的飞檐走壁之类，即属此功。

目前男子跳高世界纪录为2.45米，男子撑竿跳高世界纪录为6.18

米，男子跳远世界纪录为 8.95 米。以上三项世界纪录，标志着迄今为止人类在跳跃方面所取得的最高成就。然而，假若以中国武林中的传说来看，这些纪录简直不值一提。

《少林拳术秘诀》中记载了清代一位叫滕黑子的武林高手。他是湖南麻阳人，练习轻功 20 余年，三五丈高的船桅，他耸身一跃，能登其巅。三丈折合 10 米，五丈合 16.67 米。滕黑子竟能腾空跃起十几米高，大约相当于从平地一下跳到五层楼的楼顶。《清稗类钞》中说，清乾隆（1736—1795）时期有一个外号叫“飞蝴蝶”的大盗，能在空中腾起数丈；另有一个泰州“打人王”，能飞跃几道房屋，履数丈运河如平地，鞋子一点都不湿。

由轻功又引出“蹬萍渡水”“踏雪无痕”的神话。

达摩一苇渡江刻石（左）及拓片

此图相传为明代风颠和尚所画。

所谓“蹬萍渡水”，是指足踏浮萍即可过河。这种说法是从达摩“一苇渡江”传说化出的。相传当年达摩曾“折芦一枝”，站在芦苇上安然渡过滔滔长江。这本是后代禅僧为神化达摩而杜撰，不值一提，而武林中人竟又以此来神化轻功，更属无稽之谈。

至于“踏雪无痕”，有人曾以杨露禅（1799—1872）为证，说他一日雨后上街，腾空而行，鞋底洁白如新，没有沾上一点泥污。此事流传之时，杨露禅早已过世，无从验证。倘若腾空前跳三四米，一般人或可以做到，但若像杨露禅那样腾空飞过整条街道，实在不可思议。杨露禅这种腾空飞行的功夫，也和滕黑子能跳五层楼高一样，都是后人编造的“神话”。

轻功也有被验证而后被戳破的。

20 世纪 30 年代，有一个叫张学斌的人，自称是少林派的，曾在上海大沪花园设擂。当时的报纸介绍说，张学斌在少林寺学艺时，必须从平地跳上两丈多高的平台，才能从师父习武。两丈折合 6.67 米，两丈多大概要七八米，相当于两层半楼房的高度，这样的神功吸引了大批观众前往观看。谁知这位张拳师表演之时双手双足撑地，一级一级地顺着台阶移动上去，观众大为不满，闹着退票。事后，一位专门研究武术史的学者去少林寺实地考察，发现少林寺内根本没有这样的平台，也没有这样的练武方法。

1988 年，有所谓气功大师表演“轻身站气球”“日光灯管悬人”等“轻功绝技”，走红一时。有家报纸还发表长篇专访，描写他如何师从某老道学艺，说得神乎其神。殊不料，他的这套把戏却被浙江省余杭县的一位中学物理老师轻易地揭穿了。这位物理老师没有学过武功，更不会轻功，但他一试，居然也能站气球、悬灯管。根据他的实验，气球上可以站人的原理，在于将玻璃板平放在气球上以后，大大增加了气球的受力面积。在压力（人的体重）不变的条件下，气球承受的压强大大减少，因此不易破裂。只要不是胖子，人人都可完成。“日光灯管悬人”更容易完成。只要剪两条宽约 8 厘米的年历纸，用胶水粘牢，做成两个纸环，晾干后，套在一根业已固定的竹竿上，再向纸环里插入日光灯管，两手抓住灯管，便可慢慢地做引体向上。成功的关键是做纸环的纸质量要好，接头处要粘牢。“日光灯管悬人”的原理不在于灯管，而在于纸的抗拉力较强，足可以悬住一个人的身体而不致被拉断。

以上所举诸种，只是中国武术神功中的荦荦大端，其他神功还为数不少。如据说清乾隆年间的河南著名拳师苌乃周（苌家拳创始人，1724—1783）到亲戚家做客，上堂时一连踏断五级石阶。某武士在宴席上偷袭，以右拳向其鼻子猛然击去，苌乃周鼻端一耸，该武士的胳膊竟然就断为两截。有疯牛伤人，苌乃周伸出一个食指，就洞穿了牛的前额。凡此种种，难以尽述。

神功离奇的要旨就是超脱凡人，其种种武功皆为凡人所不能为。谬误与真理向来只有半步之差。比如说一拳打倒一个人，大家都相信；一拳打死一头壮牛，大家就半信半疑；倘若说一拳打断一棵大树，则就更加玄乎了。又如说某人能从平地跳到桌上，则不足为奇；如果说他能一步跃上墙头，或许仍有人相信；倘若说他能一步跃上大殿之脊，恐怕多数人都不会相信了。

中国人喜欢简单推理，而这种推理又是以平凡事实为基础的。比如大家常说一般人有百斤之力，练武之人应有三五百斤之力，武术好手应有千斤之力。一般人有百斤之力是事实，但练武之人中有三五百斤之力者并不多见，武术好手中有所谓千斤之力者也仅见于传闻。在普遍事实的基础上进行简单推理，第一步推论或许还大体正确，或含有部分合理因素，而第二步推论则可能基本错误，甚至完全剔除了合理的成分，变成了百分之百的谬误。

中国武术的超脱凡人，就是一个从真理走向谬误的过程，同时又是在主观意念上从人向神的精神过渡。

怀旧情结

人们进行学业的学习，都是随着岁月推移而不断精进，学生超过先生、后人超越前人成为普遍规律。唯独在武林中，似乎学生总是远不如师父，后人总是远逊前辈，具有鲜明的逆向性特点，由此导致了武林中人浓郁的怀旧情结。

在武林之中，极少有人胆敢声言自己的武功超过师父。当然，这可以理解为尊师重道的文化传统和自谦的美德。但如果再深入追溯下去，事情可能就不那么简单了。

历代古籍中的记载，于武技一道多有夸张之处，如飞檐走壁、日行千里、剑光取人首级之类，颇近神怪。即便较为写实的记载，不少读来也不尽令人信服。《清稗类钞》中说，有一个船工，在苏州寒山寺与和尚比武，竟能抱起大殿的两围粗的柱子离石础一尺多高，一时屋瓦震动，砖石齐鸣；接着他又用左脚把三尺高的石础扫倒，将衣服放置其下，再用右脚将石础扶直，然后把柱子稳稳安放在石础上，转身继续打斗。该书还说在光绪年间，某人在洞庭湖畔撼断一株数围粗的巨柳，其树从中间断开如刀劈一般；西安人丁仲芳，曾以一指弹飞一座重达百斤的石钵；京师万胜镖局的镖头，曾一拳将一块长宽高各三尺的大铁块全部打入土中；宁国人刘千斤行走如同奔跑的骏马一般，一天能走五百里；广东人曾如飞，能高跃十丈，横跃十丈，又能使一根重 500 斤的大铁棍；常熟人郑某，能作蜻蜓点水，一跃数十丈；还有捕役王老虎，力能举数千斤。

以上种种武功，均近神话，实非血肉之躯所能为之。仅以兵器而论，其重量能达到 20 余斤的已属罕见，非具巨力者不能使，哪有重达 80 斤乃至数百斤者？ 2020 年东京奥运会（于 2021 年举办）上，格鲁吉亚选手塔拉哈德泽在 109 公斤以上级比赛中，以 265 公斤打破挺举世界纪录。这个成绩是迄今为止人类在正式比赛中所能举起的最大重量。这样一比，就可以知道“力能举数千斤”之类是真是假了。

文人之笔，多喜夸张，若作小说传闻读之，本无可厚非，但问题恰恰出在这里。

历史上的武林中人，文化层次多不太高，像傅山（1607—1684）、颜元、周济（1781—1839）那样的文武全才实属凤毛麟角。古人又缺乏科学知识，多有迷信思想及神幻意识，武林中人更为严重。他们把许多传闻当作实事，而他们自己身体力行，无论如何苦练也达不到前人那样的神化之境，于是就油然生出“今不如昔”的喟叹。如此代代相续，绵延下传，以至于今日。武林中的怀旧情结盖源于此。

此外，在传授武艺方面，武术界也有一些特殊之处，这与戏曲、手工业行当十分相似，而与学术界颇有不同。在学术界，为师者多是倾囊相授，罄其所知，唯恐弟子知之不多、识之不深，不存在什么“秘技自珍”的问题。但是在武林中，“秘技自珍”是比较普遍的现象。武林中人收徒授艺，大多并不将武功悉数传人，而是多少要给自己留下一点儿看家本领。师父可以教徒弟若干套路，但未必教他拆拳（把武术拳路中的攻防动作逐一分解出来，参研其实战意义，是武术中技法训练的关键）；可以教他拆拳，但未必传授功法；即使传授功法，也未必点透功法精要之处。总之，大多要靠徒弟自己摸索。

当然，这里还牵涉一些具体问题。比如，武林中一向有师父择徒的传统，师父若认为这个弟子天资聪颖，是块学武的好材料，就可能多教一些，甚至倾囊相授；但若这个弟子天资稍差，那就会少教一些，因为教多了也难以领悟。武林中又有因材施教的传统，师父根据每个弟子的天资和所长，各授一技或数技，使他们各得其所。因此，即使师父想倾囊相授，首先也要找到有希望能尽纳其技的弟子。

不过，武林中为师者倾囊相授的例子毕竟不多。

笔者知道一位很有名气的老拳师，他从不摆架子，谁跟他学拳都可以，也从来不收费。但是，他教的永远是那几个套路，几十年没有什么变化。他的太极推手向称绝活儿，可惜从没有人得到他的真传。据说他珍藏着一部武学秘籍，从不示人，去世后被人窃去，一说被人毁掉。直到20世纪80年代，武林中还有人在打听这部秘籍的下落。

笔者早年还曾结识一位拳师，他自称是山东某镖师的后代，武功有些根底，技法上也有独到之处，但他教给徒弟的全是花拳绣腿。他的徒弟们独个儿演练，看着还满像回事，但一与人交手就露了馅儿，几乎没有抵抗能力。另有一位名师的高足，走起拳来有板有眼，颇具风范，混得小有名气，本人也有点得意。但有一次同人打架，竟被人家从门里直扔出来，一时传为笑谈。

上述几位拳师均非泛泛之辈，而他们的众多弟子却大抵平庸，难道其中竟无一个勤学苦练之人，也找不出一个天资聪颖之人？恐怕师父只教套路，不传功法精要，甚至根本就不传功法才是关键所在。

在武林中，类似的现象不在少数。于是，徒弟不如师父，徒孙不如徒弟，如此绵延相续，可说是一代不如一代了。

武林中还存在另外一种现象，就是各门派为了炫耀自己是名门正宗、武功卓绝，无不竭力宣传本派的前辈如何如何了不起。这种宣传带有一种很强的竞争性。弟子宣传师父，今人宣传前人，后辈宣传先辈，各门派竞相比赛，直到把前人宣传得如神如仙还不算完，又要在神仙的境界里再拔高一截。少林派说达摩老祖如何“一苇渡江”，武当派说张三丰如何得玄帝天授，太极派说某前辈如何“踏雪无痕”，至于飞檐走壁、飞涧跳岭之类，似乎只能算一般水平了。如此的宣传比赛已经持续了千百年，直到近几十年才逐渐式微，但在武林的传统观念上，远没有彻底扭转前人武功高不可攀的心理定势。

武功本来就很难练，想练成高手更是难上加难。而武林中人又常常痛苦地发现，自己历尽艰辛练成的武功，在实战中未必总是能充分发挥出来，这就不能不使他们陷入巨大的困惑之中——或者反省自己练功不当，或者怀疑自己火候未到。每当此时，他们就会自然想起前辈的惊世武功，“高山仰止，景行行止”，自愧弗如。

以传闻中的前人神功作为努力的目标，即使一个人天资如何聪颖，意志如何坚强，又如何得高人传授，那也是决计达不到的。武林中的传闻，大多已历数百年之久，其间添枝加叶之处在所难免，往往极不可信。笔者曾亲历一事。20世纪70年代初，笔者曾与某人试手。当时，彼我双方于武功一

张三丰画像，明

此为已知最早的张三丰画像，原为明岐阳王李氏世藏。李氏先祖文忠为朱元璋外甥，明开国功臣。或谓李氏好客，三丰偶尔造访，客居王府，遂留下画像云。

道均所知甚少，根本谈不上有什么功底，试手时当然是以低微对低微，不成样子，结果一笑而罢。不料事隔十余年，笔者又故地重游，竟听一位小伙子说，当年笔者一指点下，那人登时动弹不得。言者绘声绘色，听者却目瞪口呆。笔者连忙说明真相，而对方却说“不用谦虚”，真叫人哭笑不得。

武林中的种种传闻，恐怕与此有些类似吧？

然而，武林中人大多耽溺于此而不可解脱，从而被怀旧情结重重缠绕，在沉重的反复的自省中不住地回顾历史，乃至亦步亦趋地踏着前人的足迹谨慎摸索。人向前走，眼往后看，武林中人的怀旧情结恐怕将长久地延续下去了。

自我膨胀意识

人类有一种自我膨胀意识，或者说是一种不自觉的自我强化意识，就是总想把自己变得非常强大。早在人类的童年时期，远古人类因在现实中无时无刻不受到自然规律的制约，还常常遭到自然规律的无情惩罚，就幻想摆脱这种软弱被动的局面，而事实上根本办不到，只好在幻想中征服自然，幻想自己顶天立地，力大无穷，无所畏惧，无所不能，可以随意改变大自然的面貌乃至宇宙的格局。“羿射九日”“夸父追日”“禹辟龙门”“女娲补天”等神话，就是远古人类在幻想中对大自然和宇宙的挑战与征服。

后来，随着时间的推移，神话时代渐渐成为遥远的过去，人类也慢慢走向成熟，逐渐懂得要按照自然规律办事。在顺应天道之后，人类的幻想逐渐减少了，但是人类的自我膨胀意识并没有随之消失，而是浓缩、积淀在传统心理的深处，凝结为一种潜意识。

天将，皮影，四川

这种潜意识引导着人类在向大自然挑战的幻想破灭后，一直谨慎地寻求新的挑战目标。于是，一个最现实、最普遍而又无须承担太大风险的目标被发现了，这就是人体本身。

人类企图向自己的极限挑战。在东方，中国人借助道家的养生术，印度人借助佛教的瑜伽术，早在两千多年前就开始了对人体自身能量的认识和开发。后来，中国的武术家们又把养气、练气之说引入武术，使中国武术逐渐具有了内外合一、形神兼备的特点。

由于方法得当，有些武术家竟然获得了某些不可思议的功力，例如铁布衫功可使身体某一部位的肌肉异常坚硬，顶得住一般外力的冲击；童子功可使躯体变得十分柔软，曲伸如意；铁腿功可以扫断埋在地上的木桩；铁掌功能够劈开砖石。

在一些超乎寻常的功夫变成现实以后，潜藏在人们心灵深处的那种自我膨胀意识又悄悄地被诱发了。人们很想超越自己，超越时空，脱去一切客观因素的束缚，使自己更加强大。他们想跑得更快，跳得更高，于是就有了轻功的神话；他们想力气更大，于是就有了抱起殿柱的传说；他们想使手指比钢刀更锋利，于是就杜撰了插石如泥的功夫；他们想使腿脚比铁锤更有威力，于是就出现了踢墙成洞的逸闻。总之，几乎身体的每个部位，都被赋予了无坚不摧的神力。

说来有趣。抱起殿柱之事，《清稗类钞》中已有两例，即俞大年抱柱放拜帖、吴江船工抱柱压衣，其对手非道即僧。《中州先哲传》又记载了河南内乡人马腾蛟抱柱压僧衣一事。这三件事都出在清代，一件发生在安徽某地，一件发生在江苏苏州，一件发生在河南内乡。如果我们大胆揣测，恐怕清代抱柱的壮举不止这三件。《驾长起大殿柱》一文的作者借寒山寺首座的话说："我教中韦驮天尊，旋乾转坤之力，亦仅如是。"（《清稗类钞》）韦驮是佛教中的四大天王之一，以保护佛法、驱逐邪魔为任，法力无边。用韦驮来比喻凡人，那显然是神化了。

正是在对神功的追求中，在前辈武功典范的激励中，许多人练起功来简直不要命，有人站桩能站上一两个小时，有人猛击砖石致使双手鲜血淋漓，有人踢木桩伤了足部，有人练撞树功使脑部受到震伤。有一位练硬功的拳师曾让笔者看过他的手，手上满是伤痕，有的指节已经肿大变形。当时这位拳师年近30，自称是门里出身，却未见他练出了什么惊人本领。他说他的父兄辈能以一指之力劈开一块硬石，言下之意是他自己的功夫还没有练到家，颇有惭愧之色。

武术家们以武功为全部，有时为了追求超凡的武功，甚至把健康和生命置之度外。一些拳师到了暮年，往往下肢酸疼，行走不便，据说与早年站桩过久有关；有的老拳师足跟疼痛，则与早年的"震脚"过狠有关；有的人为了追求真气游走的效果，一时驾驭不住，导致真气窜游，乱了经脉：凡此种种，不胜枚举。

武林中的所谓绝技，多是指身体的某一部位所练出的特殊功能。这些特殊功能远高于常人，但绝不是神得没边儿。比如铁头功，固然可以碎砖开石，这已经是了不起了。倘若拿这“铁头”去碰生铁块，那是决计要吃大亏的。又如少林派有一种仙人掌功，专门练指端的顶力，据说功成后不仅能洞穿树木桌椅，而且能“抵石深陷”。姑且不论此仙人掌功是否有这么大的威力，即使能“抵石深陷”，也只能作用于木石一类器物，倘若用之于铁块又将何如？传说中的“少林七十二艺”，无一不是武林绝技，但此种种绝技只是相对于常人及一般习武者而言，仍然是凡人的绝技。

武术是凡人创造的，当然也只能属于凡人。不管武林前辈们拉来多少亦人亦神的人物为武术增色，也无法使武术进入神境仙界。一部武术发展史是地地道道的凡人历史，而不是神仙开创的历史。

人类总是企图超越自我，超越时空，不断地制造种种神话，顽强地向幻想中的仙境摸索。说穿了，武术中关于神功的种种传闻，不过是成仙得道思想在武术界的延伸罢了。中国古人是相信修炼成仙之术的，既然普通人可以修炼成仙，那么为什么不可以像神仙一样，具有种种不可思议的非凡功能呢？

几千年来，有谁见到过真正的神仙？谁真正成了仙？而我们的古籍中却言之凿凿，绘声绘色，似乎不仅实有其事，而且成仙者还是为数不小的一批。武术界又何尝不是如此？两千年来，有谁真正见到过神功？谁真正练成了神功？而古人、今人同样是言之凿凿，绘声绘色，似乎不仅实有其事，而且练成神功者还大有人在。

与动物的运动能力相比，人自身有很多局限。于是，武术中把不少动物作为模仿的对象，出现了许多仿生拳种，像蛇拳、虎拳、螳螂拳、

《执刀门神》，年画，广东佛山，俄罗斯科学院民族学博物馆藏

鹤拳、鸭拳、鹰拳，以及形意拳的十二形等。还有像轻功的“疾若奔马”“飞逾重屋”之类，不过是把马和鸟的特长安放到人的身上；“蹬萍渡水”“踏雪无痕”大概是受了燕子或鸿鸟飞翔的启发；等等。

经过如此的神化或物化以后，再把这种功夫附丽到某个具体人的身上，于是不仅出现了神功，而且出现了不少半人半神、半人半动物的传奇性高手。在漫长的历史进程中，人们不厌其烦地对其进行细节

《武判》，年画，清乾隆年间，天津杨柳青

古人有新年悬挂神判钟馗之俗，而古时钟馗皆“衣蓝衫”。该年画为图吉利，易蓝衫为朱红战袍。

上的加工，查漏补缺，添枝加叶，使之更趋于完善和丰满。中国人好奇的天性，在这个领域里得到了比较充分的发挥。中国武术就这样一步一步地变成了一个琳琅满目的半神话世界。

人类的自我膨胀意识是神功的源头，中国人的神怪思想及由此而产生的自我强化意识则是神功的催化剂，古代中国长期的君权统治和

《盗仙草》，年画，清乾隆年间，天津杨柳青

又名《瑞草园》，取材于《白蛇传》。白娘子端午饮酒现出蛇形，吓死许仙后，带小青飞赴昆仑山盗灵芝仙草，路遇鹤童巡山，双方激战。图为鹤童提剑飞步赶来，小青已执剑在手，白娘子拔剑出鞘，而灵芝已举在小青左手。

神权统治而导致的科技相对落后的社会环境便是神功生长的土壤。武术的误区正在这里，只有科学才能使武术走出误区。

七

困惑与梦境

目前，中国武术至少还部分地沉睡在历史的长梦之中，而社会的进步和世界搏击界的挑战，又使它陷入了巨大的困惑之中。

困惑当前，长梦未醒，退无可退，进亦艰难。如果说中国武术已经到了发展的关键时候，那也并不夸张。

中国武术总是在人与神之间摆动徘徊。从历史上看，武术属于神者居多；从现实中看，它又基本上属于人。从理论上推究，它总是闪烁着神的光彩；从实践中考察，它又确确实实不过是人的行为。在文化品格上，武术具有鲜明的对立性，即历史与现实的对立，理论与实践的对立，一句话，是人与神的对立。

这样的特征可苦了练武的人。他们手中练的是一般的攻防动作，心中念念不忘的却是那神幻的武功，向往那神奇缥缈的武学幻境。但是，他们一直练到死，也只不过比一般人多了一身功夫，什么神功之类，注定是练不成的，只能带着永远的遗憾离开人间。武林中的一代又一代人，几乎都逃脱不了这种精神分裂般的折磨，在内在的对立与矛盾中，在对自我的怀疑与憧憬中默默地消逝在岁月的尘埃里。这种精神上的痛苦，武林中人自不会多说，局外人当然就更难想见了。

悲剧正源于这里。

走出梦境，正视困惑，这是中国武术界的唯一选择。

时间已经不多了！

练武与实战

俗话说："乱拳打死老拳师。"此话并非危言耸听。在现实生活中，经常有习武者被不会武术的人打败的事例。这是许多习武者心中的一大困惑。

其实，这种情况不仅出现在初学武术者身上，有时，连一些看来颇有功底的拳师，在同一般人交手时也会败得一塌糊涂。许多习武者都有这样的体会：练了几年拳脚以后，感到步履轻捷，劲力充盈，似乎浑身都是劲，总觉得有点手痒，不把一般人放在眼里。谁知一旦与人交手，平时所练拳法招式根本派不上用场，只是用蛮力拙力，一味乱打。事后细细回想，才豁然明白：对方此招如何破，此腿如何躲，我如何闪避，如何进招，来去分明，清清爽爽，只可惜当时脑子一乱，便只好胡打一气了。

习武者之间的交手也常常如此。笔者曾耳闻目睹武林门派之间的一些争斗，先是拳脚乱打，继之以砖石棍棒（极少动用兵刃）互打。几个人蜂拥而上，你揪我拽，抱成一团，简直如市井无赖一般。在这些争斗中，什么拳法脚法，大都不见，只凭心狠力大，人多势众。即便是一对一的打斗，也常常是死拼滥打，无招法，无风度，层次甚低。

这样，就自然引出了一个问题：练武与实战究竟是什么关系？

这个问题似应分成两个层次：一是习武者与未曾习武者交手，一是习武者之间交手。两个层次的问题的实质均落脚于武术的实用性。

武术是以攻防动作为结构形式的运动，其主旨在于最大限度地调动人体自身的潜在能量而施之于技击。衡量一个人武术水平的高低，并不在于看他会多少套路、多少技法，而是看他在实战的攻防中，能够在瞬息之间将身体内部的能量调动到何种程度，并使这种劲力迅速有效地击中对方。在这个蓄力至发力的瞬间中，就包含了技法和功法。太极拳和意拳高手，可以在一抖之间将对手远远跌出，这种“不招不架，只是一下”的神奇功夫，才是武术的极致。谁能说这种功夫没有实战价值？

当然，习武防身并不是绝对的，学点武艺也未必就一定能够成功地抵御暴力，其中牵涉许多具体因素。倘若歹徒手持手枪，或被三五歹徒团团围定，以刀刃逼住，则习武者也甚难全身而退。又如让一个会点武功的十二三岁的小孩子同一个不会武功的壮汉交手，则前者必败无疑，原因在于力气太小。

在一般情况下，习武者败给未曾习武者，大都由于心怯。此外，这些习武者往往是练过一点功夫，略通拳脚，但技艺不精，远不是什么高手。

社会上横行不法的歹徒或地痞恶棍，多是亡命之徒，他们仗恃蛮力，心狠手毒，又常常携带凶器。如果略通拳脚的人被这号人缠上，不由得就会心生怯意，心怯则神乱，神乱则气散。于是四肢僵滞，周身木强，仓促之间，昔日所练招式早已忘到九霄云外。习武者被迫应战，心慌神乱，只得以蛮力碰蛮力，在这种情况下，心狠者胜，手毒者胜，力大者胜，灵便者胜，先下手者胜，不要命者胜，使凶器者胜，人多者胜，不择手段者胜。而歹徒多半心狠、手毒、先下手、不要命、使凶器、人多、不择手段，所以习武者便无必胜的把握。

习武者之间的较量也大体如此。在双方武艺、体力大致相当的条件下，有胆胜无胆，心壮胜心怯，不怕死胜怕死。俗话说“一人拼命，十人难当”即是此意。

中国武术历来极重胆气，拳谚中有“一胆、二力、三功夫”之说，把胆气放在劲力、功夫之上，可见胆气至为重要。形意拳拳谱云“遇敌好似火烧身”，又云“五行合一体，放胆必成功”。意拳要求精神要真、目光要毒、下手要狠、力量要透，“与对方抱有同死决心”，“动则便能致其死，方可击之。其决心如此，自无不胜”。少林拳讲求勇、疾、狠、真。太极拳拳谱也说：“动用在心，不矜不张。中有所主，无任猖狂。随机应变，终不惊慌。”武林前辈有所谓“三不打”，即打不着不打，打不重不打，打不死不打。中国武术界无论哪种拳派，无不是把胆气放在首位。

此外，习武者在实战中还有两个问题需要解决：一个是勿为成法所拘，另一个是把握好距离感。

所谓成法，指习武者已经学到的拳路招式。拳路固然是由一连串攻防动作组成，具有一定的实战价值。不过，前辈在编创套路时，既要考虑它的连贯性，又要考虑场地大小等因素，所以套路中不可避免地要编入一些承接性动作，如提膝亮掌、摆莲腿、旋风脚等。另外，有些拳路还考虑到观赏价值，编入了不少诸如跳跃腾空及劈叉之类的高难度动作。上述种种动作很难说具有多高的实战价值。

而且，即使是具有实战价值的拳路招式，在临敌时也要根据形势灵活运用，并要有所变化，而不是一味死搬硬套。少林拳多是直来直去，八卦掌套路是走圆圈，而应敌时则不一定总是“拳打一条线”或总是走圆圈。临战时情况千变万化，岂有成法可寻？笔者早年曾遇到一位习武者，腿上有点功夫，而且谨遵师教，踢人时脚不过膝（即脚

青岛栾秀云表演剑术，1934 年

的打击范围不高过对方膝盖，又名“寸腿”）。他有一次与别人试手，一开始咄咄逼人，向对方小腿连踢三脚，对方连连闪避后退。待要踢第四脚时，对方突然上步，一个右飞掌将他打得跌出数步。他不服气，说没想到对方会使出上步飞掌，否则自己这一脚再踢过去，定教对手如何如何。其实，当他向对方连续进攻时，他自己的上半身已暴露无遗，他又死搬成法，招招如此，怎能不被对手乘虚而入？

笔者早年还曾见过一场打斗，是一名壮汉对三个瘦小青年。从身架上看，这名壮汉显然练过武功，出拳时嘭嘭有声，甚有劲力。但他除了上步右冲拳，就是上步左冲拳，而且每一拳似乎都使足了力气。那三个瘦小青年并不同他正面交手，而是躲来躲去，似在挑逗。相持不到两分钟，壮汉终于气力不支，被人抱住后腰，掀翻在地。以壮汉的拳力，一拳击倒一个对手当不成问题，无奈他招式呆板，脚下又笨重呆滞，脑筋也不灵活，以致徒以伟岸之躯而遭倒地之辱。

在实战中，因怯敌而忘了招法固然最不可取，而拘于成法者亦属习武之下乘。古人说：“兵法之妙，存乎一心。”拳法也同此理。

再谈谈实战中的距离感。

习武者练拳时，大多是独个儿单练，尽管面前似有敌人，但那敌人无身无形，实际上是“拳打空气”。所以，一旦实战，往往把握不准距离，觉得应当击中对方，而实际上击空；觉得应能躲过，不料反被击中。就身高 1.75 米的人而言，其上肢的活动半径约为 0.8 米，下肢的活动半径约为 1 米，肘的活动半径约为 0.35 米，膝盖的活动半径约为 0.4 米。这里说的活动半径，实际上就是有效打击距离。若超出此距离，则一定是“鞭长莫及”。

在实战中常常会出现打空拳、踢空腿的事，除了对方有躲闪动作，主要原因在于对手尚在有效打击距离以外，就急于发起进攻，以致徒耗体力，还容易给对方提供可乘之机。

这里还有一个学问，就是最大打击距离并不等于最佳打击距离。凡是最佳打击距离，都应小于最大打击距离。比如习武者的臂长（包括手掌）为 0.8 米，则实战时这 0.8 米即为他上肢的最大打击距离，必须将胳膊完全伸直才能达到这个长度。但若将胳膊完全伸直，不仅延缓了发力速度，而且减弱了爆发力。胳膊伸直以后，前力已尽，后力未生，必然出现“断力”现象，容易为敌所乘。所以，打击对方的最佳距离，上肢约为 0.5 米，下肢约为 0.7 米，这样宜于产生最高的加速度，同时也产生最大的爆发力，而且胳膊不必伸直，即发即收，未收又发，连环进击，疾若飞梭，让人防不胜防。少林拳要求出拳时臂部“直而不直，曲而不曲”，形意拳明示出拳时臂部不得伸直，手尖一般不超过脚尖，都是这个道理。有经验的拳师在交手时常常有意让对方贴近，自信心强的拳师在实战中主动贴逼对手，也都含有寻求最佳打击距离的意图。

捕捉最佳打击距离在实战中极为重要。距离过远，或难以触及，或虽能击中而力道已弱；距离过近，则发力未畅，难以产生较高的加速度，也很难使对手遭到有效的打击。附带说一下，有些武功较有造诣的人，能够在0.3—0.4米的超短距离内骤然发劲，具有较强的杀伤力，也颇具隐蔽性和突然性，但练成这种罕见的寸劲绝非一年半载之功。

与西洋拳击相比较，中国武术更讲究贴身近打，充分发挥头、肩、胯、肘、膝的作用，并非只凭拳脚取胜。要真正理清练武与实战的关系，第一要将拳法招式练熟，不要贪多，务求精熟，所谓“千招会不如一招精”；第二在练拳时一定要有实战感，不可丝毫松懈旁骛。然而，这些解决之道都是低层次的，只是就一般习武者而言。从高层次上讲，根本问题在于生死观。

“必死则生，幸生则死”，这句话实际上讲的是生死观的辩证法。习武者只要勘破了生死观，置生死于不计，那么在实战中就平添了三分胜算。一般来说，习武者只有练到化劲这一高级阶段才能彻底勘破生死，做到神与物游，物我两忘，而又从容镇静，雍容安详。他们遇敌时心定气闲，不把一般对手放在眼里。如果歹徒遇到这样的高手，不要说去打人，恐怕连逃命的机会也不多了。

不过，武林中这样的高手能有多少？于是，人们还是不得不在练武与实战的困惑中彷徨着，寻求那似乎永远无法找到的答案。

武术的实际效用

许多武侠小说都把武林高手说得神乎其神，他们似乎无所畏忌，从不把世间的权力、法律放在眼里，似乎有了武功就有了一切。其实，这不过是小说家的艺术夸张，在现实生活中是根本不存在的。坦率地说，武术对社会而言，其效用是微乎其微的。武术的实际效用主要体现在

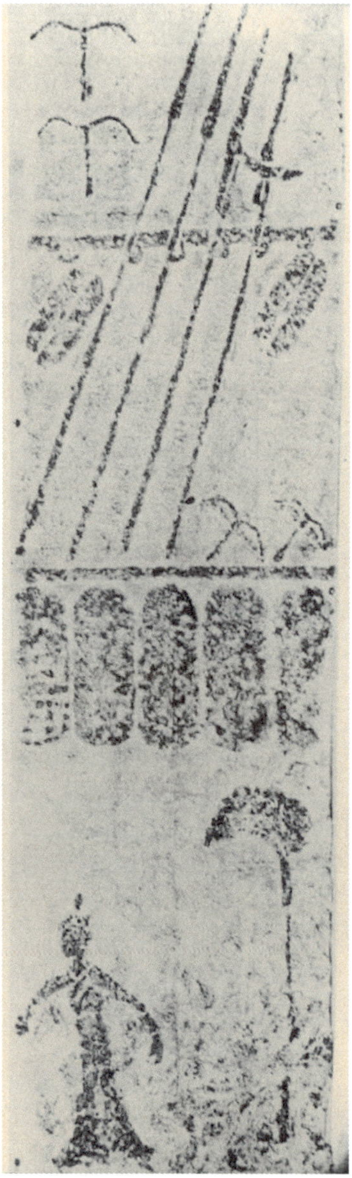

兵器库，画像石，汉，河南南阳出土

兵器库中悬挂有矛、戟、弓、盾等，下方为守护者。

具体的个人身上。

在冷兵器时代，武术在战场上曾发挥过较大的作用，但也远不是决定性的。战国时期，“齐愍以技击强，魏武以武卒奋”，但齐、魏二国后来均被“民益玩巧而事末”（《史记》）的秦国所灭。南宋时，山东益都人杨四娘创杨家梨花枪，号称“二十年梨花枪，天下无敌手”，后率众起事，一败于蒙古军，全军投降；再败于宋军，丈夫被杀，遂悄然不知所往。决定战争胜负的因素很多，武功高低这个因素是次而又次的。千军万马的大军厮杀，毕竟不同于武林中个对个的打斗。在战场上，武功水平要受到各种条件的严格制约。

既然武术在战场上难以发挥很大作用，那么在其他方面也许好一些吧？其实也未必。

清代康熙年间（1662—1722），北方有一个名叫项学仙的武林高手，精于飞镖，他的妻子也以武功驰名。夫妻二人遨游于鲁、晋、冀、豫之间，屡挫群盗，无人可敌。陕甘总督风闻项学仙大名，以重金聘为卫士。当时，

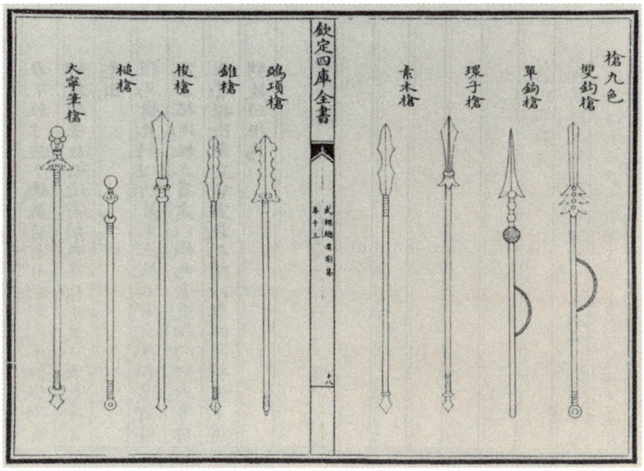

宋代各种长枪

武英殿大学士明珠（1635—1708）权势煊赫，炙手可热。该总督想讨好明珠，准备黄金五千两、白银三千两，派项学仙护送上京，献给明珠。谁知项学仙生性耿直，对总督说：“如今陕西、甘肃和两广一带天灾流行，饿殍载道，您何不拿这些金银来赈饥，一定能救活无数百姓。我太笨了，不会替别人干半夜求人的事！”总督大怒，把项学仙下到狱中。直到明珠革职，该总督调走，项学仙才被释放。他从此闭门不出，以医术谋生。

以项学仙这样的身手，尚且受入狱之辱，又何况一般的习武者？据传太平天国名将石达开（1831—1863）也是武林高手，能九面应敌，将敌人踢出数丈之外，又曾一拳将巨碑打碎，有徒弟数百人。然而石达开最后兵败大渡河，妻儿自杀，部属被害，自己也被处死。清代嘉庆元年（1796），湖北白莲教起事，其中有一个女教首齐王氏（即齐二寡妇）武艺高超，善用铁鞭，所向无敌。她与姚之富率马步军两万人，转战于陕西、湖北之间。嘉庆三年（1798），他们被清军合围于郧西山中，屡战屡败，两人跳崖身亡。

石达开、齐王氏本人武艺高强，又均是带兵之人，手下有数万乃至数十万之众，然而最后也免不了穷途末路，兵败身亡。

武林高手惨遭横死之事，可谓史不绝书。清人邓玲筠（1818—1858）是举人出身，代理贵州印江知县。他精于技击，曾在微服私访时遇人斗殴，将斗殴者掷出一丈开外。后来他率团勇镇压苗民及白莲教起义军，用铜椎击毙三人，无人敢近身与之搏斗。但是不久，他在一次战斗中被飞石击中头部而亡。

学武术可以防身，但也未必皆能防身，在冷兵器时代尚且如此，火器普及以后，武术的军事功能和自卫功能更是日趋减弱。光绪二十六年（1900）夏，数以万计的义和团拳民在清军的配合下，向列强驻华使馆发起进攻。这些拳民几乎都练过武术，使用的是大刀长矛之类的原始武器。当时，驻在使馆的外国军队总共只有450人，另有475名外国侨民，二者加起来还不足千人。在将近两个月的战斗中，义和团死伤累累，始终未能取胜。武器质量上的绝对劣势完全抵消了义和团人数上的绝对优势。这是武术史上最惨痛的一页。

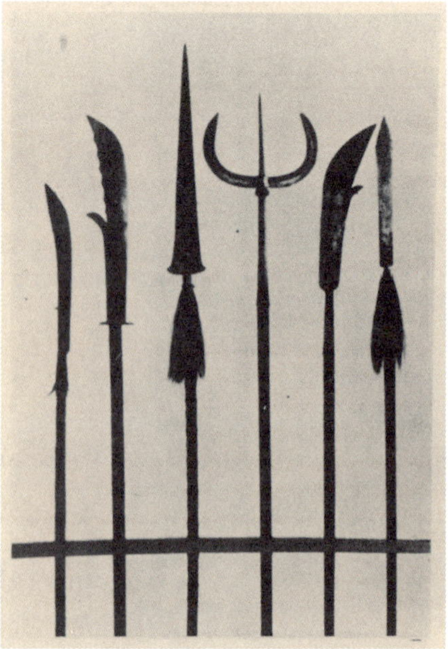
义和团使用的兵器

武术，说到底，是一种关于攻防格斗的技艺。如果从个人自卫防身的意义上讲，当不得不把性命钱财托付给自己的武功时，武术便太有用了。笔者曾结识过一位拳师，他 40 多年前的一个夜晚，曾在荒郊为人所劫。这位拳师凭着 20 多年的功底，接连打倒六七个人，终幸免于难。倘若他没有武功，或虽懂点拳脚而功力不深，后果就很难预料了。还有一位小伙子，大白天被几个无赖缠住，硬要抢钱，小伙子挣脱而去。一个无赖据起两块半截砖就砸过去，谁知那小伙子略一侧身，很轻易地就把飞来的两块砖头拨开。几个无赖见此情景，明白对方不好惹，只好悻悻而去。

练武的一个重要功能是能够强化人的防卫意识。

每个人都具有一定的防卫意识，这是与生俱来的本能。人们在突然受到惊吓时，往往会不自觉地后退、缩身，用双手护住面部，这就是防卫意识的表现。通过习武培养出来的防卫意识当然不同于人类本能的防卫意识。后者从反应上讲是被动的、消极的；从技法上讲是散乱的、无法度的；从效果上看，大多软弱无力，很难达到防卫自己、制止犯罪的目的。武林中人的防卫意识则是主动的、积极的，具有超前性，而且反应敏锐，动作有章法，反击有力，在一般情况下，大都能取得比较满意的效果。

一旦横暴临头，武林中人多会在极短时间内迅速作出防卫判断：是否还手？如果还手，且对方并非一人，将首先对付哪一个？手边有无可用器物？循何路进击，朝何处撤退？敌人的优势在哪里？弱点在哪里？在危急的情况下，要求一个人在间不容发之际对上述诸多问题一下子作出比较明晰的判断，若不具有超前防卫意识和一定的实战经验，那是很难的。

自我防卫意识的强弱同自信心大有关系。自信心越强，自我防卫意识也就越强，反之亦然。武林中人因为熟谙格斗的实战招数，往往能够做到遇事不怯，遇变不惊，表现出较强的自信心，在实施正当防卫时也能表现出足够的勇气和顽强的斗志，这正是自我防卫意识强化的内在因素。

练习武术的最大作用，还是对人的性格气质的陶冶及对人的意志品质的磨炼。武林高手们大多性格豁达、心胸开阔，待人谦和有礼，不同人起无谓之争。形意拳名师耿诚信先生回忆道，他早年练拳时，肝火太盛，往往与人无故不相合，视同道如仇敌，给自己带来不少烦恼，而且周身为拙力所拘，不知道自己究竟有多大戾气。后来他师从刘奇兰先生练形意拳，练明劲四五年，便感到性格起了变化，对于过去的事常感愧悔。又练暗劲五六年后，他每见同道之人无不相合，对于技艺高于自己的人，不仅不嫉妒，反而加以称赞，但自己尚存一点吝啬之心，不肯以秘技示人。而后又练了五六年化劲，他便觉腹内空空洞洞，无形无象，无我无人，泯灭门户之见，遇同道无不爱，遇有不如自己者无不欲教。偶与人较量，他并不先存打人之心，而所用所发皆是道理。这时他才明白了形意拳的中和之理，体会到练拳可以变化人的气质，使之入于道的境界。

一个人如果练到这种地步，他必然豁达大度，与人少争，与世少争，少人间之烦恼，多世外之旷逸；也必然心静恬淡，功名利禄不大放在心上，活得潇洒、自在，不汲汲于富贵，更不奔走于公卿。

然而，话虽如此，历来武林中能有多少人达到这般境界？即使一些武林高手也未必能免俗。武学境界与人生境界虽然有同步并进的一面，但二者毕竟不完全是一回事。武术家们也是人，也有七情六欲，也有同常人一样的追求，也少不了和常人一样的烦恼，一般的习武者就更不必说了。直到今天，仍有不少青少年对武术的期望值过高，沉溺于“有了武功就有了一切”的幻想之中，这与生活阅历和文化层次有关，也与对武学了解不多有关。

秘籍与绝招

在武侠小说、影视中，经常会出现有关秘籍与绝招的情节：某人得到秘籍，然后学会无人能敌的绝招，最终成为武林顶级高手。但实际上，秘籍和绝招二者之间大多没有必然的联系，而且其作用也远没有那么神奇和夸张。

从目前公之于世的秘籍来看，一般不只局限于功法招式，不少还会涉及武学理论、流派渊源、谱系传承等内容。由于过去习武主要是靠一代一代的口头传授，传授内容被整理成文字的相对较少，公开出版的更是少之又少，故而秘籍无论是作为历史文献，还是作为武学资料，都有其独特的价值和地位。

以民国年间出版的《拳经拳法备要》为例。该书由清朝张孔昭述、曹焕斗注，收录了少林武功中一些甚为罕见的拳谱、歌诀和打法，如《少林寺短打身法统宗拳谱》《少林寺短打推盘步法》《论八面肩头》《醉八仙歌》《死手解救》等，真实地再现了明末清初之际少林拳法的本来面貌，其“藏神眉尖，运气腰囊”之说，更是道出了少林拳法的真谛所在。少林寺夙以拳法闻名于世，拳法外传甚多，而拳论却甚为罕见。《拳经拳法备要》所论皆为少林拳法之精要，在一定程度上弥补了少林武功法多而论少的缺憾。

少林武功以棍法和拳法威震天下，程宗猷的《少林棍法阐宗》和《拳经拳法备要》是对明清之际少林棍法、拳法比较准确完整的阐释，可谓少林武学的双璧。

而以抄本形式流传的《养炼全书》和《王堡枪谱》，也是内容颇丰，有其独到之处。《养炼全书》为苌乃周所撰，目前传世的有高鹤盘 1853 年的手抄本，收录有《二十四字拳谱序》《初学条目》《二十四

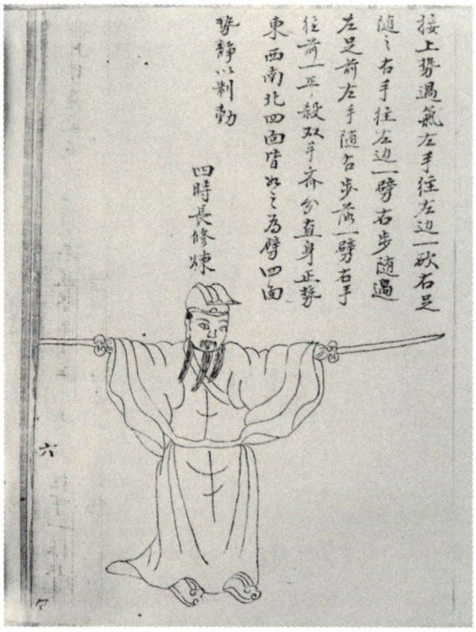

四时长修炼，《吕仙剑谱》，清，高鹤盘抄本

字论》《二十四字正势》《二十四字偏势》《拳论四十八篇》及《龙虎斗（论兵器）》《吕仙剑谱》等，全面而系统地阐述了苌氏武功中练气练拳的精要所在，是苌氏武功的核心内容。

该书中最有价值的无疑是《拳论四十八篇》。其中，《日华月精》《养气论》《炼气诀》《白猿歌》《肺为气主》《中气论》《阴阳人扶论》诸篇，重在讲述修炼内功之法，可谓苌氏内功的独有之秘，为苌氏武功的根基所在；《三尖照论》《论头》《论手法》《论足》《论拳》《阴阳转结论》《三尖为气之纲领论》《过气论》《刚柔相济论》《十二节屈伸往来落气内外上下前后论》《槃停承论》《行气论》《聚精会神气力渊源论》诸篇，重在阐释内功在技击中的主导作用，而《聚精会神气力渊源论》一篇，更是将聚气之法和盘托出，并告诫后人“谨之秘之，切勿妄泄，以遗天谴”；《得门而入论》《头手二手前手后手论》《点气论》诸篇则主要讲述技法，强调击敌膊根，开寸离尺，近身直进，肘膀连用，主张“气发如炮燃”，“似皮肤无意燃火星，似寒侵腾理打战竦”，此等体悟非高手无以道出。

需要指出的是，该书所述之内功功法，当源于古代道家的吐纳养生之术，如采咽月华日精之说，即见于《道藏》。这种功法是否完全符合科学原理，尚有待研究。

《王堡枪谱》由清代王安民撰写，所收录的《王堡枪源流序》一文中有关于王堡枪源流和传承的叙述，并与《枪法精华歌诀》《枪之用法》《枪法绎述论》《制胜歌》等诸篇一起，详细地阐述了王堡枪法的特点，是王堡枪论的精要所在。由于王堡枪历代传人不喜张扬，其流传地域也主要局限于河南王堡周边村镇，所以这套源远流长的枪法即便在武林中也罕为人知。

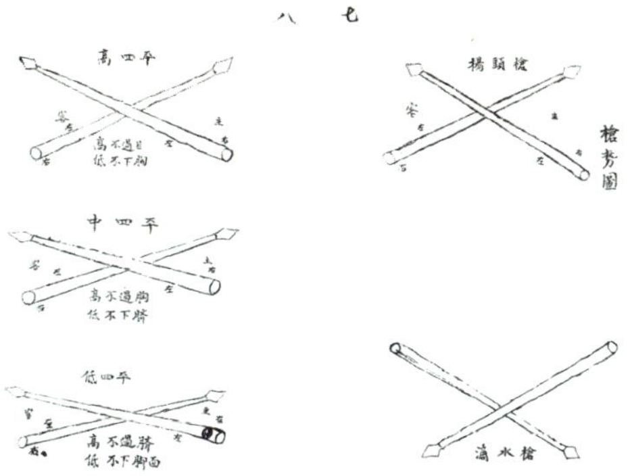

枪势图，清，王安民《王堡枪谱》

其他秘籍也大抵如此。对于习武者来说，无论练哪个流派的秘籍，都需要具备一定的文化水平和武学功底，然后再经过几十年的苦练，才有可能成为高手。

至于绝招，从理论上讲，世界上从来不存在不可用于实战的招法，也从来不存在不可破解的招法。所谓绝招云云，只不过是特定情况下难以破解而已，绝不是在任何情况下都能稳操胜券。

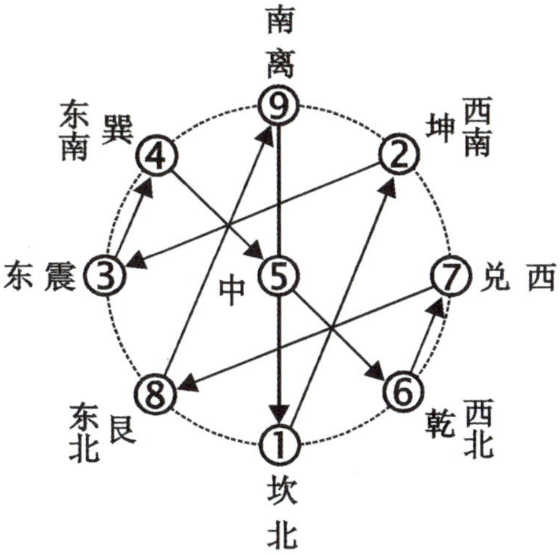

九宫走位图

跑位顺序为坎一坤二，震三巽四，中五乾六，兑七艮八离九，练习时由一至九，再由九还一。

在武术界，时常听说某人有什么绝招，有的武术家也公开宣称自己的某种招式是无法破解的绝招，这些恐怕都是片面之词。其实，衡量一种招法是不是绝招，唯一的参照物是对手。如果对手较弱，则此招可能得手；若对手较强，则此招能否得手就很难说了，甚至可能因为此招而反受其制。既然称得上绝招，那招式当然是比较高明的，出乎常人之意料。不过，无论多么高明的招式，在实施时都必须以功底为基础。倘若功底很差，而又遇上了很强的对手，那么恐怕再高明的招式也会无济于事。

某地有一位青年拳师，自幼习武，所练甚苦，功底较好，在当地已小有名气。他练就了一招“三角步”，就是当对方攻来时，抓住对方的手臂或脚腕，顺势撤步转身，将对方猛摔在地。这是利用圆周运动和离心力原理顺势借力的一种摔法。他屡试不爽，于是自诩为绝招。后来，他与一位摔跤手比试，又使出这招来，谁知对方力气很大，刚一搭上手，反被对方顺势扭住，竟将他一下子举了起来，只得认输。事后，这位拳师对朋友说，对方力气太大，根本拽不动。

再深入推敲一下就会发现，有些绝招既不复杂，也不出奇，看来平平淡淡，却凭着速度快、爆发力强、准确性高而具有很大威力。形意拳中有一路崩拳，动作十分简单，只是上半步、打一拳，重复演练，但名师郭云深将其稍加变化，竟以此技屡败众多高手，被誉为“半步崩拳打天下”。据传，当年与之试手的拳师们大都知道郭云深的这手功夫，无奈郭云深身法极快，拳出如电，对手们来不及反应就已被远远击出。这正应了“大巧若拙”那句行话。但郭云深以此技与车永宏交手，却一招就败下阵来。原因在于车永宏身法更快，郭云深一拳甫出，便已被牢牢拿住。

平心而论，凡是高明的招式，无非具有以下四个特点：出其不意、速度快、爆发力强、准确性高。这四个特点相辅相成，缺一不可。对敌时，只有爆发力强，才能速度快，达到出其不意和准确性高的效果，从而取得较高的成功率。有人把速度快当作应敌的首要条件，实际上，速度的快慢基本上是由爆发力的大小来决定的。如形意拳的崩拳，其进攻的质量并不完全体现在出拳的刹那间，而主要体现在行拳者的整体身法上。进攻的源起在于后脚的下蹬之力，下蹬之力越大，上步速度越快，出拳的速度也就越快。练过形意崩拳的人也许会有这样的体会：拳上的劲力似乎是从后脚跟传上来的，只要后脚用力一蹬，那股劲力就从脚跟经由腰胯升至肩部，再顺上臂而下，从拳尖放出，伴随着“砰”的一声轻响。这种下蹬之力，就属于爆发力，它决定了进攻的速度，也决定了进攻的质量。

太极拳看来柔缓，但它的劲力是含而不露，令对手难以察觉。试看太极高手应敌，一旦将对手粘上，陡然放劲，其劲力非同小可。这种爆发力也非一朝一夕可以练出。

武林中历来有凭一招一技而成名者。以头部击敌而屡屡得手者，人称“铁头”；以掌力吞吐而成名者，人称“神掌”；以拳劲迅猛而

杨凤堂先生演示心意六合拳

杨凤堂（1896—1974），河南周口人，为心意六合拳名师杨殿卿（？—1942）之侄，自幼从叔父习武。

成名者，人称“神拳”；以腿法变幻而成名者，人称“神腿”。凡为高手者，无不练就几手绝招，凭此扬名立威。这些绝招练之最熟，用之最顺，发力最为畅达，应敌最易得手。一言以蔽之，得心应手而已。

不过，就一个人而言，能练出三五项绝招就已经很了不起了，绝不可能练出几十种乃至上百种绝招。倘若有人自称“招招都绝”，实际上很可能一招也不绝。《少林打擂秘诀》中说，少林寺“为了提高弟子们的实战功夫，往往从十套拳、百套拳中选出数百或上千精华招式，编成打擂套路，授给弟子，专门训练和提高其实战技术”。此话很值得推敲。少林寺中的“精华招式”必然是十分高明的，可称得上绝招了。把几百乃至上千绝招编在一起，让弟子们训练，听起来很吓人，但实际练起来，其效果如何就是另一回事了。一套拳路，短的有十几式、二三十式，长的有五六十式，更长些的有七八十式，倘若有上百式，那就可谓“超长套路”了。试想，将上千绝招编成套路，至少可编成十个这样的“超长套路”。练过拳的人都懂得，倘若想把一个二三十式的短套路练得精熟，也非得下三五年苦功夫不可，而此上千绝招、十来个“超长套路”，不知需要多少年才能练得精熟，什么时候方能登台打擂？况且，一个人要练成上千绝招，本来就是一件不可思议的事，非凡人所能为。孔子曰：“过犹不及。”话说过了头，就成了大话，等于没说。

中国武术中的所有招式无不可以伤人，凡不可伤人者不足以成为招式。以此推论，任何招式都有可能变成绝招，其成功与否的根本原因在于习武者自身的功底，而招式本身的设计则是比较次要的因素。

从前，河南开封有一位姓吴的小伙子，以推车卖瓦盆为生。他拜师学武，但天资较为鲁钝，似乎不是学武的材料。师父见他力气很大，就教给他一招“黑狗钻裆”，让他好好练习。后来，他居然凭这手功夫打败过不少人，在武林中混出了一点名气。“黑狗钻裆”一式的动作颇不雅观，稍有身份者均不屑用之。但这位小伙子本属“推车卖浆者流”，并无身份高下的负担，用时坦然自得，效果也可喜，这就很有点绝招的味道了。20 世纪 70 年代初期，笔者曾见过此人，当时他已 40 多岁，木讷而不善言辞，嗜酒，食量过人。他个头不高，但十分壮实，一次可扛起二三百斤重的货包，天天如此工作，其力气可想而知。以如此力气，用“黑狗钻裆”之术掀翻一个人，当真是易如反掌。

倘若此人遇到了应变机敏或力气更大的对手，结果又当何如？他若低头硬钻，而对方侧身闪开，兜臀飞去一脚，或当头全力下击，恐怕就不太妙了。使用“黑狗钻裆”时，自己的背部暴露无遗，乃应敌之大忌，若遇高手，易遭重创。由此推测，此人当年可能未遇上真正的高手。

由此可见，所谓绝招，都是相对而言。对于一般人可称为绝招的，对于高手却可能恰成致败之招。习武之人哪个不练有一两手看家本领？但这一两手本领能否真正看住家，那就要靠对手去评判了。

跨世纪的长梦

正像所有的行当都有自己的梦想一样，武林中人也早为自己设计了一个奇妙的梦幻世界，其主要内容大体是：

力大无穷，攻无不克，战无不胜；

高跃、纵跳不受任何限制；

战胜任何暴力；

纵横天下，无拘无束，为所欲为。

头两条是武功，后两条是个人生活。也就是说，武林中人的梦幻世界，从实质上讲是追求个人生活的最大空间和最大自由，而这个最大空间和最大自由都是靠盖世武功打出来的。武林中人常常梦想凭借自己的武功在社会上杀出一块天地，活得比常人更痛快一些，更潇洒一些，当然也更自在一些。

武林中人大多有一种不满专制、追求自由的思想倾向。他们以个体行为为主要活动方式，或常年游走于江湖，或隐姓埋名于荒山。即使受雇于人，或走镖，或护院，也极少有干上一辈子的。生活的流动性、行为的个体性，常常使他们成为社会上游离的一群，或者说形成了游离于社会组织之外的一个特殊的群落。在这个特殊的群落内，武林中人有他们特殊的思维方式、行为方式和生活习惯，也有他们特殊的"行当语汇"（包括一些江湖暗语）。这个群落很少同官府打交道，他们自有一套不成文的规矩和法则，官府有时也予以默认，不加干涉。例如古代打擂都立有"生死文书"，预先声明生死由命，而打擂时又确实时有死人伤人之事，这本来是触犯刑律的，但历代官府一直予以默认，事实上等于承认打擂时可以不受法律约束。据说直到民国初年，官方才明令禁止比武伤人，并开始追究肇事者的法律责任。

武林群落相对于社会而言有一定的独立性，武林中人相对于常人而言也同样具有较大的独立性。他们凭本事吃饭，合则留，不合则去，不必总是看别人的脸色，也大多不屑于看别人的脸色。武林中人的性格，大多傲岸刚直，多少有些桀骜不驯，不愿意受到纪律的严格约束，具有更多的自由放任的色彩。

独立的人格和自由放任的精神气质，使得武林群落在封建社会里总是多少带有一些离心倾向。他们很少与官府合作，相反，出于侠义意识，他们常常同平民百姓站在一起，不断为官府制造一些不大不小的麻烦，被官府视为社会的不安定因素之一。在历史上，武林群落与

《十字波（坡）》，年画，清，安徽阜阳

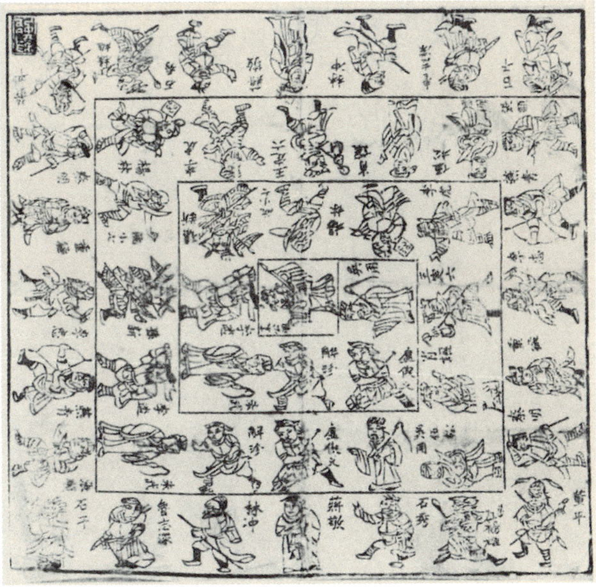

《水浒选仙图》，清初，四川成都

选仙图以骰子比色，渐次上升，宋时已有。此图刻印水浒人物 25 名，始于石千（时迁），终于宋公明，亦以骰子比色，胜者上升，先登至宋公明者赢。

官府总是处在一种时隐时显、时张时弛的对立状态之中，有清一代对立尤其明显，有时甚至演化成大规模的暴力冲突，从清初少林寺的反清复明，到辛亥革命时期南方秘密会党的武装暴动，都是这种对立态势的反映。其中规模最大的两次暴力冲突，一次是以南拳拳系为基本武功的天地会起义，绵延达百年之久，波及江南数省；另一次是以少林拳系为基本武功的义和团运动，席卷大半个北方地区。

在同官府的无数次冲突中，武林中人深感一般武功之不可恃。一次次的失败和血的教训，使他们逐渐明白仅靠现有武功同官府周旋是很难取胜的。但是，由于时代局限性和狭隘的农民意识，他们不可能从其他方面寻找出路，同时武林内部又竞争激烈，这就使武林中人很自然地把目光落在武功上，寄希望于拥有更高更绝的武功。他们不断编织着五彩的梦，使武功强化、神化，甚至在神化武功的同时也在神化自己，于是为后人留下了一个斑驳陆离、异彩纷呈的神幻世界。

在这个神幻世界里，武林前辈们把宗教意识、巫术与武功糅合在一起，把武术变得复杂而更趋于原始和蒙昧，也使武术与秘密会社结合得更加紧密。他们在这个神幻世界中获得了某种精神满足，或者说是精神慰藉。

神幻世界为武林中人展示了一个光辉灿烂的前景。尽管一代又一代的人都远没有达到那种境界，但后来者却无法认识到这一境界的虚幻，或者就干脆不敢承认前人失败的事实。如此代代相传，似乎那个神幻世界确实存在着一般。

从中国有武术以来，悠悠两三千年，人类已经跨越了几个阶段，而武术却仍然沉睡在过去，在那跨世纪的长梦中睡得甜甜的。

八国联军的隆隆炮声、义和团勇士的遍地鲜血，给中国武术界上了难忘的一课。什么神拳，什么金钟罩，全都被洋枪洋炮击得粉碎，王正谊（大刀王五，1854—1900）、程廷华（1848—1900）等著名武林高手相继殉难。然而，洋人的炮声沉寂以后，健忘的国民又依然做起梦来。民国初年的提倡国术运动，其中固然不乏强国强种的爱国热情，但同时也依然不乏神拳的梦呓。爱国与迷信、现实与梦幻，如此神奇地交织在一起，构成了20世纪初叶武术领域的文化奇观。

当日本人的侵略炮火再次震撼着中国这块古老土地的时候，武术界顿时沉寂了。时代不允许义和团的悲剧重演，冷兵器早已被淘汰，抗日军民手中的现代火器取代了义和团的神拳，火器与火器的对抗取代了洋枪洋炮对血肉之躯的屠杀。其后，几经风雨，斗转星移，到20世纪80年代初期武术运动重新兴起之后，那久远的梦呓竟然又发出了颇为铿锵的回声，“神拳”“神功”之说竟然又成了武术领域的奇观。

有人说，近代少林某僧能飞涧越崖，纵身上房，在去世前一个月表演绳鞭时，竟纵身飞上了方丈殿脊。到过少林寺的人都知道，寺内最低的殿宇，其殿脊距地面至少也有5米高，读者自会判断这一说法的真伪。

有文章说，我军某将军早年在少林寺出家，曾严惩一武林恶棍，竟以五指插入该人头骨，名曰“金雕手”。这使人想起了金庸小说中的“九阴白骨爪”，但没有听说少林寺中有此种阴毒武功，当今武林中也没有这种“金雕手”，而且，也没有听说这位将军曾在少林寺出家。

还有人说得更加离谱，在抗日战争时期，某形意拳名师曾任武工队队长，率领一支百余人的武工队潜入日寇营地，和队员们运用犀利无比的拳术，神出鬼没地击毙了数以千计的敌人，使敌人闻风丧胆。

众所周知，1937年的平型关大捷，八路军第一一五师倾全师数千兵力，居高临下，预先设伏，使用现代化武器，才毙伤日军千余人，我军也付出了伤亡600余人的沉重代价。而这位武工队队长只率领百余人，仅靠拳术就“击毙了数以千计的敌人”，我武工队竟没有听说有什么伤亡。人们不禁要问：难道这支武工队没有配备武器？难道日军也统统没有配备武器？形意拳固然厉害，但要一下子找来百余位形意拳高手组成一支队伍，恐怕也非易事。倘若形意拳果然有如此大的威力，当年上百万中国士兵光练拳术就足可尽歼强敌，又用得着什么枪炮？这样随意夸大拳术威力的宣传，尤其是将其置于抗日战争的特殊年月里，乃至出现“手撕鬼子”之类的抗日神剧，不仅侮辱了武术本身所蕴含的深刻内涵，也抹杀了中国人民在抗日战争中顽强不屈的抗争及所付出的惨重代价。所幸近年来，这样的言论与行为引发民众大规模的抵制，逐渐有所收敛。

至于一些武馆、武校，在招生中更是说得神功满天飞。例如，福建某轻功培训班主要传授轻功八术（水上飞行术、飞燕穿林术、飞檐走壁术、游身壁虎术、翻腾穿帘术、轻身术等）及轻功基本功技巧实验：纸上悬人，气球上站人，带电踩灯泡、卧灯泡，日光灯管悬人，鸡蛋上站人，手摸烧红铁链，舌舔火铲。而河北一武馆似乎更“神通广大”，除飞步跳崖、飞步上房、单掌拍弯烧红铁棒、口吹火炭等功夫之外，还能在 3 个月内教会人体通 220V 电、电气功烤肉、分水术、造雾术、写字透石术、定身术等。强中更有强中手，山东一气功班除了上述诸“神通”，又增加了人体通 380V 电、剃头不用刀、遥控术几种，不过这家气功班倒也坦率，索性把这些功夫称为“法术表演”。

由武术而气功，由气功而法术，中国武术似乎又退回到了义和团的神拳时代。不知“舌舔火铲”之类的功夫与武术有何关系，而这种所谓“火功”经大肆宣传后，还到海外进行了表演。有人曾撰文，揭破“舌舔火铲”是利用物理学的简单原理，只要胆子大、动作快，人人都能够表演。“火功”同日光灯管悬人、脚踩气球一样，根本不需要几十年修炼，更不是什么秘法绝技。

某地一位老拳师，自称从 8 岁起就开始习练家传的“高级内功”，如今已达到周身皆力、天眼开通的地步，而且有不少特异功能，如外气遥感、以意念导引别人遨游世界等。他最津津乐道的是肚皮撞檩条。一次，人们慕名来看他的表演。他让 8 个小伙子抬着一根又粗又重的檩条缓缓撞来，他上步以肚皮发力承接，不料一下子被撞出两三米远，观众大为失望。其实，他所承受的只是一种速度甚慢的直力，该力与地面平行向前，并非凌空砸下。檩条有较大的横截面积，肚皮与檩条的接触面积较大，肚皮又较柔软，使檩条的冲击力得以缓解和分散。这是一个并不复杂的力学问题。然而，这并不妨碍该拳师到处办班，忙忙碌碌地大赚其钱。

在新的神功不断被制造的热潮中，有关武术起源的某些理论文章中，也重新闪射出神幻之光来。

例如，“达摩创少林武术”之说，经过几十年的争论，武术界大致趋于否定。而在 20 世纪 90 年代却有一篇文章，竟以“透视遥测”“埋于地下多日不死”等子虚乌有的所谓“特异功能”来印证达摩的“武功”，还把历代武侠小说作为达摩创始少林武术的重要证据，从唐代的《虬髯客传》《红线》《聂隐娘》等传奇，一直拉扯到金庸的《天龙八部》，并说作品中的空空儿、聂隐娘等均为“少林寺高足”，以此来证明少林武术为达摩所传。众所周知，小说乃是作家的艺术创造，它是生活的反映，也是历史的折射，但绝不是历史的真实记录。

倘若把小说也当作信史，乃至以今人小说来证古史，岂不有点荒唐？况且，《虬髯客传》《红线》《聂隐娘》诸小说中只字未提少林寺，更未提及达摩，所写武功又多流于神幻，如写红线一夜“往返七百里”，聂隐娘“化为蠛蠓”潜入节度使刘昌裔肠中，而后又从“口中跃出”击人，空空儿“能从空虚入冥莫（暮），无形而灭影”。此皆小说家夸张之词，岂能信以为真？

禅宗的自我神化，在历史上是有点名气的，近代学者于此已多有分析。作为一种宗教信仰，后代僧人的奉祖敬师之心本也无可非议。而于历史事实的讨论，则应实事求是，力求还其历史的本来面目，不宜掺入太多的主观意图。达摩创立禅宗，主张“安心无力，形随运转”，其后经过慧能（638—713）的发展，禅宗心法更趋完备，理论亦自成体系，又经神会（？—760）回传北方，树立南宗顿悟法门，慧能宗风遂独尊天下，由此禅宗才取得统治地位。少林拳法主张“拳禅合一”，其心法当然一本禅宗。倘若从心法上讲与达摩多少有点关系，或许勉强可以说得过去，而从武功上讲则实在拉扯不到一块儿。

《达摩图》，明，丁云鹏

由上述可知，时至今日，中国武术仍然尚未完全从神话时代和法术中挣脱出来，还没有从那跨世纪的漫漫长梦中真正醒来，仍然部分地陶醉在自我神化、自我美化，乃至半神半巫的陈旧氛围中，怡然自得地打发着光阴，很少有人去正视世界搏击界愈来愈咄咄逼人的挑战。

背负着因袭的重担，我们的步履会更加蹒跚。可叹的是，我们的不少人依然是固步自封，自我感觉良好。

要想中国武术真正走向世界，首先要把武术从神与巫的阴影下解放出来，使武术真正成为一门科学，不再沦为神的附庸，也不再成为巫的寄托。跨世纪的长梦该醒了！

八

武术与养生

中国武术讲究形神合一，内外兼修。内养性情，固气壮丹，外练筋骨，手足矫健，正合乎养生之道。武术的锻炼机体、祛病健身的功能是人们所公认的。但是，是否练了武术就一定能够长寿？是否武功越高寿命就越长？这是一个值得探索的问题。

身体强健与生命长在并不是同一个概念，二者之间虽有一定联系，但并不存在着相等的关系。许多事实证明，长寿是一个十分复杂的问题，它涉及许多因素，不能仅拿是否练武术或练气功来作为唯一的条件，当然也不能据此作出片面的判断。

武术的健身功能

练武术可以强健筋骨，这是尽人皆知的道理。但是强健筋骨只是外在的表现，武术的健身作用更主要的是体现在对人体精、气、神的锻炼。中国古代养生术认为，精、气、神是人体的“三宝”，其中“精”指元精，发于肾，为生命的根本所系，故又称“命门”（不是命门穴）。“气”指元气，伏于肾阴，不滞不息，不乖不离，不偏不倚。“神”即人的本性、真意，系精、气的外部显现。据说神是到处游动的，为一身之主宰，“寤则神游于眼，瞑则归于心，寐则逸于肾，默则集于眉”（《谷神篇》）。

精、气、神都是先天就具有的，人之后天，七情六欲纷至沓来，元精散遗，元气损耗，神不守舍，故使人百病丛生，精力劳损，神思疲虑，精神消沮，未老先衰，难尽天年。古代的道家养生术就重在以后天之气培先天之气，进而使精、气、神都能逐渐恢复到先天的状态，以达到人与自然的高度统一和谐，这就是所谓的“炼神还虚”。

《易筋经》说：“精气神乃无形之物也，筋骨肉乃有形之身也。”所以，“练有形者为无形之佐，培无形者为有形之辅”。练武术就是通过筋骨肉等“有形之身”的锻炼来达到培精、调气、正神的目的，首先是“手、眼、身、法、步”，而后是“精、神、气、力、功”。如在练习拳式时，一举手，一投足，都要全神贯注，劲力凝聚，不允许思绪散乱，脚步错浮。许多拳种都有专门练眼力的功法，因为眼乃神之所聚，于技击中关系尤大。练暗器时首先要练听力，从暗器飞袭时的风声来辨别敌人所用暗器的种类及其劲力、方向，即所谓“听风辨器”。练眼力、听力时精神都务必高度集中，保持一种虚静的状态，方能反应敏锐，在瞬息之间作出正确的判断，并采取相应的对策。

《精、气、神》，剪纸，清末，陕西千阳

一组五幅，上为蚰蜒精，中为青蛙精，下为白蛇精，左为蝎子精，右为壁虎精，统称“五毒精”。其用意在于驱邪祛疾，保护孩子成长。或认为“五毒”即“五行”，为生殖保护之神，与武术中的精、气、神含义相去甚远。

武术中的内功，是通过意念导引使真气周流全身，固于丹田，并使身内之气（后天之气）与身外之气（先天元气）交流，吐故纳新。古代养生术认为，后天之气为死气、浊气，先天元气为生气、清气。通过气的运动，人体的阴阳平衡更加协调，从而达到“提挈天地，把握阴阳，呼吸精气，独立守神，肌肉若一”（《黄帝内经·素问》）的目的。

太极拳家认为，打拳的关键在百会穴下。百会穴下即“神明”所在处。以神为帅，主导任、督二脉，统领诸经，进行全身的螺旋运动，以五行合八卦，共为十三势。形意五行拳以五行生克为指导，以劈、钻、崩、炮、横五拳分属金、水、木、火、土五行，外五行为拳，内五行为五脏。练拳即练内脏，内外兼修，以经络真气运行来实现身体内外的运动联系。其基本姿式“三体式”法于“三才”说，由无极式化出，包括两仪、四像、三才、六合、八卦诸意。《形意无极歌》说：

混沦一气内外修，泾渭不分至道由。空洞自然凝神静，化虚

《导引图》（复原），西汉，湖南长沙出土

图中绘有 44 个姿态各异的男女图形，附有简要文字提示，内容包括治疗功与保健功。

还元此中求。

八卦掌起于坎卦位，寓“天一生水”之理，以八掌八法合八卦五行之意。八卦掌拧腰摆扣，斜穿侧搬，以少阳经为主导，统领诸经运动。

有人认为，练太极长拳能够增强肌体的内外协调能力，平衡阴阳，疏导气血；练九宫八卦掌可增强肌体的抵抗力；练太乙五行拳可增强脏腑功能，协调脏腑关系。其实，不仅是上述诸拳种，所有的拳术，只要循序渐进，按照正确的方法坚持锻炼，都能起到健身的作用。如果再与行气结合起来，那就会对身体更有益处。

中国武术中还有不少保健功法，形意拳中就有健身桩功。这种桩功以“清虚其心，轻松其体”为原则，通过多种静止的姿式或柔缓的动作，使练功者情绪安静，意念集中，从而起到内壮外强的保健作用。形意健身桩功包括龙形功、虎形功、猿形功、熊形功、调养功等。

北派少林拳中有一种圆功拳禅法，传于北京法源寺。这种拳法以运动与坐禅相结合，动静相济，以健身为主。圆功拳禅法的桩功是单腿功法，即“前腿不用力，后腿十分劲”，不同于其他桩功。其桩法要求“含胸拔背，塌肩垂肘，气沉归海，精神灌顶”，也是以意念导引，气沉丹田。其手法要求松柔圆活，刚柔相济，动作如螺旋，作大小不等的弧形或环形，灵活圆转，不僵不滞，与太极拳有异曲同工之妙。

一个真正内外双修、武技与武德均达到很高水平的武术家，总是能保持虚静的心理状态，不为富贵所动，不为荣辱所激，不在意人生得失，更不会恃技傲人。在这样的武术家身上，武术的健身作用会得到最充分的体现。所以，武术健身首先是对精神的陶冶和净化，精神世界在练功过程中逐渐清明，摒绝世俗妄念，保持“抱元守一”的高度虚静心理。筋骨壮健只是外在形式上的强壮，心理虚静才是内在的、最重要的强壮，这是武术健身的真谛。

练武不等于长寿

一些终生习武的老人，白发银髯，而精神矍铄，步履矫健，给人们留下了练武一定长寿的印象。的确，练武有强身健体的作用，但是那些年逾百岁的老寿星中，又有几位是会武术的呢？

一般人都认为练武能够延年益寿，这个观点不能说没有道理。笔者对 18 世纪以来的 50 位著名拳师作了一个统计（剔除了那些非正常死亡者），发现他们的平均寿命为 74 岁，远高于同时期的人均寿命。在这 50 人中，有 2 人超过 100 岁，寿命最长的是河南形意门的马梅虎（1805—1924），活了 119 岁。其次是太极名家吴图南（1885—1989），活了 104 岁。另有 5 人寿命在 90—99 岁之间，他们是张占鳌（1817—1916），弹腿门，99 岁；刘万义（1820—1918），形意门，98 岁；杨禹庭（1887—1982），太极门，95 岁；王子平（1881—

96 岁道士宁教宽表演射箭，山东国术考试，1934 年

1973），弹腿门，92 岁；马兴（1755—1845），形意门，90 岁。

可是，也有一些高手仅至中寿，同一般人寿命差不多。仅以太极门为例，如杨兆清（1883—1936），53 岁；李亦畲（1832—1892），60 岁；陈照海（1899—1949），50 岁；郝月如（1877—1935），58 岁；陈田科（1886—1943），57 岁；陈照奎（1928—1981），53 岁；陈仲生（1809—1871），62 岁；陈季生（1809—1865），56 岁。

笔者对自陈长兴（1771—1853）以来的 30 名太极高手作了一次统计，发现他们的平均寿命为 65.47 岁。在这 30 名太极高手中，竟有 11 人寿命不到 60 岁，占总数的 36.67%。而寿命在 80 岁以上的仅有 5 人，占总数的 16.67%。这样就引出了三个问题：

一、练武能不能长寿？

二、是否武功越高，寿命就越长？

三、练哪种拳最有助于延年益寿？

笔者的回答是：

一、练武未必长寿；

二、武功高低与寿命长短并无必然联系；

三、就延年益寿而言，练哪种拳效果都差不多。

首先谈谈第一个问题。

一个人的寿命长短是由多种因素决定的，除了体质条件，还涉及遗传因素、经济状况、生活条件、心理素质、医疗水平、生活习惯等诸多方面。这些方面互相制约，体质好坏并不是决定寿命长短的唯一因素。

为什么练了武术未必长寿？这要从练武的规律说起。

初学武术，首先要练好基本功，把拙力换成劲力。在这个阶段，不管是春夏秋冬，也不管是风雪雨霜，每天都要练功不懈，大汗淋漓，风吹日晒，稍有不慎，很容易受风受寒，或造成筋骨之伤。到了练暗劲和化劲的阶段，主要靠意念导引，以意领气，以气催力。如果练功方法不当，真气窜乱经络，也有可能造成内伤。另外，武术家们多有强烈的胜负意识，有“以技胜人”的信念。在这种胜负意识和信念的支配下，武术家们常常保持着临敌心态，时时处处保持着戒备的心理，这让他们总是处在情绪紧张的状态之中，数十年如一日，反倒有害于健康。

练武术固然可以强健身体，但是如果同上述不利因素折合一下，恐怕抵消得也差不多了。许多练武者在年轻时急于求成，练得过猛，而那时气血正旺，一些伤症还不太明显。一到老年，往往旧病复发，备受折磨，已悔之晚矣。俗话说：“防风如防箭。”不少老拳师有腰疼、风湿诸病，恐与早年不注意保护身体有关。所以，仅仅从身体因素与精神因素两方面考虑，练武也未必就能够长寿。

再说第二个问题，即武功高低与寿命长短没有一定联系。

仍以太极拳为例。杨露禅活了 73 岁，武禹襄活了 68 岁（1812—1880），孙禄堂活了 71 岁，吴鉴泉活了 72 岁（1870—1942）。以上四人分别是杨、武、孙、吴四派太极拳的创始人，是武术界公认的高手。他们四人的平均寿命为 71 岁。这个数字固然高于同时期一般人的平均寿命。但是，这四位老先生是从成千上万个习拳者中挑出来的武学宗师，倘若按此比例从不会武术的一般人中挑选，则寿命为 71 岁的人当远不止此数。

又如河南形意拳的洛阳一支，马兴、马梅虎、刘万义、金黑彦（1921—1986）四人均为一代高手，前三位享年均在 90 岁以上，而金黑彦享年仅 65 岁。马兴、马梅虎、刘万义三人均为先后师承关系，金黑彦是刘万义的再传弟子。

至于第三个问题，似乎无须再多作解释了。想要锻炼身体，增强体质，或者想成为武林高手，练任何一种拳都有可能达到目的。如果只想长寿，那么无论练什么拳都无法打包票。中国武术中的任何一个拳派，其中都必有高寿者，同时也都有中寿乃至短寿者。河南形意门中，既有像马梅虎那样罕见的老寿星，也有如马三元（洛阳人，马学礼弟子）、张老格儿那样的技艺大成而不幸早夭的著名拳师。当然，在任何一个门派里，高寿者都是少数，短寿者也是少数，而中寿者居绝大多数，这种情况同一般人完全一样。

因此，练武基本与长寿无涉。

长寿的根本之道

我国古代的医学典籍《黄帝内经·素问》中说：“上古之人，其

溥仪练拳，民国初年，北京故宫博物院藏

清人以马上得天下，故世代皇室皆注重弓马拳跤，即便孱弱如废帝溥仪（1906—1967）者，也曾在故宫练拳。

知道者，法于阴阳，和于术数，食饮有节，起居有常，不妄作劳，故能形与神俱，而尽终其天年，度百岁乃去。”这里所说的“道”指自然规律。也就是说，凡是懂得自然规律的人，他的生活符合阴阳五行的生克变化，饮食有节制，起居有规律，不去勉强干那些劳心耗力的事，这样就能形健神明，长命百岁。

有人对南北各地的30名百岁及百岁以上的老人作了调查访问，发现其中会武术的只有2人，仅占6.67%。他们大都是贫苦人家出身，从小参加体力劳动，而且有的老人家庭几经变故，子女伤夭，但他们心胸开阔，性格乐观，善于从坎坷的生活中自得其乐，保持心理平衡，而且起居有常，饮食有节，其中两三个人居然还有饮酒的习惯。这种顺应自然的心理个性，就是长寿的奥秘所在。

古代养生术认为：

久视伤血，久卧伤气，久坐伤肉，久立伤骨，久行伤筋，是谓五劳所伤。（《黄帝内经·素问》）

忧愁思虑则伤心，形寒饮冷则伤肺，恚怒气逆上而不下则伤肝，饮食劳倦则伤脾，久坐湿地、强力入水则伤肾。（《难经》）

怒则气上，喜则气缓，悲则气消，恐则气下，寒则气收，炅则气泄，惊则气乱，劳则气耗，思则气结。（《黄帝内经·素问》）

所以，人应当做到“十二少”，即：

少思，少念，少欲，少事，少语，少笑，少愁，少乐，少喜，少怒，少好，少恶。行此十二少，养生之都契也。（《云笈七签》）

这“十二少”即“道”之所在，为中国古代养生术之大要。

道家针对养生修道的种种难关，提出“忘字诀”和“无字诀”。“忘字诀”是：

忘物以养心，忘情以养性，忘境以养神，忘色以养精，忘欲以养形，忘形以养气，忘我以养虚，忘世以养道。无所不忘，则无所不养。

“无字诀”是：

对境无境，居尘无尘，处事无事，应世无世，在念无念，用心无心，无天无地，无人无我。

这些观点与佛家的参禅没有多少区别，看起来十分玄虚。但是，少凡情、脱俗气、减人欲、淡名利却实实在在是养生之道的根基所在。

一言以蔽之，中国古代的养生要诀在于清心寡欲、顺应自然，毫无非分之想，即所谓“少不勤行，壮不竞时，长而安贫，老而寡欲”（《云笈七签》）是也。道家还提出“三忌”之说，即“一日之忌，暮无大醉。一岁之忌，暮无远行。终身之忌，暮无燃烛行房。此补损之大略也”（《西山群仙会真记》）。这是一些更具体的要求。

出家人把酒、色、财、气称为“四大魔关”，认为“房屋是量人的斗，娇妻是渡客的船，良田是身外的物，儿女是眼前的冤”。佛家主张“少欲知足，离财离色”，乃至把绝色美女视作带肉的骷髅。可是，古往今来，又有多少人能过得了酒、色、财、气“四大魔关”呢？由此可见，清心寡欲、顺应自然说起来容易，而真正去实行却是极难的事。

要做到清心寡欲、顺应自然，首先要多少看破点红尘，也就是要有与世无争之心，不争权势，不争钱财，不争名利，不争美色，不争酒食，这样才能无牵无挂，无欲无痴，无嗔无怒，无喜无悲，无声色犬马之好，无贵贱荣辱之忧。只有精神上达到了这种境界，才有可能享受到长寿的乐趣。可是，这样一来，活生生的人岂不变成了一段无知无觉的呆木头？那么人活着又有什么人生乐趣？所以，绝大部分人都做不到这些，也不愿意这样做。他们情愿以活生生的姿态出现在人生舞台上，去爱去恨去喜去悲，去尽力追求并满足自己的欲望，去不失时机地享受声色犬马之乐，备受荣辱贵贱变迁的折磨也甘之如饴。即使有少数人意识到清心少欲的可贵，也更希望体验丰富的人生，这大概才是生活的意义吧。

九

武林与江湖

在一般人的心目中，“江湖”一词充满了神秘色彩，似乎总是与飞檐走壁之功、行侠仗义之胆、劫富济贫之行联系在一起，其实这多半是误解，其源盖出于武侠小说与民间传闻。

“江湖”与“武林”两个词的内涵有互相重合之处，但江湖并不等于武林。所谓江湖，是专指由长年在外闯荡谋生的人构成的社会群落，也就是说，江湖的基本成员是游民，他们也许有一技之长，却没有固定的落脚之处，如江湖艺人、行脚医生、游方僧道、巫卜、乞丐、盗贼等，当然也包括那些流浪卖艺的江湖拳师。他们组成了一个特殊的社会阶层，其特点是成员复杂且高度分散、以个体活动为主、流动性大。其中不少人不仅居无定所，而且事无恒业，靠非正当手段谋生，旧时还有数量可观的江湖中人从属于秘密会党。中国历来拥有一个庞大的游民阶层，他们或因社会所逼、或因好逸恶劳、或因其他原因而长年游食四方，漂泊天下，成为千百年来不断补充江湖群落的永不枯涸的源泉。

反观武林，固然也有不少人长年在外闯荡，可视为江湖中人，但也有许多人有固定的职业，亦有一定的社会地位，不必四海闯荡，托身于江湖，如军队中的武术教官和学校中的武术教师。以武林身份涉足江湖的大体有三种人——镖师、护院和江湖拳师。他们以武艺为谋生手段，四海为家，成为江湖群落的重要成员之一。

作为一个颇富神秘色彩的社会群落，江湖之内自有一套行事准则和规矩，甚至拥有独特的群落语汇，即江湖暗语。今天，那许许多多古怪的江湖规矩和晦涩的江湖暗语大多已随历史而去，但我们去了解它们、阅读它们，或可以约略窥视一下那些业已消失的江湖痕迹，也许会有助于我们了解武林中人的思维方式和行为方式，了解中国历史上一个被长期忽视的社会角落。

江湖琐谈

旧时，凭武艺在江湖上混饭吃的属“挂子行”，又叫“挂子门”，简称为“挂”。江湖上共有四大门，即“风”“马”“雁”“雀”；下分八小门，即“金”“皮”“彩”“挂”“平”“团”“调”“柳”，总计包括100多种行当。江湖中人彼此用的暗语称作“春点”，又作“寸点”“唇典”，也叫“切口”。俗话说：“能给十吊钱，不把艺来传。宁给一锭金，不给一句春。”可见江湖中人把暗语看得十分重要，从不轻易泄露给外人。

《九流图》，年画，清初，福建漳州

图中展示清初市井生活之一角，有士人、农夫、工匠、商人、牧童、小贩、剃头刮脸之人及练武卖药之人等。

练武者群像，清末，北京

此处似为拳场，练武者中有老有少，左首二人年事已高，似为师父辈人物，张扬作势者皆为年轻人。

“挂子行”俗称“把式”，又名“夜叉行”，其中又分为“支”“拉”“戳”“点”四种。“支”指护院，“拉”指保镖，“戳”指设场教拳，“点”指撂地卖艺。有时，又把护院称为“内挂”“蹲竿”，意思是护院在富家大院内看家，不必外出奔波；把保镖称作“响挂”“挑竿”，因为保镖必须一路喊镖，还要在镖车上插上镖旗；把设场教拳的叫作“戳竿”“支竿”或“外挂”，因为这类拳师可以站在固定的拳场上教徒弟，而且往往受雇于外人，假外人之场来授艺；把撂地卖艺的称作“撂竿”“摸竿”或“变挂”，大概是因为他们行踪不定的缘故。

“挂子行”中又有“尖挂子”“腥挂子”之分。“尖挂子”指有真功夫的人，如镖师；“腥挂子”指只有假功夫即花拳绣腿之类的人，看起来热热闹闹，其实只能唬一唬外行，实战时很难派上用场。另外，又有所谓“暗挂子”“明挂子”之分。凡是身怀武功而以盗窃掠取为生的，都称“暗挂子”，又称“黑道”或“黑门槛的人”，他们多练有轻功和偷盗取物的专门技能。除此以外，凡是以武艺谋生的，不管是保镖、护院、当差，还是走江湖卖艺、设场授徒的，一律都称“明挂子”，也叫“白道”。

武林中有“言必称三，手必成圈”的老话，这也是一种江湖规矩。“言必称三”是武林中约定俗成的自谦之词。许多武林高手以“三”为艺名，像清末民初北京的神跤沈三、后来的天桥宝三（摔跤），以及山东铁棍周三、湖北鸭巴掌魏三、陕西鹞子高三等都是如此。以“三”作为艺名，并不一定表示他在家中或在师兄弟中排行第三，而是含有“不敢居天下先”的谦恭之意，表示“山外有山，天外有天”，不敢妄自尊大。“手必成圈”指武林中人的见面礼式，即左手为掌，亮直四指，屈拇指，右手为拳，左掌心与右拳面虚接，两臂屈曲如圈环。其中，亮左掌四指表示四海武林皆同道，屈拇指表示自谦，右手为拳表示以武会友，两臂成圈表示天下武林是一家。武林中礼式甚多，这种四指礼式据说是少林派中最常用的抱拳礼，现已被国家体委规定为武术比赛中的必用礼式。

关于武林中的见面礼式，历来说法互有出入，即如少林派之见面礼式，也有与上述说法不同的。如《少林拳术秘诀》中说：

> 凡少林派之演习拳械时，宜先举手作礼。唯与他家异者，他家则左掌右拳，拱手齐眉。吾宗则两手作虎爪式，以手背相靠，平与胸齐，用示反背胡族，心在中国。

《武术汇宗》中却是这样说的：

> 凡少林嫡派与人动手，先站开马步，左拳横置右掌虎口中，而右掌心向外，平与胸齐。先退后三步，再进步半，道声“请”字，即交手矣。横拳平胸之意，乃反背胡族，心在中国。退三步再进步半，名为踏中宫。其同派者礼节相同，则系一家人，可勿动手矣。

仅以上所列，少林派就有三种见面礼式，而且彼此相去甚远，后两种礼式中明显掺入了清末的汉民族革命意识。大概由于年代久远，门派繁衍，当初各门派所规定的见面礼式也渐渐混淆或变化了。

武林中人如果在江湖上行走，必须熟谙“切口”。这种暗语在江湖上是通用的，无论镖师、护院、强盗、窃贼，都可以通过暗语交流思想、洽谈事宜。暗语多采用口语形式，以此物喻彼物，或意在避讳。其语汇量甚大，有四五万言之多。

江湖群落是大社会中的小社会，有自己一套特有的组织、规矩和语汇，既具有诡异的神秘色彩，又具有极强的排外性，外行人（所谓“空子”）根本不得其门而入。江湖中人固然彼此之间讲义气，但其中专干坑骗勾当的却也不在少数，他们坑骗的对象无一不是外行人，江湖中彼此谁都不准说破，即所谓“看透不说透，才算好朋友”，这就算维持了义气。因此，江湖中人历来自成一体，互相帮忙，从不愿外人介入。暗语是江湖中人用以互相联络议事的语言工具，也是外人了解江湖中事的一把钥匙。

附切口举例：

兵器类：

刀——青子

单刀——单青子、片子

双刀——双青子

大刀——海青子

小刀——小狠子

飞刀——飞青子

大枪——条子、花条子、海条子

暗器——飞冷子

火枪（土枪）——喷子

洋枪——小黑驴、腿子

子弹——飞子

炮——烘天、轰隆

手枪——喷管

刺刀——燕尾

人体器官类：

头（首领）——瓢把子

眼——招子、湖

耳——顺风子

口——海子、江子，女性为樱桃子

牙——柴

手——抓子

肚——南子

心——蚕子、定盘子

腿——金杠子

脚——踢起、马

人称类：

父——日宫、老戗儿

母——月宫、磨头

兄——上排、上排琴

弟——下排、下排琴

姐——上花排

妹——下花排

祖父——戗儿的戗

祖母——戗儿的磨头

丈夫——宫生

妻子——才子头

少女——姜斗

女孩子——斗花子

男孩子——怎科子

师父——本

徒弟——利

老太太——苍果

男仆——展点

女仆——展果

良家妇女——子孙窑儿

寡妇——空心果

妓女——库果

男妓——相公、像姑

和尚——治把、磨刀石

尼姑——念把

道士——化把

官员——冷子点

大官——海翅子

对人的尊称——老元良、老夫子

对练武人的尊称——像家

外国人——色唐点

侦缉捕快——鹰爪

士兵——海冷、令生、柳叶生、塞通、汗八

军官——老大

穷人——水码子

疯子——丢子点

好色者——臭子点

好赌者——鏊把点

乡下人——科郎码

好人——忠祥点

不懂江湖事的人——空子、老宽

财主——火点

小偷——老荣

方位类：

天——顶

地——躺

东——倒

西——宽、切

南——阳

北——密、漠

数字类：

一——流

二——月

三——汪

四——则

五——中

六——神、仁

七——心

八——张

九——爱

十——足、青

千——干

日常生活类：

帽子——顶笼、功子

衣服——挂洒

长衫——通天洒、大篷子、通衫子

裤子——登空子、叉叉子

鞋子——踢土儿、铁头子、提头子

袜子——重筒儿、穿通子

肉——姜片

鱼——细苗条

饭——汉、马牙、错齿子

吃饭——安根、闵汉、上山

挨饿——念啃、在陈

屋——窑子、塌笼

钱——区区

银子——居米、老瓜

酒——山

喝酒——抿山、红脸

喝醉——串山

长相美貌——撮肯、盘儿嘬

长相丑陋——盘儿念嘬

字——朵儿

笔——戳子

梦——团黄粱子

水——龙宫

药——汉壶

饭碗——莲花子

筷子——划十字

汤匙——水牙子

茶馆——牙淋窑儿

娼窑——库果窑儿

睡觉——拖条

刮风——摆丢子

下雨——摆金

下雪——摆银

打雷——鞭轰儿

阴天——扎棚儿

桥——悬梁子

车——轮子

船——漂儿

表——转枝子

山——光子

动物类：

狗——皮子、皮娃子

马——风子

牛——岔子

驴——金扶柳

龙——海条子

蛇——土条子

虎——海嘴子

兔——月宫嘴子

其他事物类：

打架——鞭托、高托

比武——嗔托

表演——漂托

逃跑——扯活

手快——构子

脚快——马快

放枪——喷子升点儿

死人——土了点

杀人——青了、鞭土

放火——窜了轰子

不讲情面、翻脸——破盘、鼓了盘

开打——开鞭

受伤——挂彩

走道——趟梁子

出门——出客

管教徒弟——夹磨

名声（名号）——万儿

立名——立了万儿

买卖兴旺——火穴大转

疼痛——吊梭

镖旗——眼儿

敌人杀来——水漫了

狗叫——皮子串、皮娃子爆豆子

害怕——攒稀

投石问路——升点儿

打官司——朝了翅子

以上暗语，多是南北各地通用。但由于地域、口音等原因，南北略有差异。如十，北方说“青”，南方说“足”。饭，北方说“马牙”，南方说“汉”。强盗，北方称“二哥”（山东）、“胡子”、“绺子”（东北）、“刀客”（河南），南方称“棒客”（云、贵、川）。

走镖与护院

走镖，指专门为客人保送金银财物到指定的目的地。组织走镖的机构叫镖局，装有财货银两的车叫镖车，押送镖车的人叫镖师。镖师手下还有若干伙计，他们一路上要喊镖号，又叫“趟子手”。

镖局源于何时，至今尚缺乏确凿史料。《清稗类钞》中记有康熙时王忠在京师设镖局一事，其妻李云娘“为客保镖，往来关西，积资致富，所至群盗咸畏慑不敢近”。可见清朝初年镖局已颇为盛行，镖师生意兴隆，可以致富。清朝中晚期是镖局业的鼎盛时期。由于社会不安宁，交通邮政又很落后，所以不仅商人运送款项货物要委托镖局保送，就连官方解送饷银、官员上任卸任，也都要花钱请镖局沿途护送。当时全国各大中城市都设有镖局，北京有八大镖局，其中以会友镖局最为著名。

会友镖局取“以武会友”之意，由三皇炮捶门名师于鉴、孙德润等人创立。镖局中全是三皇炮捶门的传人，清一色的师徒关系，全盛时有 1000 多人，在南京、上海、西安、天津等地设有分号。八国联军入侵以后，火器日渐普及，交通邮政事业也有所发展，镖局业迅速衰微，许多镖局被迫关门。1921 年，会友镖局也终于歇业，中国镖局的历史也随之而基本结束了。

走镖有许多规矩。镖车上路，车上要插镖旗，表明字号。晚上要挂上镖灯。一路上，趟子手要不断地高喊镖号，还要拉长声音喊“合吾”。“合”即“老合”，凡江湖中人都自称“老合”；“吾”是尾音，喊时要拖得特别长，意思是告诉绿林中的朋友，都是自己人，请看面子留条路让走。但是唯独经过河北沧州地方不能喊镖号，因为沧州历来多出武林高手，许多人在黑白两道上混事。如果在这里喊镖号，就含有对沧州人不敬的意思，那就很容易出事。假若你不喊镖号，悄悄地从沧州经过，黑白两道上的朋友便都敬你懂得规矩，而且外地来的盗贼也向来不敢在沧州地面作案，这一段路就会平安过去。

一般武艺低微的盗贼不敢截镖，他们自知不是镖师的对手。同镖局里相识的强盗也不截镖，江湖上得讲这个朋友交情，彼此都要留着面子。但镖局走镖若路过某位绿林朋友的地盘，往往先要递贴子拜见，送上一点儿礼物，以表示敬慕之意，这位绿林朋友也会以礼相待，保证镖车平安走出他的地盘。如果路过其他镖局所在地，镖师要下马步行，同人家打个招呼，过去以后才能上马，以表示对同道的敬重。

倘若绿林中人硬要截镖，镖师一看形势不对，就喊一声“轮子盘头”，意思是命令伙计们立即把所有镖车推在一处，盘成个圆圈阵势。伙计们都会武艺，各抄兵器，有的守住镖车，有的准备应战。这时双方开始用江湖暗语对答。

先由镖师（或大伙计）抱拳行礼，向强盗道“辛苦”（见面道“辛苦”，是江湖上通用的一种见面说话方式），然后拿江湖话套交情。若强盗是个老江湖，光凭镖师这几句话，就会闪开一条路，放镖车过去。

这时，镖师一面道谢，一面递过去一些银两，说“请弟兄们买杯水酒”，这样双方就算交了朋友。以后镖车再从这儿路过，这位绿林朋友不仅绝不会再来为难，而且多少还会照应着点儿。

倘若强盗仍不闪开，镖师就会说：“祖师爷留下这碗饭，朋友你能吃遍？兄弟我才吃一线（指往来大路），请朋友留下这一线让兄弟走吧！”话说到这里，一般江湖上的人无论如何也不能翻脸动手，双方都顾面子，镖车即可放行。当然也有些强人不听这一套，硬要下手，镖师就高喊：“各抄家伙，一齐鞭托（打人），鞭虎挡风（把贼人打跑）！”镖师要一马当先，凭自己的真本事应战，同时还要手下留情，别把强人真的“青了”（杀了），只要把他们打退吓走就行，以免结下更大冤仇。

走镖晚上住店时，要在店门外悬上镖灯，镖车集中在院内，都插上小灯笼，夜里伙计们轮流值班。如果半夜里房上来了贼人，先由打更的伙计用言语应酬。倘若贼人不吃这一套，镖师就会亲自出马，使出“贴身靠儿”（指江湖上的情面话），如“人不亲艺亲，一碗饭大家吃”之类，同贼人套交情。如果贼人是老江湖，又见对方防范严密，往往就知趣而退，但临走时要丢下自己的“万儿”，镖师照例要感谢对方手下留情，日后要有酬答。当然，也有些贼人软硬不吃，仍然赖在房上不走，镖师就问：“塌笼上的朋友，一定要破盘儿（抓破脸）吗？”贼人若不答话，镖师就往院当中一站，说道：“既要破盘儿，请下来开鞭（交手）吧！”这时就全看镖师的武功如何了。把贼人打跑以后，伙计们要到各处“把合”一遍，防备贼人藏起来或“窜了轰子”（放火）。各处都搜查完了，大伙儿一块儿喊一声“扫净了合吾”，这才算化险为夷。

不管镖师武艺如何高强，失手之事也在所难免。光绪二十七年（1901），会友镖局由保定向天津保送十万两现银，途中遇人截镖，双方恶战一场，8 个镖师死了 4 个。另有一次，会友镖局的镖车在八达岭一带遇到强人，虽然镖未被劫走，但镖局 11 个人中战死了 2 个。

倘若镖真被劫去，镖师或者请绿林中的朋友从中说合，拿出一点钱来，请强盗把镖退回来；或者回镖局报信，由镖局另派武艺更高的镖师，堂而皇之地来比武夺镖。总而言之，一定要想方设法，软硬兼施，非要把镖找回来不可，否则镖局不仅要赔偿雇主，而且一下子就砸了牌子，以后生意就不太好做了，这位镖师也算倒了“万儿”，以后很难在江湖上混事。

镖局与官府、绿林往往互通声气，三位一体，据说会友镖局的后台就是当时权倾朝野的文华殿大学士兼直隶总督李鸿章，他的京师宅第就是由会友镖局派人充当护院，所以李鸿章成了会友镖局的“名誉东家”。镖局服务的对象仅限于富商巨贾、达官贵人，所保的不乏不义之财，实际上是为上层社会效力。镖局业的产生和发展，本身就是政治腐败、社会动乱的一个标志，但它对促进武术发展还是起了一定作用。镖师们走南闯北，广交绿林朋友和武林高手，互相切磋比试，有助于各门派之间的交流，丰富了中国武术的实战技击内容，也为不少武林人士提供了施展本领的机会，在武术发展史上功不可没。

清末民初，镖局业迅速衰落，当时社会上的一些上层人物又纷纷雇用武林中人充当个人卫士，也叫“保镖”。他们多是个体的，只对雇主的人身安全负责，同镖局那种有组织的走镖、对雇主的财货负责有所不同。保镖生活安定，待遇优厚，不必像镖局的镖师那样长年奔波在外，但他们也必须有高超的武艺和丰富的江湖阅历，在黑白两道广交朋友。民国时期的私人保镖大多佩有短枪，一旦有事，可以不必只凭兵刃、拳脚与对方较量，这也算是一种进步吧。

与镖师相比，护院的生活则比较安定，危险也少一些，白天还可以设场教拳，待遇也比较优厚。

护院是专为富家大户或商号看守宅院的人，对雇主全家的生命财产负责。他们多为镖师出身，武功好，走过镖，阅历丰富，有的护院是由镖局直接介绍给豪门大户的。

清末时，北京城里的护院，有不少是由会友镖局介绍的。据说八卦掌名师董海川、尹福和太极拳高手杨露禅等人，当时都是又教徒弟，又当护院。凡是由镖局介绍的护院，镖局还担当些责任。民国初年，会友镖局的镖头孙立亭已经六七十岁了，每天早晨还要到北京市内西河沿、珠宝市、大栅栏一带走一遍，凡是由他给介绍当护院的商号，他都一家一家走到，看看有事没有。

有的大户人家请好几位护院，其中必有一个是头目，统一指挥其他护院。护院之下又有若干伙计，一律听头目调遣。到了夜晚，护院照例要到院内各处巡视一番，检查一下前后门及各屋门是否落锁。然后回屋沏好了茶，浑身上下收拾利落，把应手兵刃放在手边，静静候着。

如果贼人来了，一般先从房上投石问路。护院听到响动，就走出来搭话。护院先说道："塌笼上登云换影的朋友，不必风声草动的，有支竿挂子在窑，只可远求，不可近取。"意思是：高来高去的朋友，有护院的守在这里，请你到别处去吧，这里的东西动不得。如果贼人在房上还不走，护院又道："朋友，若没事，塌笼内啃个牙淋，碰碰盘，过过簧。"意思是让贼人下来喝杯茶，见面谈谈。一般的贼人听了这几句话也就走了。这时护院就得跟着说："朋友顺风而去，咱们浑天不见青天见，牙淋窑儿，啃吃窑，再碰盘！"意思是咱们夜里不见白天见，在茶馆、饭馆见面。倘若再无动静，护院倒真得留神，防备贼人稳住了护院，在院里别处下手。如果一直到天亮都平安无事，护院就"醒攒"（明白）了，人家是把自己当作朋友，自己得去会会他，结识结识。

于是，护院收拾利落，带上些钱，往附近的茶馆、饭馆去找人。按照江湖上的规矩，黑道上的人若在酒馆、茶馆候人，必须自己坐在桌子的右边，左边留下客座，即便无人，左边桌上也得放上一个茶碗或一个酒杯。护院一见这种情况，就明白人家是留着客座在等自己，一定要先上前抱拳行礼，道声“辛苦”，对方也一定还礼。谦让之后，叫上酒菜来吃喝一顿。护院必须得结了这顿饭的账，这样双方就算交了朋友，以后遇事彼此相助。倘若今后有哪个黑道上的人想去这家作案，这位黑道朋友就会劝阻，说这家的“支杆挂子”（护院）是他的朋友，别人也就不好意思再去偷了，于是护院无形中少了许多麻烦。如果护院能够结识上本地黑道上的“瓢把子”（首领），事情就更好办了，本地黑道上的人谁也不会再到这家滋扰，护院就可高枕无忧了。

有时，护院也会遇上难惹的贼人，他不理护院那一套，而是反问：“你支的是什么杆？你靠的是什么山？”护院得这样回答：“我支的是祖师爷那根杆（武艺是一个祖师爷所传），我靠的是朋友义气重如金山，到了啃吃窑内我们搬山，不讲义气上梁山。”贼人再不走，护院就说：“朋友，祖师爷留下的一碗饭，你天下都吃遍？留这个站脚之地，让给师弟吃吧！”如果说这话仍然无济于事，护院只得把话说重一些：“塌笼上登云换影的朋友，既有支杆的在此靠山，你就应当重义，远方去求。如若要在这里取，你可就是不仁，我也不义了。你要不扯（不走），鼓了盘儿（翻了脸），寸步难行。倒埝（东方）有青龙，切埝（西方）有猛虎，阳埝（南方）有高山，密埝（西方）有大水。你若飞冷子（发暗器），飞青子（飞刀），飞片子（屋瓦），我的青子青着（刀子砍上），花条子滑上（大枪扎上），亦是吊梭（疼痛）！”如若贼人还不走，护院就说：“朋友，这窑里有支杆的，四面亦都是像家（会武功者）之地。我若敲锣为令，四埝（四面）的师傅们一齐挡风（上手），你可就扯（走）不了！如若朝了翅子（被捉住打官司）都抹盘（脸上都不好看）！”

倘若说这话也没用，护院就只好和贼人动手，凭自己的真功夫同其较量。若胜了贼人，护院要手下留情，只要把贼人赶走就行，不要伤着他们，以免结下冤仇。倘若护院败在贼人手下，那护院自己就卷行李不干了，而且从此以后再也不会干护院这一行。

盗贼这一行中也各有各的路数，旧时一般分“钻天”“入地”两种。钻天指贼人从上面来，入地指贼人从下面来。干钻天一道的，本事最大的是会轻功，可以窜房越脊，次一点的是摘天窗，即带着全套工具，到人家屋顶上把天窗挑开，缒绳索下去，也有索性把房顶挖个窟窿下去的。这种贼人得手后还往往把天窗照原样摆好，让外人一下子看不出痕迹。另外还有钻窗户、钻烟筒的，要有一定的柔身功夫。干钻天

《拿花蝴蝶》，年画，晚清，北京

“花蝴蝶”姜永志为采花大盗，包拯命翻江鼠蒋平等前往缉拿。“花蝴蝶”战败逃走，不意蒋平埋伏于板桥之下，将其擒获。事见《三侠五义》。

这一行的贼人手指上都练有功夫，有的可以用双手抓住椽子，把身子贴在房檐底下。据说清末时北京北城某茶馆有一个人，吃核桃时不用砸，用两个指头一捏，核桃皮就开了。后来被衙门中的捕快发现，抓去一过堂，果然是个大盗。

钻地的贼人也分几种，有的从几十丈远挖个洞口下到地下而专门去盗墓，有的从富户宅墙外面挖地道一直通到院内甚至屋内偷东西，有的挖通墙壁到室内偷窃，有的移动门槛下面的砖石钻进去作案。据说干钻地这一行的贼人大都在狂风大雨的天气中动手，借风雨之声来掩盖他们挖洞时的响动。

由此可见，干护院这一行也并不轻松，他们每天晚上都要小心提防，不仅要警惕高来高去的人，还要防范从地下钻进来的人，刮风下雨也不敢在屋里待着，照样得出来巡查，一点儿不敢偷懒。

干护院这一行的大都是四五十岁的人，他们上过道（走过镖），武艺自然不弱，又懂得江湖上的规矩。如若夜里来了贼人，一般都不用动手，只凭几句江湖话就把贼人打发走了。如果用年轻人当护院，他们缺乏江湖阅历，血气又盛，遇上了贼人，只凭武功与贼人较量，即便能把贼人赶走，也很容易结下冤仇。常言道："不怕贼来偷，就怕贼惦记。"如果被贼人一直惦记着，即使再小心戒备，也难保没有失神的时候，只要稍有疏漏，就有可能为贼人所乘。因此，护院固然要有武功，但更重要的是要有江湖阅历，要在黑白两道广交朋友。靠各路朋友的维持，这碗饭才容易吃下去。

此外，旧社会的妓院也雇有护院。为妓院效力历来为武林中人所不齿，因此妓院的护院大都是略通几路拳脚，有几斤蛮力，生性刁蛮，与地痞流氓无异。他们在妓院中助纣为虐，遵从老鸨的意旨，殴打不愿接客的妓女，收拾交不出嫖钱的嫖客，应付妓院中意外的事端。这种护院实际上是打手，无论武艺还是人品，都比镖师和正式的护院差很多，武林中人多不屑同他们交往。他们也多少知道自己上不了台面，除了自吹自擂、欺侮弱小，向来不敢在武术界露脸。所以历来武林中人说到护院这一行，从不包括妓院打手这类下三滥角色。

江湖拳师

江湖拳师专指那些以走江湖卖艺为生的拳师，又称“扁利子”或“边爪子”。江湖拳师分两类，一类专凭卖艺挣钱，叫“清挂子”；另一类除打拳卖艺之外，还兼卖膏药、大力丸，人称“挑将汉”。

江湖拳师在武林中地位较低，远不如镖师、护院那样受人尊重。他们大多漂泊四方，凭武艺和嘴巴混饭吃，同官府及各处豪门大户没有什么来往，在政治、经济上都没有后台。他们离乡背井到外地谋生，常受当地官府及地痞恶棍的欺侮，收入微薄且不固定。他们虽以卖艺糊口，但他们的武艺有不少是中看不中用，只能蒙唬外行人，这是他们常为武林中人所轻视的一个重要原因。武林中常把那些华而不实的拳路称作“江湖拳师的玩意儿”。其实，江湖拳师中练过真功夫的也不少，许多人也有几手绝活儿。在民国时期，北京天桥张玉山的弹弓、和尚马万宝的飞钹，天津三不管地界高凤山的弹弓、高大楞的单刀和七节鞭，开封相国寺沈少三（北京神跤沈三之子）的跤、马华亭的弹弓，等等，都曾名噪一时。

江湖拳师来去自由，无牵无挂，不像镖师、护院那样受雇于人，有较多限制。他们中有少数人兼开药铺、诊所，小有资产，平时在铺前空地上卖艺，兼有做广告的性质。像北京张玉山的二儿子张宝忠就开有一家药铺，叫“金鉴堂”，以弹弓为记，药铺北边就是他的“圈子”

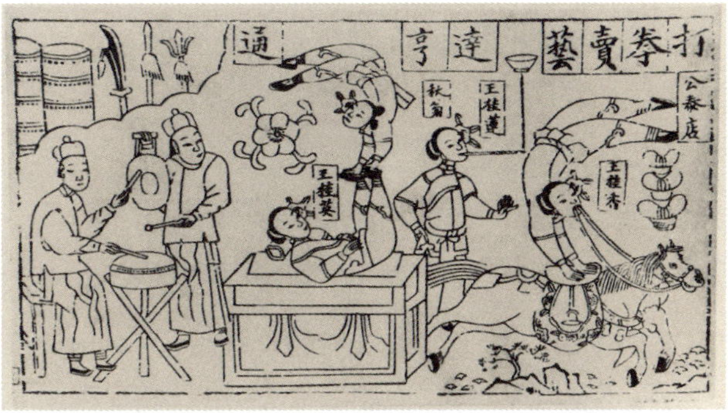

《打拳卖艺》，年画，晚清，山东潍县（今山东潍坊）

此图虽名《打拳卖艺》，而所绘为杂技马戏。左上角画三件兵器，表示这几位女艺人既会杂技，又娴武艺。图中之王氏三姐妹可能在当时江湖上有些名气。

（卖艺场）。张宝忠打弹弓是祖传，他的拳、鞭、大刀、摔跤也都可观。马华亭在开封相国寺内开有药铺，铺前就是他的卖艺场，他练少林功夫，世代习武。这些人是江湖拳师中的佼佼者，略有资产，生活稳定，多年定居一处，不必长年在外奔波，只要在地方上维持住人缘，就可以免去许多麻烦。他们是江湖拳师中比较幸运的一群，但他们在江湖拳师中所占比例较小，绝大多数江湖拳师还是以漂泊为生。

干江湖拳师这一行的人有两个特点：一是身躯魁伟，相貌威武，这样一上场就能“真压点儿”（镇得住人），即便武艺不怎么样，光凭长相也能唬上几分；二是能说会道，会使“嘴把式”，江湖上叫“钢口”。

江湖拳师卖艺赚钱的过程大体如下：

预先“打地”（租场子）。从前各地市场上都有一种摆地人，他们将地皮租好，准备些桌凳。卖艺的人从摆地人手里租来场子、桌凳，每天挣来的钱同摆地人“二八下账”，即艺人得八，摆地人得二。“打地”一定要找热闹地方，来往人多，容易赚钱。如果租不到好场子，再卖力气也是枉然，所以江湖上人常说：“生意不得地，当时就受气。”

卖艺人租妥场子后，就要“圆粘子”，即挑游人最多的时候，师徒几个扛着刀枪把子来到场内，支好刀枪架儿，先大嚷大叫一阵，吸引人围过来看，然后演练几路“小套子活儿”（简单拳路），引住观众不走。等到观众围得里三层外三层时，他们才练出什么空手夺刀、单刀进枪一类比较精彩热闹的功夫。

接着就该使“拴马桩儿”（用话将观众稳住不走）、要“钢口”了。当观众看得正起劲的时候，卖艺人突然停下来，说要表演一手特别的功夫，把观众的胃口吊得更高，让观众更舍不得走，这就叫使“拴马桩儿”。像从前北京天桥张玉山打弹弓，无论横打、竖打、正打、反打、蹲着打、趴着打、仰面朝天躺着打，都能把弹丸射在小铜锣上。人们听见小铜锣当当直响，都围过来看热闹。他瞧着场子上人围严了，就往桌子上放把瓷茶壶，壶嘴上平放一枚铜钱，铜钱上放个泥弹丸，然后一弹弓打去，把壶嘴上的弹丸击飞，而铜钱不动，壶嘴无损。这一手功夫当然能吸引不少人，然后他就开始要“钢口”，向观众说：“我今天练回弹打弹。什么叫弹打弹呢？众位瞧着，我用弹弓往天空上打出个弹，不等它回落，我跟着再打出个弹，能追上先出去的弹，让后出的弹打碎前出的弹。我要打好了，大家给我喝个好儿。说练就练，净练这手不算功夫，我还练……”说到这里，他可不练了，招惹得大家净等着瞧他练这弹打弹。他把人稳住了，就开始要钱。等把钱要得差不多了，张玉山从不食言，最后总要来一次真的弹打弹，总是百发百中，所以他的生意一直不错。

不过，也确有不少江湖拳师使了“拴马桩儿”，要足了“钢口”，也挣了不少钱，但他所说的什么特别的功夫始终不练，让观众白等半天。这种情况叫“扣腥”。倘若天天“扣腥”，观众就不信了，一到要钱

街头相扑（《清明上河图》局部），北宋，张择端

的时候呼啦一下就走散了。清末民初时，河北武邑人孟继永在北京天桥卖艺兼售膏药，擅使“甩头一子”（绳镖）。他“圆粘子”的办法，是用白粉在地上画个人头，有耳目口鼻，在耳目口鼻上各放一枚铜钱。然后往场里一站，手里掂着绳镖，扯开嗓子喊镖趟子。“合吾”“合吾”地喊上一阵，把人引来以后，他边说边练招式，有板有眼，然后就使“拴马桩儿”。等到膏药卖得差不多了，他也就收摊了，回回都是“扣腥”。江湖拳师卖艺，常有以“扣腥”收场的。

江湖拳师在兜售膏药、大力丸时，总是把效用吹得神乎其神，几乎是包治百病，其实那都是“神仙口儿”（夸大其词），不过虽然治不了病，也坏不了事儿。据说张宝忠家卖的药就有“回头点儿”（买过后再来买），可见并非都是骗人。“清挂子”们要钱也有个规矩。师徒几个把功夫练完，观众叫一声“好”，拳师们就把刀枪往场内一横，说道：“我们要钱了！”有些观众就往场里扔钱，这叫“头道杵”（“杵”即钱）。接着又叫个小孩拿着小笸箩或小茶碗，沿着场子向观众要钱，这叫“边杵”。有时，拳师把一个小孩的四肢别在一根木棍上，再踏上一只脚，乘着观众可怜孩子时再要一回钱，这叫“绝后杵”。等要完了这回钱，观众也都差不多走完了。其实那小孩子预先受过“夹磨”（训练），故意作出种种可怜的样子，好让观众掏腰包。这种连续要钱的，江湖上叫作“逼杵”，全看卖艺者的“钢口”如何。

江湖拳师中，“尖挂子”也有，但毕竟“腥挂子”居多，所以从武功的总体水平上衡量，江湖拳师这一行要低于镖师和护院，他们的武功路数大多具有表演倾向和观赏价值，而实战功能稍差。

从历史渊源上考察，江湖拳师的武功路数更多地继承了古代“武舞”的传统。《诗经·猗嗟》中说：“舞则选兮，射则贯兮，四矢反兮，以御乱兮。”大意是赞扬鲁庄公的武舞异常出众，能射穿箭靶，连发

《秦王破阵乐》，高岛千春绘，日本文政六年（1823）抄绘本，北京首都图书馆藏

四箭都穿靶而过，这样的本领足可抵御叛乱。更早一些，甲骨文中多有关于“伐”的记载，“伐”即武舞（依罗振玉说）。古代武舞多在庆祝战争胜利时表演，或手持兵器，或徒手，以群体形式演练攻防动作。这种武舞经过发展演变，其观赏价值逐渐超过了技击价值。杜甫的《观公孙大娘弟子舞剑器行》一诗，精彩地描绘了当年公孙大娘舞剑的惊心动魄的情景，这便是一种属于表演性质的武舞。

在中国武术发展史上，江湖拳师产生过一定影响。他们走南闯北，活动范围极广，又靠卖艺吃饭，所以在下层社会影响较大，对于武术的传播曾产生过较大的推动作用。但由于职业的原因，江湖拳师最重视的是武术的观赏价值，使武术的发展趋于商品化和表演化，增多了“舞”的成分，所以在一定程度上削弱了武术固有的技击功能，这种影响直到今天还存在着。

侠隐人物

清代著名学者俞樾（1821—1907）写过一篇题为《五奇》的散文，讲述了一位髯艄公的传奇故事。

明朝将亡时，武昌有一个船夫，留着美髯五绺，长达尺许，目光如炬，令人骇怪，人称“髯艄公”，没有人知道他的真实姓名。他驾着小舟，独自往来于吴楚之间。一天傍晚，髯艄公驾船欲靠岸，恰有几头水牛正在水中嬉戏，挡住了去路，只见髯艄公两手各抓一条牛腿，如同扔老鼠般把一头水牛掷到了岸上。转眼间，几头水牛皆被掷走。一次舟行至湘潭，遭遇群盗劫船杀人，髯艄公挥刀而上，将群盗尽数杀死，救出一名少女。少女无家可归，他便让少女住进舱内，自己独宿篷上，即便风雨与雷霆之天也不进舱躲避。他不与常人来往，所往

《三女侠》，年画，晚清，北京

来者仅四五人，常相与登山入水，饮酒吃肉。髯艄公有时半夜登高观天象，归舟辄大哭，取酒痛饮，饮醉复大哭。后来，髯艄公为少女觅一佳婿，临别时嘱咐道："天下将乱，君宜自爱，吾亦逝矣！"

这位髯艄公武艺高强，重德轻色，洁身自好，又懂天象、知未来，是一位典型的侠隐形象。

在历史上，许多武林高手都像这位髯艄公一样，常常混迹于下层社会，不愿显扬姓名，过着一种放浪不羁、无拘无束的生活。他们或者根本就不屑于荣华富贵，或者因人生失意，中途退出政治旋涡，甘愿在清贫和默默无闻中度过余生。他们这种生活方式与历史上许多文人的退隐生活颇为相似，其目的都无非寻求精神的自我解脱、人格的自我完善。

清乾隆年间，直隶献县（今河北献县）农村有一位胡姓老翁，寄食在别人家，人们不知道他从何处来。邻村有一牛氏，家有巨资，又自恃武功横行乡里。有一天，胡翁与牛氏偶然在一起喝酒，言语不和，牛氏竟拔刀砍去，胡翁手无寸铁，空手与之周旋。牛氏刀法严密，急如骤雨，竟然伤不到胡翁一根毫毛。牛氏自知不敌，横刀而退，约胡翁明日决战。旁观者都为胡翁担忧，胡翁却毫不在意，笑着说："我不过是同他随便玩玩。"次日，胡翁来到牛家拜访，牛氏设宴相待，预先约了数名好手相陪。牛氏以刀尖挑肉让胡翁吃，胡翁一口咬住刀尖，牛氏竟拔不出来。胡翁倏然张口，喷刀于十步之外，众人刀剑齐下，而胡翁已跃于屋梁之上。牛氏惊叹不已，拜倒在地，恳求胡翁收自己儿子为徒。两年后，牛氏之子学艺完毕，胡翁欲告辞，牛氏之子竟企图暗害师父，结果差一点被胡翁打死。从此胡翁远走高飞，不知所终。有人推测这位胡翁原为吴三桂（1612—1678）手下的武士，吴三桂兵败后隐姓埋名潜居于此。然而吴三桂死于康熙十七年（1678），距乾隆初年已有六七十年，故胡翁恐与吴三桂没有什么关系，大概也属于侠隐一类。

清朝末年，山东济南有一位卖饼的老人姓孔，是直隶沧州人（今河北沧州）。他年轻时曾官千总（低级武官），跟随僧格林沁（1811—1865）南征北战。有一天夜里听见田野间有人呼救，他携刃奔去，原来是两个强盗正在劫持一名妇女。他杀了两个强盗，将妇女送回家。后来他调到京师巡城，发现有大盗劫掠某富家，便尾随其后，从房顶打到地上，终于把大盗杀死。可是官府竟因无旁人佐证，按杀人的罪名将他褫去官职，流放到济南。他每天早出晚归，以卖饼糊口，严冬时仅有一身破棉衣，景况潦倒不堪，但仍戴着当年做官时的帽子，穿着当年的旧靴，说："此我故物，与我共生死者，故不弃也。"这位孔姓老人武艺高强，有正义感，忠于职守，被罢官后仍念念不忘为官时的生活，令人叹息。

武林中人愿过侠隐生活而不能者，也大有人在。大概在清嘉庆、道光（1796—1850）年间，有一位姓吴的侠客在湖南、湖北一带有些名气。上了岁数以后，他想退出江湖，洗手不干，这时突然有两个素不相识的人带着厚礼来请他，态度恭谨，其情甚殷，吴翁不得已而应其请。他们骑马走了三天，来到林木蓊郁的海边，才发现这些人是强盗，住在一个大洞穴里。强盗头子设宴接风，宴间苍蝇成群，往来飞舞。吴翁以筷子夹之，每一次都恰好夹住苍蝇的左足，百不失一，顷刻间堆积如小山丘。强盗头子大惊，向吴翁谢罪道："看到您这一手，就已经知道您武功高不可测了，今后如果您在江湖上遇到我的徒弟们，千万请您高抬贵手。"临走时，有姑嫂二人不服，坚持要见吴翁一面。吴翁预感不妙，回到家里，忙对家人说："催命的来了！"原来他已发现那姑嫂二人暗中跟踪而至。吴翁端坐院中，从容说道："贵姊妹远道而来，有什么手段让老夫领教？"那小姑倏然出手，击中吴翁小腿，吴翁竭平生之力将小姑掷出，其嫂大惊，再拜谢罪而去，但吴翁也随即吐血而死。

有的武林中人甚至混迹于群丐之中。清道光年间，京都永光寺门前常有一乞丐，年纪40岁左右，会武功，善用拐杖，又能编小曲。据说他出身勋旧之家，已袭侯爵，且有家室，但30岁以后突然弃家而逃，隐于群丐之中，不知何故。后来有司不得已，谎报该人病故，销去旗档，以其子袭爵。

光绪丁酉（1897）时，浙江绍兴有一无臂乞丐，常坐在水澄桥上行乞，自言年轻时曾为盗，在作案时被人断去双臂。他能以两只脚玩骨牌，又能以足趾夹瓦片远掷数十步，自称善轻功。有人想试他的技能，许以钱，他即从桥上跳下，落地无声。

宣统三年（1911）八月，苏州阊门外的几个乞丐路过某村，村里人正在做棺材，棺材盖已做成。乞丐要钱，村人不给，于是一个乞丐蹲在地上，另两个乞丐竖起棺材盖，将它的一角支在这个乞丐的鼻尖上，棺材盖竖立不倒。该乞丐缓缓起身，边走边唱，绕着村子走了一圈，棺材盖竟始终不倒。村人无奈，只得给他们不少钱。同年七月，江宁（今江苏南京）下关来了一个乞丐，他从店中搬出一条长凳，握拳运气，距凳二三寸伸缩其拳，凳子也随之进退。反复多次，而拳始终不碰凳子。前一个乞丐的本事，类似杂技中的“顶功”，后一个乞丐表演的则可能是气功或幻术。

清末有好事者赠给群丐一副对联，曰：“虽非作宦经商客，却是藏龙卧虎堂。”颇有几分道理。清雍正年间，有一个人称张乞儿的跛足乞丐，在义冢空地中挖了个尺把深的坑，每夜坐卧其中。一天大雪，人们都以为他会被冻死，但挖开雪一看，他竟然还在熟睡之中。人们有送衣服的，有愿意为他搭棚的，他都不要，说道：“我以天地为屋，要棚有什么用？住在野外而穿新衣，恰恰成为强人们掠夺的对象。”据说张乞儿在这义冢坑中一直生活了 13 年。这个乞丐的观点很有点儿老庄的味道，大概身怀深湛内功，故能耐得严寒。

无论是自食其力，还是以乞讨为生，凡侠隐者大都有坎坷的经历和难言之隐。他们属于江湖社会的游离分子，一般隐居于社会下层，往往具有丰富的江湖阅历和社会经验，有些人平时故意装出不会武功的样子，甚至作痴作呆，游戏人生。乾隆年间，山东益都（今山东青州）人郭茂华精于拳术刀法，名震四方，但不喜炫耀，更不愿与人比试。同里某寺有一老僧，素不与人交往，终日枯坐。一日，郭茂华偶行寺外，见那老僧趺坐阁下，忽以两拇指撑地，倏然而行于阁上。郭茂华大惊，当即入寺求教，而老僧坚不承认，说：“您一定是看花眼了。”这位老僧无疑也是一位身怀绝技而甘愿隐匿的人物。

侠隐人物的种种外在表现，或者源于看破红尘的大彻大悟，或者出于某种原因而有意掩饰自己的本来面目。这种外圆内方、形神分离的状态无疑是一种难熬的精神折磨，但久而久之也许会形成某种心理定式，使他本人渐渐由麻木而适应，也使周围的人由习惯而认可，这样他就有可能拥有一小块儿可供生存的社会空间。武林中人大多心高气傲，不甘居于人下，倘若他们中有人长期厕身于贩夫走卒、贫民流丐之间，默默无闻以终老，则其定力和修为一定非同一般。

侠隐人物一般都不愿为官方效力，也很少参加秘密会社，他们高傲惯了，自由放任惯了，不愿受到什么约束，也不屑在江湖上现身。侠隐人物不仅是江湖社会的游离分子，也是整个社会的游离分子。

《侠女开弓》，剪纸（熏样），晚清，陕西乾县

取材于戏曲《铁弓缘》。左为侠女陈秀英习挽铁弓，右为其母传授弓法。女习母授，姿态对应，便于贴在对称的窗格上。

洪门海底与南拳

如果喜欢看涉及清代以来武侠或帮派题材的作品，可能不会对天地会（洪门）感到陌生；如果再对中国近现代史有些兴趣，一定会惊讶于它对中国政治参与的深度和广度，许多耳熟能详的历史人物和历史事件都与之有密切关系。

天地会是中国自18世纪以来规模最大、延续时间最长的一个秘密会社，以“拜天为父，拜地为母”而得名，对外称天地会，对内称洪门。天地会的宗旨是“反清复明”，拥戴朱明后裔朱洪竹（又作“朱洪竺”“朱洪祝”或“朱洪英”，是个传说中的人物），宣扬“四海九州尽姓洪”“滴血盟心本姓洪”“朋友相交尽姓洪”，暗示“洪武”（明太祖朱元璋的开国年号），隐寓复兴大明之意。“三合会”“三点会”是天地会的别名，而致公堂、哥老会、青帮、红帮、清水会、匕首会、双刀会、钵子会、告化会、小红旗会、小刀会、剑仔会等，都是天地会的支派。

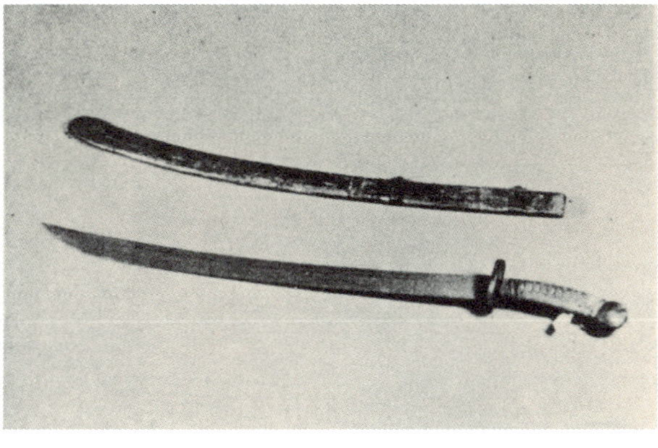

上海小刀会会众用过的腰刀

所谓洪门海底，是指有关洪门起源、组织系统及联络暗号的完整资料。“海”，当为形容其博大无边，因为江湖隐语中“海”即“大”的意思；“底”则形容其深藏不露，大概也含有“根底”“老根”之意。海底历来被洪门中人视为绝密，向不外传。“洪门三十六誓”

中，第一誓是反清复明，第二誓即是不得私通官府，出卖弟兄。在《请神祝文》中也有“不可泄露机关”的誓言，否则必将“死在万刀之下”，或者“死男绝女，五雷诛击，五路分尸，永世不昌不吉”，这在从前可算是最重的毒誓了。

从乾隆三十三年（1768）起，各地天地会众不断起事造反，官方陆续缴获了一批天地会文件，南洋华侨的天地会也曾被殖民当局破获，于是深藏不露的洪门海底渐渐被外人知晓，成为历史学家的一个重要研究课题。

洪门海底与南拳究竟有什么关系？这要从海底中关于洪门起源的传说谈起。

洪门海底中关于洪门起源的说法不一，但都与火烧福建少林寺（即所谓“南少林寺”）有关。《西鲁序》说，康熙甲午年（1714）时，西鲁国来犯，无人可敌，福建圃龙县九莲山少林寺128名僧人挺身救国，三个月内荡平西鲁国，不受爵赏，复归少林。后因奸臣进谗，清廷派重兵围困，放火烧寺，众僧中仅有蔡德忠、方大洪、马超兴、胡德帝、李色开等五人幸免于难。他们四处寻访英雄豪杰，伺机复仇，遂以“反清复明”为号召，创立了洪门。

这个传说显然是洪门后人的杜撰。清朝时根本没有什么“西鲁国”，当然也没有“西鲁国来犯”之事，更不会有福建少林寺僧众受命远征的史实。福建省根本没有什么“圃龙县”，“九莲山”应为“九连山”，在广东省连平县境内，以“环通九县”而得名。该山北邻江西，与福建相距甚远。不过，据武林中世代相传，福建、广东一带流行的南拳，是由福建少林寺逃出的五位僧人分别传出的，这五位僧人因此被尊为南拳“五祖”。

广东南拳中最著名的有五大家，即洪、刘、蔡、李、莫，据说最

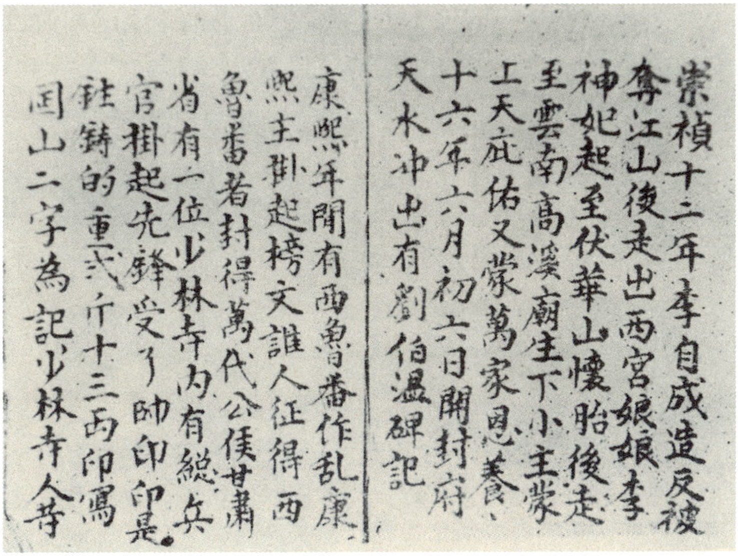
崇禎十三年李自成造反被
奪江山後走出西宮娘娘李
神妃起至伏華山懷胎後走
至雲南高溪廟生下小主蒙
上天庇佑又蒙萬家恩養、
十六年六月初六日開封府
天水冲出有劉伯溫碑記

康熙年間有西魯番作乱康
熙主掛起榜文誰人征得西
魯番者封得萬代公侯甘肅
省有一位少林寺內有總兵
官掛起先鋒受了帥印印是
鉎鑄的重弍斤十三两印寫
因山二字為記少林寺人等

天地会会簿扉页，清嘉庆十六年（1811）五月七日

文中有天地会起源的内容，此即洪门海底的一部分。

早均由福建少林寺五僧辗转传入广东。又传说莫拳为福建少林寺至善禅师所创，后传至广东海丰莫蔗咬，再传至莫清娇、莫隐林（即莫飞龙），遂以莫姓命拳，流传至今。在广州、佛山、澳门一带流行的蔡李佛拳，是新会人陈亨融会祖传佛家拳及蔡拳、李拳而创编的，其源也出于福建少林寺。流行于澄海、汕头、潮州一带的南枝拳，相传由福建少林寺南枝先生所创。咏春拳相传由福建少林寺至善和尚带到广州。福建南拳中有少林拳、罗汉拳、少林二十八步、少林三进、少林硬三进等明显属于少林拳系的拳种。在福建流传很广的白鹤拳，据说是道光年间浙江女拳师方七娘在少林拳的基础上参照仙鹤动作而创编的。方七娘婚后家庭失和，遂出家为尼，在福建永春县传授该拳法。此外，巫家拳相传为福建人巫必达（1751—1812）从南少林寺中学得，后传于湖南湘潭刘、冯、李三家。流行于四川、湖北、台湾的僧家拳据说也与福建少林寺有渊源关系。

中国武术中的南拳拳系主要由广东、福建、湖北三省的拳种组成，而在传说中，这三个省的许多拳种都源自福建少林寺。另据《西鲁序》所言，洪门长房蔡德忠的根据地在福建，洪门二房方大洪的根据地在广东，洪门四房胡德帝的根据地在湖广（今湖北、湖南两省）。他们在上述各省广设香堂，发展会众，“以报少林寺火烧之仇”。

从洪门海底中，人们可以找到不少与少林寺及刀兵武艺有关的暗语，例如洪门《回答书》中有这样一段话：

> 武从何处学习？在少林寺学习。何艺为先？洪拳为先。有何为证？有诗为证：猛勇洪拳四海闻，出在少林寺内僧。普天之下归洪姓，相扶明主定乾坤。

这是赞颂洪拳的。天地会认为，洪拳传自福建少林寺，是洪门中最受推崇的拳术。洪拳位列广东“五大名拳”之首，同时又被天地会推为会内诸家拳术之首，可见在天地会内十分普及。或者此处所说的“洪拳”泛指洪门中人所练之拳，并不专指广东南拳中的洪拳，那么此“洪拳”应包括南少林寺五僧所传出的各种拳法。由此可以推测，福建少林寺、南拳、天地会三者之间存在着某种神秘的关系。

退一步讲，即便南少林寺只是一个被天地会首领用来动员会众、加强凝聚力的工具，但天地会在清代长达百余年的广泛活动也有助于推广南拳、丰富和发展南拳拳系，而南拳的推广和丰富又反过来增强了天地会自身的战斗力和凝聚力，二者互为促进。南拳拳系的形成和发展与天地会的反清大业紧密结合，而相传二者又同源于南少林寺，可以说南拳与天地会是一根而二枝，二者互为表里，相辅相成。从清朝中期到清末这一个半世纪内，天地会独自先后武装起事数十次，波

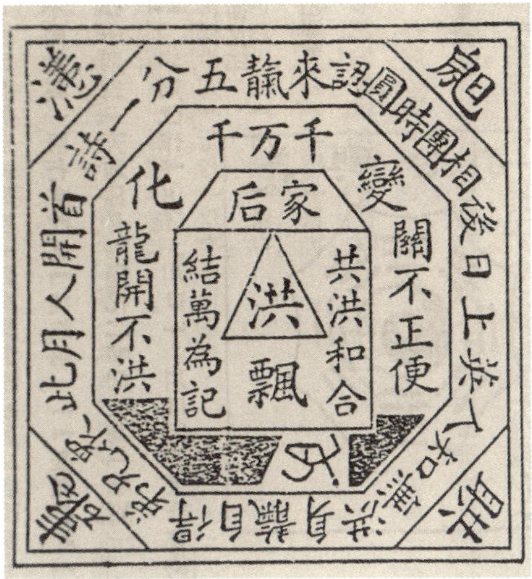

天地会腰凭（通行证）

发给会内普通成员。

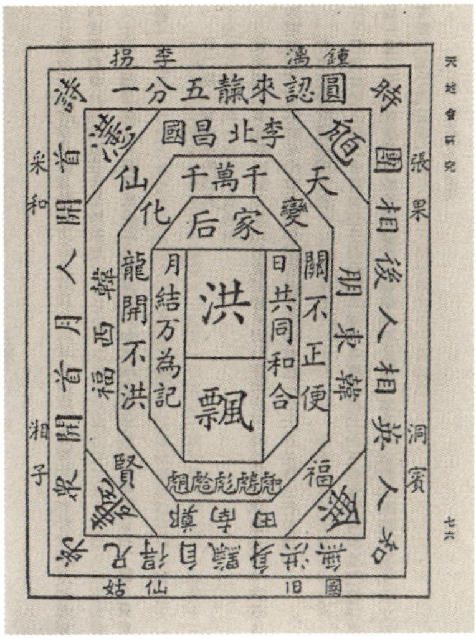

天地会大会证

发给会内较有地位者。此会证与左图腰凭均为家后会堂所发。“家后”为天地会设在云南、四川的第三房会堂名。

及粤、桂、闽、湘、黔、赣、苏等广大地域，另外还参加了三元里抗英、太平天国运动、义和团运动、辛亥革命等武装斗争，严重动摇了清廷的统治基础，会众们的南拳武功在战斗中一定发挥了应有的作用。

19世纪末叶，天地会的不少支派（如青帮、红帮）从农村发展到城市，在南方广大地区垄断水陆码头，成为仅次于官府的庞大社会势力。辛亥革命后，天地会的多数支派迅速蜕化变质，堕落为与官府沆瀣一气、独霸一方的黑社会组织，最终走向了自己的反面。

十

武术与文学影视

与中国武术紧紧联系在一起的，是中国人心中挥之不去的侠客情结。从先秦到民国，悠悠两千余年，有关侠客的传闻史不绝书，由此形成了一种特殊的文化——“侠文化”。

所谓“物不平则鸣”，社会不平是“以武犯禁”的根本原因，也是织就中国人侠客情结的历史根源。在中国人的侠客情结中，蕴含着一个执着的心理祈求，那就是对巨大人格力量的向往。侠客情结是下层百姓对现存秩序的另一种反抗，也是下层百姓对完美英雄人格的幻想。

侠客情结在文化形态领域的集中体现是武侠小说的长盛不衰。

人们爱读武侠小说，其着眼点并不在于种种匪夷所思的绝世武功，而在于书中人物那种豪雄坦荡、敢作敢为、一诺千金、万死不辞的巨大的人格魅力。在作家的笔下，侠客们仗剑遨游天下，放浪形骸，徜徉于世俗之外，凌越于法律之上，白眼对公卿，袒裼骂王侯；他们或隐迹于荒山古寺，或出没于酒楼歌榭，华宴豪饮，一掷千金。美人与醇酒常伴，寒刃共明月交辉。他们顽强地与逆境抗争，与命运搏击，爱得热烈，恨得真切，生也坦荡，死也悲壮，向读者展示了真正的潇洒人生、真正的辉煌生命。人生如此，复有何憾？

侠客情结在诗文、戏曲领域也颇有反映，即以诗歌而言，曹植（192—232）的《白马篇》、李白（701—762）的《侠客行》、李颀（690—751）的《别梁锽》，一直到晚清金和（1818—1885）的《兰陵女儿行》，都是描写侠客的高超武功和侠义行为的，至今传诵不绝。迨至20世纪，电影和电视剧先后繁荣，武侠人物又纷纷现身于银幕荧屏。

当然，武侠作品并不是生活的真实，而是幻想的真实，是常人的美妙梦境，是百姓的真心呼唤。在中国，武侠作品或许将成为民族永恒的童话，而侠客情结作为一种特殊的精神元素，也早已融入民族心理的历史积淀中，成为我们民族心灵史上一种永久的追忆。

从唐人传奇到《宝剑金钗》

中国武侠小说的源头，可以追溯到《史记》的《游侠列传》。

司马迁在《游侠列传》中记载了西汉初期为侠者20余人，其中对郭解的描述较为详尽生动，其次是朱家、田仲、剧孟等人，其余均为仅提及名字，未详其生平事迹。可以说，郭解、朱家等人是中国历史上最早出现在文人笔下的侠客形象。《游侠列传》中描述郭解的那一部分很像一篇完整的短篇小说，对后来的武侠小说起了某种奠基作用。但严格来说，《史记》属于历史传记，还不能算是纯粹的文学作品。此外，《游侠列传》着力渲染的是郭解们的侠义之道，而丝毫没有提及他们自身的武功。从这一点来说，《游侠列传》与后来的武侠小说又有很大区别。

中国真正的武侠小说出现在唐代中晚期，均为短篇，史称“唐人传奇”，流传至今的有十余篇，其中的《红线》（袁郊）、《聂隐娘》（裴铏）、《虬髯客传》（杜光庭）、《昆仑奴》（裴铏）均堪称佳作。唐人传奇为其后的武侠小说提供了一套写作模式，如神出鬼没、匪夷所思的神奇武功，侠义行为与神怪方术的相互结合，侠义之道与尽忠观念的合二而一，佛教的轮回意识与道家的羽化思想的相辅相成，等等，由此构成了中国古代武侠小说的基本特征。到了宋代，话本大量涌现，短篇小说趋于繁荣，而武侠小说却颇受冷落，值得一提的大概只有《杨温拦路虎》一篇，但该篇文笔呆滞，形象干瘪，远非上乘之作。这种情况与时代风气有关。唐人大气锐进，盛行尚武之风；而宋人文弱柔靡，耽溺游宴之乐。反映在文风上，唐人劲健鹰扬，富阳刚之气；宋人柔媚丽密，多纤巧之态。尽管唐人传奇大多出现在唐代中晚期，其时内忧外患，国势已衰，但盛唐遗风流韵所及，典型不远，其笔力之雄健，亦非自开国伊始便国力颓弱的宋人所可企及。

明初长篇小说《水浒传》问世，标志着中国武侠小说走向成熟。行侠与武技的结合，对武技一道的工笔重彩的描绘，成为《水浒传》的一大特色。《水浒传》的主题是“逼上梁山”，一直被认为是反映农民战争的代表作。然而梁山泊好汉们的主体，实际上是一帮游民，鲜有务农者，小说中有关战争场面的描写，大多平平无奇，甚至有不少败笔。平心而论，《水浒传》是一代武林的辉煌长卷。梁山泊好汉们为了一个“义”字，纵横江湖，攻州掠县，干出了多少惊天动地的大事。《水浒传》把血性男儿之间的江湖义气写到极致，让此后的所有作家望之兴叹。其对义气的张扬、对打斗场面的描绘是最为撼人之处与传神之笔。不朽，实得力于此。

《醉打蒋门神》，版画，明，《忠义水浒全传》插图

到了清初，先后出现了《水浒后传》《隋唐演义》《说岳全传》等长篇小说，它们都明显受到《水浒传》的影响。迨至晚清，长篇武侠小说再度繁荣，比较著名的有《儿女英雄传》《三侠五义》《七侠五义》《小五义》

《李逵夺鱼》，年画，山东

《岳飞收何元庆》，年画，清末，天津

何元庆占山抗拒岳飞，两次被擒，均被释放。何元庆感愧，率众投诚，共抗金兵。图中持双锤者为何元庆，正与岳飞交战。事见《说岳全传》。

《大战邓车》，年画，晚清，北京

取材于《三侠五义》。邓车善铁弓，人称“神手大圣”，因庇护采花大盗“花蝴蝶”，与北侠欧阳春等大战。

《捉拿郎如虎》，年画，天津杨柳青，俄罗斯圣彼得堡国家美术博物馆藏

绘黄天霸等围捕江湖豪客郎如虎，画中人物多已京剧脸谱化。事见《施公案》。

《绿牡丹》等。另有《施公案》等公案小说，其中多有描写侠客者。明清时期，短篇武侠小说也有所发展，明末凌濛初的《初刻拍案惊奇》中之《刘东山夸技顺城门，十八兄奇踪村酒肆》、清初蒲松龄的《侠女》可谓代表之作。

从唐至清这一千余年间，武侠小说在中国文学史的长河中时隐时现，时沉时浮，却始终保持着由短而长、由少而多的发展势头，以不容忽视的客观存在显示了它顽强的生命力和潜在的能量，诚如鲁迅（1881—1936）先生在《中国小说史略》中所指出的："侠义小说之在清，正接宋人话本正脉，固平民文学之历七百余年而再兴者也。"

民国时期，天下动乱不止，三十余年间几无宁日，而武侠小说却畸形繁荣，出版数量多达665部，远远超过了其他任何题材的小说数量。

民国初期的武侠小说大体可分为两类，一类是专写拳棒技击，不涉及乱力怪神、仙法妖术，以武林中门派之争、镖局与绿林之争、官府与绿林之争为主要内容，其间穿插男女爱情纠葛，王度庐（1909—1977）的《宝剑金钗》和宫白羽（1899—1966）的《十二金钱镖》可作为代表。另一类在武技描写中掺入许多所谓"神功"，多有剑仙斗法、剑光千里取人首级一类的荒诞情节，以向逵（笔名平江不肖生）的《江湖奇侠传》和李寿民（1902—1961，笔名还珠楼主）的《蜀山剑侠传》为代表。第一类作品以写实为主，文风朴茂，但有时也因过于求实而显得板重，乃至流于烦琐枯涩。第二类作品是虚实结合，以虚为主，文笔较为空灵，想象颇为丰富，但均属向壁虚构，失之于荒诞无稽。有的作家又把武侠与秘密会党结合起来，出现了所谓帮会小说，如姚民哀（1893—1938）的《四海群龙记》。

值得一提的是，郑证因（1900—1980）的《鹰爪王》分正续集，长达200万字，他另外还写了十余部与《鹰爪王》人物有关、情节相连的作品，构成了一组庞大的系列小说，开了武侠系列小说的先河。书中一些人物性格的设计，如老谋深算的“续命神医”万柳堂、游戏三昧的燕赵双侠、心狠手辣的“女屠户”陆七娘等，另如顾明道（1897—1944）在《荒江女侠》中对侠骨柔肠的描写，都对后来的新派武侠小说有所影响。

新派武侠小说：情浓于武

金庸出，而使中国武侠小说柳暗花明，臻于极致，中国文学也由此平添了一股阳刚之气和柔媚之情，标志着中国武侠小说跨入了一个新时代。

这似乎是一种历史的机遇。20 世纪 50 年代以后，武侠小说在中国大陆销声匿迹，金庸从地处海隅的香港悄然崛起，成为武侠文学的一面大旗。

这一代新人，从香港、台湾站出来的，除了金庸，还有梁羽生（1924—2009）、古龙（1936—1985）、卧龙生（1930—1997）等，另有一位侨居美国的萧逸（1935—2018），他们构成了一个新的作家群体。他们的作品，被称为“新派武侠小说”。

新派武侠小说既是成人的童话，又是当代的神话。它们继承了《宝剑金钗》《十二金钱镖》等优秀作品的艺术传统，着力开掘人物的内心精神世界，努力塑造个性鲜明、血肉丰满的艺术形象。同时，它们又借鉴了《江湖奇侠传》《蜀山剑侠传》等作品的浪漫风格，借助山川景物，奇想迭出，使书中的不少人物既不缺乏正常人的七情六欲，又拥有种种超神入化的武功，形成了亦神亦人、神人合一的艺术形象，呈现出近乎神幻小说的艺术意向。于是，新派武侠小说成了童话与神话的合二而一之作。在这些方面，新派武侠小说的确走出了自己的新路，无愧于“新派”二字。

新派武侠小说实际上是言情与写武的有机结合，形式上写武，骨子里写情。中国古典小说中本来就有言情与写武两大流派，《红楼梦》当属言情的压卷之作，《水浒传》则是写武的传世经典。民国时期，一些作者已将上述两大流派融为一体，像《宝剑金钗》就是以李慕白与俞秀莲的爱情纠葛为主线，诸多武功描写、打斗场面都不过是从这条主线上派生出来的枝蔓。以情为主，以武为辅，寓情于武，情武交融，逐渐成为民国时期武侠小说的发展趋势，颇受读者欢迎。新派武侠小说又着意强化了这种趋势，并借鉴西方文学和电影艺术的一些表现手法，把情写得更浓，把武写得更神，笔墨挥洒更加放任自由，阅读体验更为酣畅淋漓。

新派武侠小说的诸多作家大都有各自的艺术追求，形成了不同的鲜明风格。在他们之中，金庸、梁羽生、古龙三人的功底最深厚，影响也最大。

金庸笔下的武功，不仅“近乎于艺”，而且“近乎于道”。像《书剑恩仇录》中陈家洛的百花错拳、《连城诀》中的唐诗剑法、《倚天屠龙记》中张三丰的书法拳路、《射雕英雄传》中黄药师的落英神剑掌、《神雕侠侣》中杨过的黯然销魂掌等，均是把武技升华到美妙的艺术境界，又不乏哲学的思辨性，给人以回味无穷的审美享受。金庸对人生境界的深层开掘，以及他笔下一系列人物形象的成功塑造，令其他作家相形见绌。

梁羽生写有40部作品，其代表作可推《萍踪侠影》《白发魔女传》和《大唐游侠传》。他的作品书卷气颇浓，风格古雅而富于韵味，不乏意境之美，多有对女性的出色描写。他的作品的缺陷是或失之于过实，

民国六运会蒙古族摔跤表演，1935年10月，上海

金庸《射雕英雄传》中曾描绘蒙古族摔跤高手。

《南霁云》，冈田玉山等编绘，《唐土名胜图会》，日本文化二年（1802）刊

南霁云（712—757），唐朝名将，魏州顿丘（今河南清丰）人，善骑射，协助张巡守睢阳，抗安禄山兵。城陷被俘，不屈而死。梁羽生《大唐游侠传》中曾有描写。

或失之于矫情做作，雕琢有余而蕴味不厚，时而描写颇为精彩，时而又略显滑脱之态。

古龙走的是另外一条路子。他更多地借鉴了西方推理小说和暴露小说的表现手段，也经常借用电影的蒙太奇手法，较为“洋化”，比较迎合青少年读者的口味。古龙写了80余部作品，以《绝代双骄》《多情剑客无情剑》《楚留香》《陆小凤传奇》等最有影响。古龙文笔冷艳，风格神秘诡峭，冷色多而暖色少，凄苦多而欢愉少。他的作品不乏对人生长旅的哲理思索，不乏对人生经验的深沉概括，也不乏精彩的片断和生动的形象，但草率疏忽、行文平庸之处也屡屡可见，使得珠玉之光与稗莠之色并存，睿智与肤浅同在。他的作品纯以奇诡取胜，人物性格缺乏发展变化，更缺乏历史内涵与生命内涵。

据说，古龙本人生活甚不如意，长年孤独，以酒为伴，壮年而逝。《多情剑客无情剑》中的那位名满天下的“小李飞刀”李寻欢，人到四十而孤苦如游魂野鬼，日日以酒浇愁，恐就有作者自己的影子。

古龙撒手去了，他的作品，大概便是他内心大悲哀、大遗憾的隐秘注脚。古龙是跃出历史长河的一朵浪花，在时间的长廊里刻下了属于自己的痕迹。他将自己浓重的孤独感挥洒在世间，洒落在至少三四代读者的心中。如此说来，古龙也不弱于梁羽生了。

金庸小说

倘若说金庸的小说拥有上亿的读者，大概不算夸张。仅仅算中国大陆读过金庸小说的，恐怕就有这个数。在全世界的华人圈里，几乎没有人不知道金庸的大名。

金庸小说的魅力，一是得力于作者对生命的参悟，二是得力于作者对历史的洞彻，三是得力于作品情节的巧妙设计，四是得力于驾驭语言的罕见功力。

以上四种因素，驾驭语言、设计情节是作家的基本功，凡在这两个方面有些功底，都可以写出不坏的作品。但是，倘若缺少了对生命的参悟，缺少了对历史的洞彻，则其作品无论情节如何巧妙，语言如何优美，都会让人感到既少了生命的力度，又少了历史的深度，够不上一流水准。而金庸在感悟人生、透视历史这两方面确实有其独到之处。

金庸作品的主题是人格与命运的冲突。

金庸笔下的主人公们始终在追求着两种境界：一种是武学的至境，一种是人生的至境。他们无不是在追求武学至境的同时，逐渐参悟到人生的至境，而其生命的光辉又在卓越武功的辉映下显得更加璀璨夺目。金庸的小说既是人物的性格成长史，又是人物的武功修炼史，同

《乾隆帝偕香妃戎装出行图》，清，郎世宁
原题《御苑春蒐图》。金庸《书剑恩仇录》中写有乾隆帝与香妃的故事。

时也是人物的人生磨难史。金庸特别善于设计浓重的悲剧氛围，让他笔下的英雄们在这种悲剧氛围的笼罩下逐渐成长，去经历人世间的种种磨难。萧峰、张无忌、胡斐、杨过、陈家洛、袁承志、狄云等，无不是怀着无法弥补的人生大缺憾，空有一身绝世武功，而壮志难酬，蹉跎岁月。

悲剧出英雄，这似乎是一个颠扑不破的真理。在中华民族的历史上，炙热的烈火硝烟中涌现过多少英雄豪杰？金庸把握了这条历史规律，把历史的悲剧浓缩到他笔下的人物身上，故意使他们肩负着历史与人生的双重重荷蹒跚前行，由此高奏出一曲又一曲人格的赞歌。

写情是金庸的一大优势，也是其作品吸引读者、摄人魂魄的真正原因。诸如杨过与小龙女的生死之恋，黄蓉与郭靖的少年之恋，郭襄对杨过若明若暗、缠绵悱恻的倾慕之情，程灵素对胡斐的一往深情，胡一刀夫妇的生死与共，无不是天地之精光、人间之至情，读来一波

陨铁剑，2004 年，北京

陨铁即陨石中所含之铁，古称“玄铁”，实为铁镍合金。河北藁城曾出土以陨铁打制的铁刃铜钺，属商代中期。该剑为近年打制，长约 100 厘米，重达 4 千克，光泽熠熠，异常锋利，其花纹为陨铁所特有。金庸小说《神雕侠侣》中杨过所用之“玄铁重剑”类此。

三折，令人回肠荡气。另如江南七侠的生死不渝、全真七子的联手抗敌、武当诸侠的互相救援，其亲密之情无异于骨肉手足，其光明磊落、大义凛然、堂堂正正的阳刚之气喷薄而出，令人悠然神往。

写儿女之情易，写侠义之情难。然而，金庸不仅写出了一连串摄人魂魄的爱情故事，更写出了一连串催人泪下的侠义之举。他在武侠小说的写情之途上，同时登上了两座高峰，使同时代的其他作家瞠然望乎其后。

金庸又极善于刻画少女情怀。他在自己的全部作品中，至少塑造了 30 个血肉丰满、呼之欲出的少女形象，这是一项了不起的艺术成就。这些少女性格各异，但无不是情致深邈，虽屡经忧患仍顽强抗争，或激起读者的共鸣与同情，或令人感慨万分。在这方面，金庸的文笔细腻而老到，时而含蓄，时而雄悍，时而如晴空游丝，时而若电闪雷鸣，真个是汪洋恣肆，逸兴横飞，显示了一代大师的深湛艺术功力。

金庸十分熟悉中国的历史和文化，他以历史学家的深邃目光注视着过去，把对社会、历史的悟解融入作品，使笔下的人物既凝聚着历史的丰厚积淀，又不乏现代人的一些气息。在这方面，《鹿鼎记》最引人注目。

《鹿鼎记》的主人公韦小宝是“流氓政治”的化身。他从一个街头无赖少年爬到公爵、大将军的高位，就靠了两件法宝，一件是“千穿万穿，马屁不穿”，一件是“瞒上不瞒下”。这两件法宝实在是中国历代官场政治中所向无敌的利器、百战百胜的要诀。经金庸一语喝破，惊醒多少梦中人！

读者从金庸作品中所体味到的，远远不限于武功和打斗的玄妙精彩，而是历史兴衰的缘由、生命的价值、世间许许多多难以言表的滋味。

金庸在作品中点燃了一朵又一朵生命的火焰，它们在书页中跳动着、闪耀着，照出了那尘封的历史，照出了那人心间的隐秘，又何尝照不出当世的一些东西？当读者眼见那些生命的火焰渐渐远去、渐渐消逝之际，又未必不会掩卷而思吧？金庸为中国文学的长廊平添了一群鲜活的生命，也把自己生命的很大一部分融入其中，中国人不会忘记他的名字。

武打影视

当武侠小说创作刚刚进入繁盛时期时，武打电影也随着电影业的发展而出现，并快速成长。在它问世之初，恐怕没有人会想到，只用不到半个世纪的时间，它就超越了武侠小说的影响力，而且还成功地

上海明星影片公司演职员合影，1934 年

前排右起第一人为《火烧红莲寺》主角夏佩珍，第三人为《火烧红莲寺》主角胡蝶，后排正中为《火烧红莲寺》导演张石川。

把武术推向世界，可谓是 20 世纪以来中国传统文化最为成功的跨文化传播。

20 世纪初，电影业开始在中国大陆起步，上海迅速成为中国影业的大本营。在拍了一系列古装片后，制片商们将目光转向武侠题材。1928 年 5 月，上海明星影片公司推出了武侠片《火烧红莲寺》，由郑正秋（1889—1935）根据《江湖奇侠传》改编而成，张石川（1889—1953）导演，郑小秋（1910—1989）、夏佩珍（1908—1975）等人主演。上映后轰动一时，票房收入甚丰。明星影片公司一发而不可收，《火烧红莲寺》一续再续，拍到 18 集之多。其他影片公司竞相效仿，各种

《火烧红莲寺》剧照，1928 年

邬丽珠在《关东大侠》中的剧照，1930 年

以“火烧”命名的武侠片蜂拥而出，如《火烧百花台》《火烧青龙山》等，总数多达数百部，史称“火烧片风潮”。

当时最有名的女侠演员是邬丽珠（1907—1978）。她自幼习武，又曾在精武体育会受过严格训练，1925 年走上银幕后，专演武侠片，成为上海月明影片公司的台柱演员，代表作有《关东大侠》（13 集）、《女镖师》（六集）、《恶邻》等，其中《恶邻》曾出口美国。邬丽珠备受观众崇拜，被誉为“东方女侠”。而夏佩珍也因主演《火烧红莲寺》而一举成名，声望甚至一度超过影后胡蝶（1908—1989）。另有江苏宜兴人范雪朋（1908—1974）、江苏常州人徐琴芳（1907—1985）也以饰演女侠出名。范雪朋为上海友联影片公司主演《十三妹》《红侠》《江湖情侠》等武侠片十余部，徐琴芳为上海友联影片公司主演《荒江女侠》（13 集），亦都成为红极一时的女侠明星。

当时，与上述女侠明星争红银幕的，是两位“男侠”演员，他们都是上海人，又都是魔术师，一位叫张慧冲（1897—1962），另一位叫查瑞龙（1904—1972）。张慧冲于1922年步入影界，专演武侠片，为上海明星影片公司主演过《无名英雄》《田七郎》等片，后自组慧冲影片公司，自导自演《小霸王张冲》等片。1934年弃影后，他专心从事魔术表演。查瑞龙自幼习武，曾参与组织国育武术研究会，1928年步入影坛，任上海明星影片公司武术部主任，后在上海月明影片公司与邬丽珠联袂主演《关东大侠》《女镖师》等，蜚声国内及南洋一带。1932年他放弃武侠片，与人组织艺华影业公司，不久后息影，加入张慧冲的魔术武技团，赴南洋一带演出。

当时的武侠影片中，夹杂着大量的神怪镜头，因此被称为“武侠神怪片”。20世纪30年代初，国民政府下令禁映此类影片，各影业公司纷纷转向，武侠明星们也因此而转换角色，有的从此退出影坛。

在沉寂40年之后，武侠电影在中国香港突起狂潮，一代巨星李小龙征服了各种肤色的观众，使全世界认识了中国功夫。

李小龙是一位武林高手。他原名李振藩，小龙是其艺名。他在13岁时拜入香港咏春拳名师叶问（1893—1972）门下，后又向另一名师邵汉生（1900—1994）学习罗汉拳和螳螂拳；18岁只身赴美，入华盛顿州立大学哲学系。1967年，他将自己具有独创性的拳术命名为“截拳道”，丰富了中国的武术流派。

1971年，李小龙在香港以主演《唐山大兄》而一举成名。其后，他又主演了《精武门》，并自编、自导、自演了《猛龙过江》和《龙争虎斗》。1973年7月20日，李小龙在香港拍摄《死亡游戏》时猝然去世，官方公布的死因是急性脑水肿。他的遗体被安葬在美国西雅图的一处公墓中。

李小龙所饰演的都是大义凛然、誓死捍卫民族尊严的中国武林高

1960 年前后，李小龙拍摄的功夫造型照片，李小龙基金会收藏

《猛龙过江》剧照，1972 年

手，他在剧中充分展示了自己的高超武功。特别是《猛龙过江》一片，拥有李小龙电影中最精彩的武打镜头，被视为截拳道的教学片，又是中国功夫与空手道较量的典范之作。

李小龙去世 5 年之后，成龙从香港崛起。

成龙原名陈港生，1954 年出生在香港，祖籍山东。他幼时家贫，从 7 岁起就入于占元戏班学习京剧，十年练得一身功夫，身手异常敏捷。17 岁时，他曾在李小龙电影里当替身演员。

1978 年，成龙主演《蛇形刁手》和《醉拳》，大获成功，形成了自己的谐趣功夫片风格。1985 年，他执导、主演《警察故事》，进一步巩固了功夫明星的地位。此后，成龙进入美国好莱坞，以《红番区》一炮打响，又接连执导、主演了《巅峰时刻》《飞龙再生》，成为好莱坞票房价值最高的华人明星。

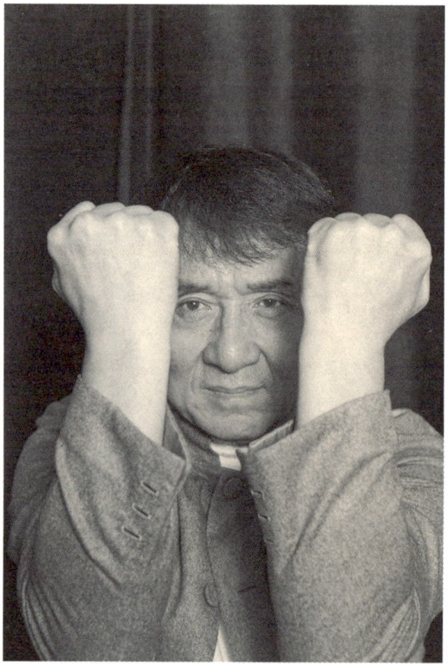

成龙，2018 年，北京，郭延冰摄

1984 年，成龙被日本推选为“十大外国明星”中的首席明星和最佳外国歌星。

成龙在香港走红后不久，中国大陆也出现了一位武打明星——李连杰。

李连杰（1963—）是北京人，自幼习武，从 1974 年到 1978 年连获五届全国武术冠军，多次随团出国表演。1982 年，香港中原电影公司推出影片《少林寺》。该片在中国内地拍摄，19 岁的李连杰担当主角，主要演员均为全国各地的武林高手，不乏单项全国武术冠军，片中牧羊女一角由河南戏曲学校豫剧刀马旦丁岚担任。《少林寺》向观众展示了真正的中国功夫，一经上映，立刻轰动海内外，不仅在香港创造了功夫片票房收入纪录，而且在亚洲各国及欧美激起了巨大反响，直接引发了全球争学中国功夫的高潮。李连杰后进入美国好莱坞影圈，成为继成龙之后的又一位中国功夫明星。

1983 年，中国大陆又推出了《武林志》《武当》两部武打影片。《武林志》由北京武术队教练吴彬（1937—）主演，《武当》由全国武术冠军赵长军（1960—）主演，均受到欢迎。

2000 年，李安（1954—）执导的影片《卧虎藏龙》问世，引起巨大的国际反响，在世界影坛掀起了新一轮的武打片热潮。该片根据王度庐的同名小说改编，李安融合了功夫片和文艺片的精髓，从全新的角度诠释了中国古典美学传统和情感理念。该片横扫众多国际影展奖项，并荣获第 73 届奥斯卡最佳外语片奖，取得了功夫片有史以来最高的国际声誉。此外，该片还取得了骄人的票房成绩，全球票房收入超过 2 亿美元。其后，张艺谋（1950—）执导的影片《英雄》和周星驰（1962—）自编、自导、自演的影片《功夫》也相继引起轰动，全球票房收入均超过 1 亿美元。

在武打电视剧方面，中国香港也是开了先河，其制作的《大侠霍元甲》（丽的电视台，1981）、《射雕英雄传》（香港无线电视台，1983）等剧都曾风靡亚洲，引发巨大反响。20 世纪 90 年代之后，中国大陆武打电视剧的制作也日渐繁荣，《笑傲江湖》（2001）、《天龙八部》（2003）等剧均有较高的收视率。不过与电影相比，在诸多武打电视剧担当主角的演员几乎都不会武功，全靠特技动作支撑武打场面，给人以虚假之感。另外，金庸等人的一些小说被改编成电视剧以后，人物、情节与原著相去甚远，原著的历史文化内涵被高度稀释，演员亦不甚出色，这些都使电视剧减色不少。

十二

历史与未来

中国武术是在激烈残酷的个体对抗中逐渐发展完善的。它渗透了古人的智慧，浸润着历史的血光，经受了无数次考验，也坦然应对过外来武功的挑战。在历史上，中国武术至少经历过两次大挑战：第一次是在16世纪，即明朝中期，对手是入侵的日本武士；第二次主要集中在20世纪初期，对手除日本武士外，又增加了欧美拳师。这两次大挑战，都以中国武术的胜利而告终，同时也使我们看到了别人的长处，发现了自己的不足。

从20世纪80年代起，中国武术正经历着第三次大挑战。如果说第一次应战，我们是为反抗侵略，第二次应战，我们是为一雪“东亚病夫”之耻，那么这次则是在公平友好气氛中的正常体育比赛，它已经消解了历史的重负，而被列入竞技体育的范畴。

中国武术正在迅速走向世界，中外交流频繁。从20世纪70年代起，中国武术代表团的足迹已遍及世界五大洲，为了更广泛地开展武术运动，中国武术协会还积极无偿帮助非洲、亚洲、南美洲等发展中国家开展武术活动，得到了广泛的赞誉。随着国际间交流合作的日益增多，不少武术机构走出国门，到世界各地办学，少林寺是其中的佼佼者。少林寺在全球50多个国家和地区建有专门研学少林功夫的馆（校），拥有“洋弟子”300多万人，影响极大。2004年，美国加利福尼亚州众议院通过决议，把每年的3月21日定为“嵩山少林寺日”，方便不同宗教、种族和文化背景的武术爱好者欣赏到少林寺历史悠久的禅宗和武术文化。

铁棍对长刀：少林派武僧与日本武士的较量

这场铁棍对长刀的较量，发生在四百多年前的东南沿海，是一场侵略与反侵略的生死之搏。直接指挥这场反侵略战争并立下了不朽功勋的，是当时的两位武学大师——戚继光和俞大猷。在这场反侵略战争中担任主力的，是戚继光指挥的“戚家军”和俞大猷指挥的“俞家军”。而在战场上屡屡冲锋陷阵的，是一群自愿报国的少林派武僧。

说他们是“少林派武僧”，是因为他们并不是嵩山少林寺的僧人，但所练武功却属于少林一派。

当时正值明朝嘉靖年间，大批日本武士结伙侵扰我东南沿海一带，史称“倭寇”。这些日本武士武艺娴熟，极为凶悍残忍，或数百一伙，或数千一支，攻州略府，烧杀抢掠，纵横来往，如入无人之境，苏、浙、闽、粤诸省备受蹂躏。朝廷调兵遣将，前后历时百年，才将倭寇依次荡平。

日本武士惯使长刀，人称“倭刀”，刀身细长，分量较重，厚脊薄刃，极为锋利，刀身末端略向上翘起，使用时双手握柄，刀大势沉，尤利于劈杀。也有些日本武士善用双刀，交战时滚舞而前。经过几次战斗，戚继光发现短兵相接之时，中国士兵的刀法不如倭寇。于是他及时创新战法，在军中配备长刀，并训练士兵使用狼筅、镋钯、大棒、长枪等长兵器，再加上火枪、弓弩、火箭、藤牌等，进行混合编队，使倭寇“刀不可入”，取得了“百战未有一挫”的辉煌战绩。

明代兵阵图（局部），明

不过，戚继光、俞大猷等人指挥的主力兵团毕竟是大军厮杀，与一对一的武林打斗大不相同，还不能视为双方武功的真正较量。当时中日武功的直接较量，便是少林派武僧与日本武士的面对面格斗。

据史料记载，嘉靖三十二年（1553），倭寇大举进犯南汇（今属上海），明都司（高级武职，大约相当于军区司令）韩玺指挥各路明军奋起迎战，少林派武僧勇任先锋。当时，倭寇大队汹涌扑来，为首一人状若巨人，身着红衣，舞双刀前行，势不可当。领兵僧月空令智囊出战。只见智囊神色从容，忽然提铁棍跃到红衣倭寇身左，击落其左手刀，又转身跃至红衣倭寇身右，击落其右手刀，顺势一棍，将红衣倭寇当场击毙。其余倭寇气焰顿挫，或跪求乞命，或溃败逃窜。明军乘势掩杀，大败倭寇，斩首百余级。这批少林派武僧来自山东，他们所用铁棍长 7 尺，重达 30 斤。其后，武僧又多次参战，抡棍如风，当者即仆，多有斩获，但他们不谙兵法，贾勇冒进，也曾数次遭到倭寇暗算，了心、彻堂、一峰、真元等 30 余人先后为国捐躯。

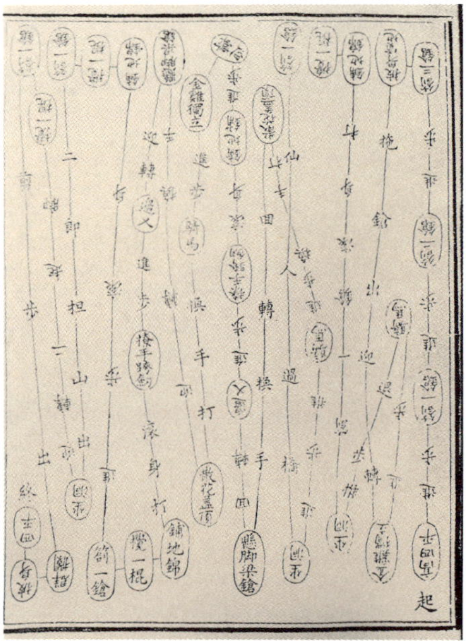

大夜叉第一路棍图，明，程宗猷，《少林棍法阐宗》上卷

自愿参加这场平倭战争的少林派武僧先后有 100 多人，尽管他们不是这场反侵略战争的主力，尽管少林派武僧也付出了沉重的代价，但他们的铁棍毕竟制服了日本武士的长刀，使不可一世的日本武士领教了中国武术的厉害，为中国武术史写下了辉煌壮烈的一页。那铁棍奋起、撞击长刀的铿锵之声，显示了我中华武林誓抗外侮、血战到底的决心，值得武林后人们永远怀念。

遥想四百多年前，数万日本武士挥舞长刀，呼啸而来，大有踏平中国东南沿海之势，谁料想在中国军民的合力围歼下，到头来一一成了异域之鬼。嘉靖四十四年（1565）初冬，戚继光与俞大猷率部会攻南澳岛（今属广东省），全歼与倭寇勾结的山贼吴平所部近万人，东南沿海的倭患就此平息。而在此之前，先后来犯的数万倭寇几乎悉数被歼，只有极少数侥幸逃回日本。

徒手搏击：武林高手迎战拳坛“八国联军”

1942年4月17日，农历三月初三，三皇炮捶门名师李尧臣（1876—1973）从容地站在北京蟠桃宫的擂台上，即将与侵华日军军官武田西进行一场比武。

李尧臣是河北冀县（今河北衡水市冀州区）李家庄人，自幼习武，18岁时进入会友镖局，拜三皇炮捶著名拳师宋彩臣（1868—1943）为师。会友镖局歇业关门后，李尧臣又师从一位绵掌高手，将绵掌的劲力功法揉入三皇炮捶，使三皇炮捶从偏于刚猛之风变为刚柔相济之格。

1931年九一八事变后，驻守北京的国民革命军第二十九军副军长佟麟阁（1892—1937）将军特意聘请李尧臣到部队教习大刀。李尧臣创编了一套“无极刀”，实战性很强，大大增强了士兵白刃战的本领。

防守长城喜峰口的国民革命军第二十九军大刀队，1933年

1933年3月，日军进犯长城各要隘，二十九军奋起抗击，大刀队与敌人浴血搏杀，屡屡重创日军。

1933年3月，侵华日军向长城沿线大举进攻，二十九军在长城喜峰口与敌人激战7天，歼敌3000余名，取得了自九一八事变以来中国军队的首次大捷。在喜峰口战斗中，二十九军大刀队多次冲锋陷阵，夜袭敌营，砍杀日军数百名，使日军闻风丧胆，李尧臣功不可没。

北京沦陷后，隐姓埋名的李尧臣被汉奸告密，不幸被捕。一个名叫武田西的日本军官得知后，提出要与李尧臣当众比武，条件是：如果李尧臣获胜，立即释放；李尧臣输了，向他磕头拜师。

在一群荷枪实弹的日本士兵和大批呐喊助威的中国观众的围观下，二人比武开始。先比拳，李尧臣拳无虚发，接连两次将武田西击倒；再比日本战刀，李尧臣一脚将武田西的战刀踢飞。众目睽睽之下，武田西只好将李尧臣释放。

后来，日本专门从国内挑选一批高手，在北京、天津、南京、上海四处摆下擂台。李尧臣报名参赛，抽签到南京比武，只一拳便将日本武士打下台去。

这是外国人对中国武术第二次大挑战中的一例。

这次大挑战始于19世纪末，至20世纪40年代才告结束，前后延续达半个世纪之久。双方的交战地点，从中国的北京、天津、上海，一直打到日本的东京。这是一场地地道道的高手对高手的较量，大多是在擂台上见了输赢。

清末民初，中国国势颓弱，内忧外患接踵而至。在祖国备受欺凌的同时，中国人也被列强讥笑为“东亚病夫”。跟随在列强的炮舰和刺刀后面的，是一群挺胸叠肚、耀武扬威的洋拳师与大力士。当中国人在战场上被击败之后，这群洋拳师打算在拳场上一逞威风，企图证明被中国人视为“国技”的武术也同样不堪一击，从精神上再向中国人深刺一刀。这群洋拳师以日本人居多，另有美、俄、英、德、意、奥、

郭慧德击败多国业余拳手，获上海拳击比赛冠军

匈、挪等国拳师，可谓拳坛上的“八国联军”。

面对洋人咄咄逼人的挑战，中国武术界同仇敌忾，奋起应战，为中国武林谱写了一曲正气歌。

据不完全统计，当时的主要战例有：

车永宏胜日本人坂三太郎，1888 年，天津。

霍元甲（1869—1910，秘踪拳）吓走英国大力士奥皮音，1910 年，上海；击败日本上海柔道会会长等 4 人，使其皆骨折，1910 年，上海。

韩慕侠（1867—1947，形意拳）胜俄人康泰尔，1918 年，北京。

王子平（1881—1973，弹腿、查拳）胜俄人康泰尔，1918 年，北京；胜美国人阿拉曼、德国人柯芝麦，1919 年，青岛；胜日本人佐藤，1919 年，济南。

陈子正（1878—1933，鹰爪拳）胜美国某人，1919 年，上海；胜

意拳创始人王芗斋先生像

英国某人，1922 年，新加坡。

孙禄堂胜日本人坂垣一雄，1922 年，北京；胜 6 名日本武士，1930 年，上海。

佟忠义（1879—1963，六合拳）胜日本人山井一郎，1925 年，上海。

杨法武（1903—1969，跤术）连胜 3 名日本柔道高手，1930 年，东京。

吉万山（1903—1978，少林拳）胜苏联人杰力柴夫，1933 年，哈尔滨。

马金镖（1881—1973，查拳）胜美国人麦克鲁，20 世纪 30 年代，南京。

王芗斋（1885—1963）胜匈牙利人英格，1928 年，上海；胜日本人八田一郎、泽井健一、渡边、宇作美、日野，20 世纪 40 年代初，北京。

赵道新（1908—1990，王芗斋弟子）胜挪威人安德森，1930 年，上海。

李永宗（王芗斋弟子）胜意大利人詹姆斯，20 世纪 30 年代，北京。

李尧臣胜日本人武田西，1942 年，北京；胜日本某武士，1943 年，南京。

蔡龙云（华拳）胜苏联人马索洛夫，1943 年，上海；胜美国人鲁索尔，1946 年，上海。

由于史料匮乏，现仅了解到当年王芗斋先生击败的 3 名外国拳师的技术级别和头衔分别为：匈牙利人英格曾获世界最轻量级职业拳击冠军，当时任上海青年会拳击教练；日本人八田一郎为柔道六段，曾于 1936 年代表日本参加第 11 届奥运会的国际式摔跤比赛；日本人泽井健一当时为柔道五段、剑道四段，后从王芗斋学习意拳，在日本创立太气拳。赵道新击败的挪威人安德森，当时任财政部部长宋子文的保镖。马金镖击败的美国人麦克鲁，当时任南京中央大学体育系主任。李尧臣击败的两名日本人中，武田西是侵华日军军官，擅长柔道，并学过中国的八卦掌；另一位日本武士是日方特意从本国选拔的格斗高手，专门来华打擂示威。

历史的启示是有益的。如果我们把这次大较量总结一下，就会发现这几个特点：

一、主战场在中国本土。

二、外国拳师事前对中国武术不甚了解，估计过低。

三、最后战胜外国拳师的几乎都是当时中国武林的一流高手。

四、这批高手全是北方人，其中河北一省就有 8 人，而沧州人又占了 2 名（王子平、佟忠义）。在这批北方高手中，少数民族至少占了 3 名，王子平、马金镖是回族，佟忠义是满族。

五、根据对车永宏、霍元甲、韩慕侠、王子平、陈子正、孙禄堂、佟忠义、吉万山、王芗斋等 9 位高手的统计，他们首次战胜外籍拳师的平均年龄为 47.2 岁，而孙禄堂在上海一次击败 6 名日本武士时，已经是69岁高龄的老人了。

六、这15位高手的武功，有6人属于少林拳系，5人属于形意拳系，1人属于太极拳系。

当时，来华的洋拳师大都目中无人，不知深浅，甚至口出狂言，举止轻率，原因在于他们并不了解中国武术。像俄国拳术家康泰尔，自称曾周游欧美46国，未逢对手。1918年秋，他竟在北京中央公园（现中山公园）摆下擂台，要举办什么“万国赛武大会”，并广发邀请函，结果被韩慕侠于片刻之间接连打倒三次，最后倒在地上呕吐不止，立下认输字据，甘拜下风。又如1925年秋，一批日本柔道武士在教练山井一郎的率领下，在上海虹口的昆山公园摆擂，其对联上大书：“拳打东亚无敌手，脚踢支那显神威”，横批是“所向披靡”，气势猖獗，结果山井一郎被佟忠义打得不能动弹，擂台被砸。1930年，中央国术馆馆长张之江（1882—1969）赴日本就医，“神跤”杨法武陪同。日方特意挑选数名柔道高手向杨法武挑战，日本天皇也前来观战助威。但日本柔道高手们根本不知道中国跤术的厉害，都是刚一搭上手，就被摔翻在地，连观众都看愣了。杨法武连胜3人，日本天皇中途拂袖而去。

当然，我们也不应当忽略这样一个事实，就是在中国高手们击败这批洋拳师之前，也有相当一批中国武师败在这些洋拳师拳下。如1943年蔡龙云击败苏联人马索洛夫之战，原是一场中国武术对西洋拳击的擂台赛，中西双方各出8名选手，结果中国武师以五胜、一和、二负获胜。不满15岁的蔡龙云在五分钟之内，竟将身高马大的马索洛夫打得摔了13个跟头，但同时参赛的中国拳师中也有2人失利。

当时中国高手的一系列辉煌战绩震惊了国际搏击界，以致有“自霍元甲出，外人相戒不入我国门”的说法，但中国高手也因此而遭到外国人的暗算，霍元甲就是一例。

1910 年，日本人在上海设立柔道会，执意邀请霍元甲前去参观。当时霍元甲已患咳喘之病，带弟子刘振声前往。谁知日本人在室内埋伏多名高手，欲围击霍元甲。霍元甲命刘振声应战，连败两人。另 3 名日本高手直扑霍元甲，当即被全部击倒，个个肋断臂折。日本柔道会会长从后偷袭，被摔到室外台阶下，右臂骨折。日本武士假装敬佩，设酒宴款待，日本医生秋野趁机邀请霍元甲到自己在上海开的医院治病。霍元甲生性坦诚，未加怀疑。不料服过秋野药的第二天，霍元甲舌根僵硬，手足震颤，数天后猝然去世，年仅 41 岁，秋野仓皇回国。霍元甲次子霍东阁后来移居印度尼西亚，第二次世界大战中印度尼西亚沦陷后，又以所谓“从事反日活动”遭日本宪兵队逮捕。

岁月如流，俊杰往矣！中国武术在一味“输出”套路的同时，正面临着更严峻的挑战。

已经开始的第三次大挑战

挑战是竞争的必然产物。

20 世纪 80 年代起，中国武术在世界上的知名度迅速提高，甚至骎骎然凌驾于柔道、泰拳、跆拳道、拳击等国际传统搏击项目之上。于是，中国武术也就顺理成章地成了世界搏击界的第一挑战目标。用“众矢之的”这个成语来形容，大概也并不过分。

从 20 世纪 50 年代开始，中国武术大体经历了三个阶段：

封闭阶段，时间从 20 世纪 50 年代到 20 世纪 60 年代。在这一阶段，中国武术界与国际搏击界没有交往，只有为数不多的几个武术代表团曾随同国家领导人出国表演过。

表演阶段，时间从20世纪70年代初期到20世纪80年代中期。在这一阶段，中国武术界频繁派团到世界各国表演，使外国人从“亦武亦舞”的角度领略到武术的魅力，扩大了武术的影响。

实战阶段，从20世纪80年代后期起，外国搏击界开始派人来华参加国际擂台赛或对抗赛。中国武林人士在出国访问时，也每每受到外国拳师的挑战。中外搏击界的交往已经进入实战阶段。

据有关资料介绍，中国武林人士出访时，在日本遭遇的挑战次数最多，挑战者多是柔道或空手道高手；其次是在美国，挑战者多是拳击手。前来中国挑战的，也以日本人居多。从整体战绩上看，无论是在中国本土，还是在国外，都是中国拳师占了上风。

在历史上，最早向中国武术挑战的是日本人，挑战次数最多的也是日本人。今后很长一段时间，中国武术依然面临着类似的局面。

中、日两国是一衣带水的近邻，两国之间的文化交流已有上千年的历史。日本的空手道、柔道都曾深受中国武术的影响，在国际搏击界享有很高的声誉。另外，少林拳法和太极拳也正在日本普及，已经涌现出一批水平较高的拳师。日本民族具有两个特点：一是性格顽强，不服输，不乏拼命精神；二是善于学习，取他人之长，补自己之短。因此，无论是就民族的传统搏击优势，还是就对中国武术的了解，或者是就民族的性格气质而言，日本人都是中国武术最具威胁的挑战者。21世纪以来，日本方面曾多次组队挑战中国选手，并取得了一定的战绩。

泰拳素以凶狠著称，而且泰拳师自身的抗击打能力很强。据说号称“世界七大技击高手”之一的李小龙曾与泰国职业拳师交过手，并没有占到多少上风。自2001年以来，中国选手与泰国选手之间举行过多次对抗赛，中方虽然在战绩上占优，但实际上与泰国一流拳师相比并无明显优势。

至于西洋拳击，更是以力量沉雄著称。迄今为止，中国的武林高手还从来没有与世界现役拳王交手的记录。有人认为，就拳法而言，中国武术与西洋拳法都没有明显的弱点，因此很难断言孰优孰劣。从前，中国武林人士与西洋拳师交手时，都是设法避开对方的重拳，先以敏捷身法与对方周旋，发挥步法灵、转身快的长处，逼得对方露出破绽，再伺机进攻，以巧胜力。倘若硬拼拳力，恐怕西洋拳师的胜算倒会多些。

搏击是一项国际运动，世界上许多国家和民族都拥有自己的搏击术，除了日本、泰国、韩国，法国、希腊、俄罗斯、巴西、印度等不少国家也都以搏击术出名，特别是法国的腿击术和印度的攻击术，很早就享誉世界，其威力不可小视。

20 世纪 80 年代以来，欧美搏击界又出现了一种新趋势，把柔道、空手道、跆拳道、泰拳和西洋拳的技法糅合在一起，锐意创新，在实战中大显神威。世界性无护具自由搏击大赛的轻级别冠军曾多次被法国人、荷兰人、英国人夺走，而轻级别领域原来一直是泰国人的天下，泰国拳坛人士为此深感忧虑。

第三次大挑战的主战场仍将在中国本土。挑战的形式也不外是两种：正式比赛与私下试手。前者如擂台赛、散手赛、自由搏击赛，近年来已多次举行；后者则多为个人访问，以武会友，讲究“点到为止”。一般来说，那些敢来华私下约人试手的外国拳师，多是在本国搏击界名望甚高的人。他们自恃武技，自重身份，已经不屑于在正式赛场上与后生小子争一日之短长。他们之所约，也多是中国武术界的名人。所以，从某种意义上说，这种私下试手有时倒能更真切地反映出中国武术的实际水平。

同时，我们还必须注意到，在第三次大挑战中，外国拳师大概再也不会像他们前辈那样犯下轻敌的错误。他们中许多人对中国武术颇有研究，来华期间摄制了大量录像带，不仅录下了比赛的场面，而且录下了名家的拳法、功法，带走了一大批“武术范本”。这样的“范本”，国内武术界也未必人人都有幸目睹。

为了迎接这第三次大挑战，中国武术界已经做了很多工作，包括挖掘传统套路功法、改进训练方法、培养后备力量、制定比赛规则、完善体育设施等。然而，中国武术界的隐忧依然存在，还是那一句话：练为战还是练为看？或者说，武术究竟姓“武”，还是姓“舞”？

1990年，一位叫徐纪的美籍华人拳师，曾专程到河南寻访武术之“根”。徐纪先生自幼从名师习武，又在中国台湾、美国教拳多年，可谓行家。他在访问了登封、温县、洛阳、开封等地的习拳者以后，很坦率地提出了几条意见：第一，套路太多，习拳者为记忆套路而无暇加深功力；第二，架子太花，表演味儿较浓，实战性不强；第三，后起之秀功底差，不足以服远。

他认为，少林武功“不害其少，只怕是太多了些”，对众多套路必须“舍得割爱”，一定要“择精去芜”。

其实，关于武术华而不实的批评，国内很早就有人提出，但并未引起武术界的足够重视。盲目自满、安于现状和因循守旧阻碍了我国技击水平的提高。武术界中不少人自我感觉良好，还有些人少实事求是之意，多哗众取宠之心，将自己门派的武功吹得神乎其神。大家对国际搏击界的各种流派几乎都缺乏认真的研究，对有关信息也缺乏搜集和整理。我们不了解别人，别人倒把我们研究得很透。长此以往，中国武术如何能保持优势？

最令人担忧的是，中国武术的“舞”味太浓，实战性被大大冲淡。蔡龙云先生就曾对不提倡对抗性而变成套路表演的武术提出过批评，他说：

蔡龙云先生（右）与本书作者合影，1998 年 4 月，北京

这种武术没有一点实战性。其实，中国功夫是很厉害的。以前的拳师平时练习的强度，比现在的运动员要高得多。历史上的名武师往往能在一两招之内，把悍敌打败。可惜的是，这种功夫和吃苦精神现在已失传。以现在光练套路的运动员跟拳击运动员比赛，定输无疑。我们在训练中没有实实在在的真打，一上场就找不到感觉，而西洋拳击手天天都在练实战。所以，中国功夫要走向世界与西洋拳击抗衡，必须直接练实战。

这段话可谓一针见血，道出了武坛的症结所在。

从目前武术界的情况来看，功力深厚的前辈高手已凋零殆尽，而一代新人多从花法入手，功底普遍浅薄，实战功夫尤感欠缺，那种“不招不架，只是一下”的潇洒拳法早已无从见到。武术界出现了深深的断层。

竞争是残酷的。1980 年，日本“新格斗名人”田畑向泰拳师挑战，竟被对方一脚扫断左臂。其后，日本空手道全国冠军泽村忠又被泰拳师当场踢成重伤。日本搏击界视此为奇耻大辱，创立了踢拳道，专门研究对付泰拳的办法。经过长期的秘密训练之后，日本踢拳道协会选派藤原敏男远征泰国，向现役泰拳拳王公开挑战，终于以绝对优势击败对方，打破了泰拳“站立格斗，天下无敌”的神话。这是泰拳历史上第一次由外国人使用外国拳术打败本国拳王，并且夺走“拳王”的称号。

回顾一下日本武术界向泰拳挑战的过程，中国武术界当会有所启示，有所警惕。

群雄环伺，待机而搏。

居安思危，生生不已，中国武术界岂可高枕无忧？

未来武术的发展趋势

未来的一个历史时期将是中国武术的繁荣发展时期，同时也将是各拳派之间的大竞争、大淘汰、大融合时期。竞争与淘汰是历史的必然，融合与交汇也是大势所趋。可以预料，21世纪将在中国武术史上写下非比寻常的一页。

中国武术融健身、技击、观赏于一体，拥有特殊的民族文化形态与内涵，它今后仍将在民族文化传统的基础上，顺应着本身固有的规律向前发展。健身、技击、观赏是武术的基本社会功能，但在不同的历史时期，可能有不同的侧重点。比如从20世纪50年代到80年代中期，武术着重发展了其观赏性的一面，出现了不少花团锦簇的新套路（主要是长拳）。20世纪80年代以来，武术的技击性又成为研究的重点，这种情况可能与散打运动的开展和日益频繁的中外交流有关。而武术的健身功能则一直为民间所重视，持续多年而不减弱的太极拳热就是一个标志。

今后，武术的健身与技击功能可能会被置于更重要的地位。社会的发展节奏越来越快，人们在商品经济的引导下，也越来越讲究实惠，健身与技击就是武术最实惠的功能，而属于精神层次的享受或消费的武术的观赏性功能很可能会退于其后。

在中国武术的诸多拳派中，内家拳特别富有活力。内家拳的特点是技击与健身紧密结合，练功与养生融为一体，而且内家拳套路简约，动作质朴，难度较低，少花架子，易于入门，既有明显的养生、健身功能，在技击上又能产生以少胜多的功效。在短短一二百年内，内家拳由北而南，风靡全国，大有后来居上之势，这绝不是偶然呈现的历史现象。但若论观赏价值，内家拳毫无优势可言，除八卦掌还比较好看以外，太极拳就显得差一些了，形意拳几乎谈不上有什么观赏价值，意拳连大套路也没有，观赏价值更无从谈起。但恰恰是这些并不好看的拳种发展得最快，普及势头也最猛，个中的道理值得深思。

笔者估计，在今后相当长的一个历史时期内，武术仍将沿着简约实用的方向继续发展。为了突出其实用价值，武术将不得不牺牲部分观赏价值。当然，武术也不能完全剔除“舞”的成分，中国武术要走向世界，走向奥林匹克赛场，向全世界展现中国运动风貌之美，则还要发扬“舞”的因素。

在未来，中国武术的所有拳派、拳种都将面临严峻的考验。有些套路将在实践中被无情淘汰，有些套路将被简化或改造，有些拳种连能否存在下去都是一个问题。同时，在各拳派互相交融的基础上，必然会产生一些新的拳派和套路，它们将以简约实用为特点，突出武术的技击功能，而舍弃其观赏功能。

吐故纳新，生生不已，这是宇宙间一切事物的基本规律，中国武术也不例外。倘若中国武术几百年来一成不变，那只能说明它已经僵滞，生命力已经萎缩。正是竞争和淘汰为中国武术注入了无限的活力，它必将在竞争与淘汰之中永葆其古老的青春，以其特有的中国气派而雄踞于世界搏击之林。

附录一 中国武术重要流派简表

中国武术源远流长，流派繁多，拳种总数当不下数百种，不少奇门拳术至今仍散匿民间。笔者所据资料有限，所见更有限，此处列出207种，仅供读者参考。

所谓武术流派，应有一个标准，就是某一拳种不仅拥有较完备的拳械套路或功法，而且拥有自己的技击理论，形成自己的独特风格。该简表基本按此标准取舍，个别罕见拳种例外。

由于年代久远，许多流派的发源地和创始人已不可考，有些只能靠传说来推测，而传说又往往有多种，让人很难确认。笔者或选取其一，或干脆暂付阙如，似更客观一些。

根据中国武术发源地的情况，可大致看出中国武术发展的三个特点：

一、中国武术的传播走向为由北而南。

二、少林、峨眉、南拳三大拳系在中国武术中占有重要地位。

三、以少林武术为代表的中原武功在中国武术发展过程中有主导性影响。

序号	名称	发源地	创始人	流行地区	备注
1	少林拳	河南嵩山少林寺		全国	
2	武当拳	湖北武当山		湖北、江苏、四川、浙江	
3	峨眉拳	四川峨眉山		四川	
4	南拳	福建福清少林寺		福建、广东、广西、湖北、台湾	
5	太极拳	河南温县陈家沟	陈王廷	全国	
6	形意拳	山西永济	姬际可	全国	又名“心意拳”“心意六合拳”
7	八卦掌			全国	由董海川在北京传出
8	苗拳			湘西、桂北	
9	壮拳	广西		广西	
10	侗拳	湖南	杨朝英	湘西南、桂北	
11	瑶拳	广西		广西瑶族聚住区	
12	土拳	湖南		湘西土家族聚住区	
13	傣拳	云南		云南西双版纳傣族自治州、德宏傣族景颇族自治州	
14	畲族拳	福建		福建宁德	
15	拉祜拳	云南		云南普洱、梁河	
16	阿昌拳	云南		云南陇川、梁河	
17	德昂拳	云南		云南德宏傣族景颇族自治州、临沧	

续表

序号	名称	发源地	创始人	流行地区	备注
18	查拳	山东冠县	查密尔	全国	
19	弹腿	山东龙潭寺或河南谭家沟		全国	又名“踏脚”“潭腿”“谭腿”
20	护身拳	北京?		陕西宝鸡	由李忠厚传出
21	汤瓶拳			河南、陕西	由河南袁凤仪传出
22	通背拳	河北沧州		北京、天津、河北、陕西、山西	
23	八极拳	河北孟村（今孟村回族自治县）	无名道人	河北、陕西、北京	
24	回民七势	河南朱仙镇		河南、陕西宝鸡	由河南穆、郑两姓在朱仙镇传出
25	白猿通背拳	辽宁沈阳	马龙彪	陕西西安	
26	六合通背拳			北京、天津	由浙江祁信、祁太昌父子传出
27	劈挂通背拳	河北		河北	
28	五行通背拳		韩道士	河北	又名“通背太极”
29	洪拳门	河南嵩山少林寺		全国	又名“大洪拳”“大红拳”“大鸿拳”
30	劈挂拳	河北盐山或河南嵩山少林寺	少林僧左宝海?	北方	
31	八门拳	甘肃兰州	陆道人	甘肃、青海	
32	八门驷拳	甘肃临夏	马四爷（绰号“孝哥巴”）	甘肃、青海、宁夏	
33	螳螂拳	山东即墨（今青岛即墨区）	王朗	山东、河北	
34	燕青拳	山东?		全国	又名“秘踪拳”，由山东孙通传出

续表

序号	名称	发源地	创始人	流行地区	备注
35	拦手	河南?		天津、上海	由河南郑天兴在天津传出
36	地趟拳			全国	
37	四通捶	山东		山东潍纺、青岛、济南	由山东黄县（今山东龙口东）冯立旺传出
38	关东拳	河南嵩山少林寺?		河南	
39	五手拳	山东		青岛	
40	华拳	陕西华山	蔡泰、蔡刚	全国	由山东济宁蔡氏传出
41	孙膑拳	山东		山东青岛、济南、聊城、淄博	由河北馆陶一张姓车夫传出
42	文圣拳	山东	皋南国?	鲁南、苏北	
43	梅花拳			全国	又名“梅花桩”，由李廷基、李廷贵在河北武强传出
44	翻子拳	河北高阳		河北、辽宁、甘肃、陕西	由河北高阳段氏传出
45	绵掌	河北		河北、河南	由罗从善传出，又名“连环绵掌”
46	绵拳	河北		河北、天津、四川成都、湖北武汉	
47	短拳			河北、河南	又名“短打”“绵张短打”“绵张拳”
48	洪洞通背拳	山西洪洞	陈卜?	晋南	
49	功力拳	山西榆次（今晋中榆次区）	榆次赵氏	全国	又名“弓力拳”
50	戳脚			河北、北京、辽宁沈阳	由赵灿益在河北饶阳传出

续表

序号	名称	发源地	创始人	流行地区	备注
51	五法八象	山西五台山	薛颠（页真子）	山西、安徽	传人甚少
52	傅拳	山西阳曲	傅山		已失传，仅留拳谱
53	分手拳		陈八大王	甘肃武威、张掖	又名“对手拳”
54	石头拳	河南嵩山少林寺		安徽、江苏	
55	苌家拳	河南荥阳汜水镇	苌乃周	河南荥阳、巩义、开封、安阳	
56	紧八手			湖北	
57	节拳			北方	又名“捷拳”
58	三皇功	北京	张长祯（醉鬼张三，1862—1945）	北京	又名“内八卦”
59	意拳	北京	王芗斋	全国	曾名“大成拳”
60	清拳	北京潭柘寺		北京，河北宁晋、巨鹿	由潭柘寺僧养性（1893—1931）传出
61	顺手拳	北京	黄宝亭（1870—1944）	北京	
62	三皇炮捶	河南嵩山少林寺		北京	由少林寺僧普照传出
63	东乡拳	安徽枞阳		皖南	
64	戗拳		曹登寅	皖南	
65	九华山拳	安徽九华山	何九天（九华老人）	安徽	
66	五童气功拳	安徽大别山天柱峰	吴道长	皖南	
67	常州南拳	江苏常州	李成产	江苏、上海	又名“武进南拳”
68	船拳	浙江吴兴（今湖州）	陆炳	太湖沿岸	

续表

序号	名称	发源地	创始人	流行地区	备注
69	台州南拳	浙江天台山	智颢?	浙江、福建、江西、上海	
70	温州南拳			浙江	
71	少林五祖拳	福建福清少林寺		福建	
72	鹤拳	福建		福建、台湾	
73	纵鹤拳	福建	方世培	福建、台湾	
74	飞鹤拳	福建永春	方七娘	福建、台湾	
75	鸣鹤拳	福建永春	林世	福建、台湾	
76	宿鹤拳	福建连江石门寺	觉清和尚	福建	
77	食鹤拳	福建闽清	嘉蒲	福建、台湾、香港	
78	永春白鹤拳	福建福宁(治今霞浦)	方七娘	闽南	方七娘为福宁人，罪谪永春
79	连城拳	福建连城	黄思焕	闽西	
80	犬法	福建泉州白莲寺?		福建	又名“地术犬法”“狗法”“地龙经”，由尼姑四月、五枚传出
81	龙尊	福建福清少林寺	林铁珠	福建、台湾	
82	虎尊	福建永泰	李元珠	福建	
83	儒法	福建泉州关帝庙		福建福州	由泉州关帝庙某道长传出
84	五祖鹤阳拳	福建晋江	蔡玉明	福建	
85	邹家拳			江西	
86	硬门拳	江西		江西丰城、樟树、宜春	
87	字门拳	河南嵩山少林寺		江西、四川	四川“字门”分成两派
88	蛇拳	河南嵩山少林寺		浙江、四川	由浙江德清胡某传出

续表

序号	名称	发源地	创始人	流行地区	备注
89	伞拳	浙江嘉兴太平寺	隐然和尚	浙江嘉兴	浙江嘉兴陆氏家传
90	内家拳	湖北武当山		浙江宁波、四川	
91	花拳	河南嵩山少林寺		全国	由江宁（今江苏南京）甘凤池等人传出
92	浦东拳	上海浦东		上海	
93	六合拳	河南嵩山少林寺		全国	
94	岳氏连拳	河南嵩山少林寺?		河北、北京	又名“八翻手”“子母拳”
95	岳门	山西		全国	
96	岳家拳	湖北黄梅	岳飞	湖北黄梅、武穴、蕲春	
97	唐拳			湖北武汉	又名“八卦唐拳”
98	龟牛拳	湖南平江	姚世月	湖南、湖北	
99	巫家拳	湖南	巫必达	湖南	
100	龙虎争巢拳	湖南平江		湖南平江	又名“龙虎斗丹崖”
101	太乙游龙拳	贵州贵阳	某道士	湖南长沙	湖南长沙余氏家传
102	梅山拳	湖南新化		湖南新化	新化古称梅山
103	自然门			湖南、浙江杭州、福建福州、香港	由四川徐矮子传出
104	盛氏武功	湖南常德	盛学林	湖南常德、益阳	由湖南常德盛英豪传出
105	喻家六合拳	四川蓬溪	喻应熊	四川	
106	坤门拳	四川峨眉山	李明月（法号“玄空”）	四川、安徽	
107	西凉掌	西北		全国	又名“阴阳掌”“西阳掌”“夕阳掌”
108	高家拳	陕西三原	高占魁	陕西关中地区	
109	八宝拳	福建福清少林寺	至善?	广西南宁、河池	

续表

序号	名称	发源地	创始人	流行地区	备注
110	洪拳			南方	
111	刘家拳	广西合浦	刘青山	广东、广西	
112	莫家拳	广东东莞	莫士达?	广东、广西	
113	蔡家拳	福建福清少林寺	蔡福	广东、广西	
114	李家拳	福建福清少林寺	李释开	广东、广西	
115	蔡李佛拳	广东新会（今江门新会区）	陈亨（陈典英）	广东、广西	
116	虎豹拳			海南	
117	洪佛拳			广东湛江	
118	五形拳			广东湛江	
119	十形拳			广东湛江	
120	虎鹤双形			广东	
121	咏春拳	福建	严咏春(严三娘）	福建、广东、广西	
122	龙行武术	黑龙江哈尔滨	刘志清（1881—1986）	全国	
123	杨家拳	山西繁峙		山西繁峙、代县	山西繁峙杨氏家传
124	水浒拳			河南商丘	
125	佛家拳	福建福清少林寺		广东	
126	昆仑拳			广东丰顺	由河南传入
127	岳家教			广东梅州	由湖南传入
128	朱家教			广东兴宁	
129	练手拳		黄啸侠（1900—1981）	广东	
130	练步拳		黄啸侠（1900—1981）	全国	

续表

序号	名称	发源地	创始人	流行地区	备注
131	孙门	四川	孙楚南	四川	
132	生门			四川宜宾、成都郫都区	
133	僧门	河南嵩山少林寺	马朝柱（绰号“赵麻布”）	四川	
134	赵门	河北		四川	由直隶（今河北）张天虎传入，分“直隶”“三原”两派
135	杜门	四川成都	杜官印	四川成都、乐山、自贡，重庆	
136	洪门	河南嵩山少林寺		四川	
137	鸿志门			四川成都、重庆	由湖北传入
138	会门	河南嵩山少林寺		四川	分为三派
139	化门	四川		四川成都、达州、南充、内江，重庆	古名“囮拳”
140	蚕闭门			四川	由江西黄益川传入
141	子午门	四川峨眉山	太空、神灯	重庆，四川乐山、峨眉山	
142	方门	四川什邡	方顺懿	四川	
143	向门			重庆万州区	由北京镖师向奎传入
144	盘破门	河南		四川	由四川资中刘杠传出
145	罗门			四川	
146	慧门			四川奉节	由河北深县（今深州）宋鲁华传入

续表

序号	名称	发源地	创始人	流行地区	备注
147	智门			四川成都及川东一带、重庆	由安徽邓继达传入
148	于门		于谦?	重庆开州区、万州区、石柱	由四川开县（今重庆开州区）蔡平川传出
149	黄林派	四川		四川成都、攀枝花、内江，重庆万州区	
150	青城派	四川青城山		四川都江堰、泸州，重庆开州区	
151	绿林派	四川		四川成都、雅安、乐山	
152	昆仑派	昆仑山?		山东、河北、四川	
153	余家拳	四川简阳		重庆，四川自贡、内江	由四川简阳余氏传出
154	余门拳	四川宣汉	余有福	四川达州，重庆万州区、云阳、开州区	
155	松溪内家拳	湖北武当山		浙江、四川	由天津兴顺镖局镖师张午亭（宁波人）传入四川
156	李家拳	四川威远高嘴山		四川威远	四川威远李氏家传
157	武当内家南拳	湖北武当山		重庆永川区、巴南区一带，四川梓潼、安岳	又名“子母南拳”，由武当道士彭瑛传入四川
158	明海拳	四川万县（今重庆万州区）回龙寺	明海和尚	重庆万州区、云阳	
159	梅氏拳	河南	梅氏老姑	重庆大足区、荣昌区、永川区	又名“九堆灰”

续表

序号	名称	发源地	创始人	流行地区	备注
160	满手拳			重庆	清末时传入四川江津（今重庆江津区）
161	周家拳	四川江北（今重庆江北区）	周玉峰	重庆及川东一带	
162	江河拳	河南开封		四川南充	由四川南充和尚孙福益传出
163	苏门拳	河南		重庆永川区、江津区、荣昌区、大足区，四川泸州	又名“苏家教”，由河南苏（舒）裁缝传入四川永川（今重庆永川区）
164	少林南拳	河南嵩山少林寺		四川	以短拳为主，多拳少腿
165	联门拳	四川开县（今重庆开州区）	王联方	重庆开州区、万州区	
166	任门拳		任某	重庆万州区、梁平区、开州区	
167	自门拳	四川南充		四川南充	四川南充唐氏家传
168	任家教	四川永川（今重庆永川区）	任思镇	重庆永川区、大足区、荣昌区	
169	山东教	山东		重庆永川区、荣昌区	又名“山东打”，由山东人传入四川
170	金家功		金道人	重庆梁平区、忠县、垫江	金道人原名姬一旺，祖籍山西
171	弦虎门	四川冕宁		四川冕宁、西昌	四川冕宁钱氏家传
172	白眉拳	四川峨眉山	白眉道人	四川、广东	

续表

序号	名称	发源地	创始人	流行地区	备注
173	鱼门拳	湖北咸宁		湖北	
174	孔门拳	湖北大冶	胡铁镖	湖北武汉、广东广州	
175	侠拳	四川峨眉山		广东广州、顺德，海南，香港	
176	南枝拳	福建福清少林寺	南枝	广东汕头、潮州、普宁	
177	刁家教	江西临江（今樟树）		广东梅州、兴宁	由广东刁氏兄弟传出
178	鸭形拳	天津	李恩贵	天津、四川	
179	鹰爪拳	河北雄县	刘仕俊	全国	
180	太虚拳	广东新会（今江门新会区）	伍荣羽	广东、香港、澳门	
181	长拳	河南或山东		全国	又名“太祖拳”
182	功家南派	湖北武当山	邓钟山	江苏	属武当拳系
183	少林心意门	河南嵩山少林寺			寺内秘传
184	蚩尤拳			湘西苗家山寨	
185	狼拳			河南鸡公山	1980年前后由一老妪秘传
186	太和拳			山东青岛	
187	猴拳	河南嵩山少林寺		全国	
188	炮拳	河南嵩山少林寺		全国	
189	鸡形拳	湖南永顺	张海全	湖南永顺	
190	醉拳	河南嵩山少林寺		全国	又名“醉八仙”
191	陈氏太极拳	河南温县陈家沟	陈王廷、陈长兴等	全国	

续表

序号	名称	发源地	创始人	流行地区	备注
192	孙氏太极拳	北京	孙禄堂	全国	
193	吴氏太极拳	北京	吴鉴泉	全国	
194	杨氏太极拳	北京	杨福魁	全国	
195	武氏太极拳	河北永年（今邯郸永年区）	武禹襄	全国	
196	赵堡架太极拳	河南温县赵堡	陈青萍	全国	又名“忽雷架”
197	和氏太极拳	河南温县赵堡	和兆元（1810—1890）	全国	
198	山西派形意拳	山西祁县	戴龙邦	山西	
199	河北派形意拳	河北深县（今深州）	李洛能	全国	
200	河南派形意拳	河南洛阳	马学礼	河南、上海、安徽、四川	
201	形意八卦掌	河北河间	张占魁	河北、上海	
202	八虎拳			四川南江、绵阳	
203	黄鳝拳	四川安岳	陈西	四川安岳	四川安岳陈氏家传
204	跛子拳	四川峨眉山		四川安岳	根据残疾者动作编成，由峨眉山净云和尚传出
205	龙形拳		尼姑五枚	广东广州、香港、澳门	由罗浮山华首台寺大玉禅师传出
206	新武术	山东	集体创编		民国初年编成，署名马良
207	截拳道	香港	李小龙	香港	

附录二 练武注意事项

练武本来是为了强健身体，但也有少数人因为不按规律办事，反而使身体落下毛病，甚至连一些很有名气的拳师也难以幸免。像练形意拳的，上步落脚太重，容易落下腰腿疼的毛病；练少林拳的，“跟脚（跺脚）”太重，也容易使脚底受伤。有些功法，要求用身体的某一部位去撞击树木、墙壁等硬物，稍有不当，也容易受伤。内功在练习时更要慎重。

这里提出一些注意事项，供喜爱武术的读者朋友参考。

（一）循序渐进，不急不躁，不要幻想一口吃成胖子。

（二）持之以恒，坚持不懈，不能三天打鱼，两天晒网。

（三）所有拳派都各有长处，不要这山望着那山高，应当集中精力先学好一个拳派的功法。

（四）练好基本功，特别是腿功和腰功。

（五）晨起洗漱完毕，喝一碗温开水，补充夜间所失水分。

（六）早晨练功前不要憋大小便。

（七）开始练功时，要先做些准备活动，使筋骨逐渐舒展，不要一下子就猛练踢腿、拔筋，天冷时尤其要注意。

（八）练拳结束后，要做些整理活动，如散步、轻轻敲捏肌肉等，并且应及时穿衣，切记防风如防箭。

（九）练拳结束后不宜马上进食。

（十）在练习内功时，出现头部放大、身体飘升或下沉等感觉，属于正常现象。在练习内功的周天功时，如果感到晕眩，应立即停止练功，到医院检查血压是否偏高。有高血压症状的人不宜练周天功。

（十一）重视桩功，但一开始不要站桩太久。

（十二）不要忽视那些看来最简单的动作，如冲拳、弹踢之类。

（十三）不必追求难度过大甚至力所不及的动作。

（十四）练功时要集中注意力，不说闲话，保持必要的兴奋度。

（十五）不要轻易与人试手过招，尤其不宜嬉笑打闹；一旦形势危急，不得不出手时，必须全力以赴。

（十六）不要轻易用身体的任何部位去撞击树木、墙壁之类的硬物，也不要轻易用手掌或手指去砸击或硬抵砖瓦、石块及树木。

（十七）要特别重视胯部的作用，注意对肘、肩、膝部的训练。

（十八）任何时候都不要认为自己很了不起，同样任何时候也都不要把自己估计得太低。

（十九）过度疲劳时不宜练拳，大喜大悲或愤怒时不宜练内功。

（二十）保证睡眠时间，适当加强营养（特别是肉食），临睡前用热水洗脚。

主要参考书目

〔西汉〕司马迁：《史记》（第十册），北京：中华书局，1959 年。

〔明〕戚继光：《纪效新书》，上海醉经楼校印本，光绪乙未年（1895）。

〔明〕戚继光：《练兵实纪》，北京琉璃厂刊本，晚清。

〔明〕唐顺之：《荆川集》，台北：台湾商务印书馆，文渊阁四库全书影印版，1974 年。

〔明〕陈邦瞻：《宋史纪事本末》，北京：中华书局，1977 年。

〔明〕程宗猷：《少林白眉棍法》，上海：百新书店，《少林棍法阐宗》翻印版，1930 年。

〔清〕颜元：《颜元集》，北京：中华书局，1987 年。

〔清〕吴殳：《手臂录》，上海：商务印书馆，《丛书集成初编》（补印本），1960 年。

〔清〕黄宗羲著，陈乃干编：《黄梨洲文集》，北京：中华书局，

1959 年。

〔清〕林福源：《后湖渔人文集》，上海：鸿宝斋书局，石印本，1926 年。

〔清〕钱仪吉、缪荃孙、闵尔昌等编：《清代碑传全集》，上海：上海古籍出版社，1987 年。

〔清〕贺长龄编：《皇朝经世文编》，台北：文海出版社，1966 年。

〔清〕刘熙载：《古桐书屋六种》，光绪初年刻本。

〔清〕俞樾：《春在堂全书》，光绪二十年（1894）刻本。

〔清〕何家琪：《天根文钞》，光绪丙午（1906）大梁初刻本。

朱保炯、谢沛霖编：《明清进士题名碑录索引》，上海：上海古籍出版社，1980 年。

林纾：《畏庐漫录》，上海：商务印书馆，1925 年。

徐珂辑：《清稗类钞》（第六册、第七册、第十一册），北京：中华书局，1986 年。

《八闽通志》，明弘治四年（1491）修，《北京图书馆古籍珍本丛刊》卷 77，北京：书目文献出版社，1987 年。

〔明〕王应山纂修：《闽大记》，万历六年（1578）成书，手抄本，藏河南省社会科学院图书馆。

泉州志编纂委员会办公室编：《泉州府志》，清乾隆二十八年（1763）修，据泉山书社 1937 年补刻本影印，1984 年。

〔清〕沈葆桢、吴坤修等修，何绍基、杨沂孙等纂：《安徽通志》，清光绪三年（1877）重修，台北：京华书局，缩印本，1967 年。

〔明〕张恒编纂：《襄阳郡志》，明天顺年间刻本，上海：上海古籍出版社，据陕西省图书馆藏本影印，1964 年。

〔清〕曹秉仁纂修：《宁波府志》，雍正十一年（1733）刊，道光二十六年（1846）重刊本。

〔清〕李斗著，汪北平、涂雨公校点：《扬州画舫录》，北京：中华书局，1960年。

印鸾章：《清鉴》，北京：中国书店，据世界书局1936年版本影印，1985年。

〔清〕王筠著，屈万里、郑时辑校：《清诒堂文集》，济南：齐鲁书社，1987年。

云游客：《江湖丛谈》，北京：中国曲艺出版社，1988年。

李时灿编纂：《中州先哲传》，开封：经川图书馆，1937年。

丁传靖辑：《宋人轶事汇编》，北京：中华书局，1981年。

曲彦斌：《中国民间秘密语》，上海：生活·读书·新知三联书店上海分店，1990年。

马西沙：《清代八卦教》，北京：中国人民大学出版社，1989年。

任继愈译著：《老子新译》，上海：上海古籍出版社，1985年。

陈鼓应：《老子注释及评介》，北京：中华书局，1989年。

《宋本十一家注孙子》，上海：上海古籍出版社，1978年。

马济人编著：《中国气功学》，西安：陕西科学技术出版社，1983年。

李志庸编著：《中国气功史》，郑州：河南科学技术出版社，1988年。

陈鑫：《陈氏太极拳图说》，上海：上海书店，1986年。

杨澄甫等：《太极拳选编》，北京：中国书店，1984年。

张义敬编著：《太极拳理传真》，重庆：重庆出版社，1986年。

万籁声：《武术汇宗》，北京：中国书店，1984年。

向逵：《拳术》（附《拳术见闻录》），上海：中华书局，1923年。

吴图南：《国术概论》，北京：中国书店，1984年。

无谷、刘志学编：《少林寺资料集》，北京：书目文献出版社，

1982年。

无谷、姚远编：《少林寺资料集续编》，北京：书目文献出版社，1984年。

德虔、素法编著：《少林打擂秘诀》，北京：北京体育学院出版社，1989年。

金一明：《三十二势长拳》，上海：中华书局，1936年。

武汉市武术协会武当武术整理小组编写，金子弢演授：《武当太乙五行拳》，武汉：湖北人民出版社，1982年。

姜容樵：《形意母拳》，北京：中国书店，1984年。

裴锡荣编著，李英昂整理：《河南正宗形意拳》，香港：麒麟图书公司，1981年。

李天骥、李德印编著：《形意拳术》，北京：人民体育出版社，1981年。

曹志清编著:《形意拳理论研究》,北京:人民体育出版社,1988年。

姚宗勋：《意拳——中国现代实战拳术》，北京：北京体育学院出版社，1989年。

习云太、吴信详、吴信训：《峨眉散打术》，成都：四川科学技术出版社，1985年。

胡金焕、孙崇雄、阮宝翔：《鹤拳》，福州：福建人民出版社，1982年。

金倜庵著，沈理然整理：《练打暗器秘诀》，北京：北京体育学院出版社，1989年。

四川省体育运动委员会、四川省武术遗产挖整组编：《四川武术大全》，成都：四川科学技术出版社，1989年。

习云太：《中国武术史》，北京：人民体育出版社，1985年。

唐豪：《行健斋随笔》，上海：中国武术学会，1937年。

徐震：《太极拳考信录》，南京：正中书局，1937年。

[美]约翰·F.吉尔比著，陈福生等译：《世界高手格斗绝招》，北京：军事译文出版社，1991年。

[美]亨丁顿著，潘光旦译：《自然淘汰与中华民族性》，上海：新月书店，1929年。

[美]费正清编，中国社会科学院历史研究所编译室译：《剑桥中国晚清史》，北京：中国社会科学出版社，1985年。

〔宋〕张君房辑：《云笈七签》，台北：台湾商务印书馆，文渊阁四库全书影印版，1983年。

萧一山辑：《近代秘密社会史料》，北京：国立北平研究院总办事处出版课，1935年。

蔡少卿：《中国近代会党史研究》，北京：中华书局，1987年。

中国社会科学院近代史研究所《近代史资料》编辑组编：《义和团史料》，北京：中国社会科学出版社，1982年。

魏绍昌、吴承惠编：《鸳鸯蝴蝶派研究资料》，上海：上海文艺出版社，1984年。

中国体育博物馆、国家体委文史工作委员会编：《中华民族传统体育志》，南宁：广西民族出版社，1990年。

后记

2008年5月20日清晨7时许，父亲因心脏病突发辞世。变故发生得如此突然，至今从感情上我和家人都无法接受这一事实。

父亲学识渊博，兴趣广泛，长期致力于中国近现代文学和中国武林文化研究，并对军事、体育等领域有极深的研究，出版了《佛学与中国近代诗坛》《左宗棠》《中国武术与武林气质》《功夫——中国武术文化》等专著。在生命的最后两年，父亲把全部心血投入到《中原文化大典·武术卷》的编著工作中。

父亲习武受家庭影响较大，祖父母皆习武。父亲自幼体弱，屡患大病，几次险些不治。后来在祖母的鼓励下，父亲于20世纪60年代开始练拳，至晚年已经进入习武的高级阶段。父亲年轻时，因鄙视一名子弟自吹自擂，遂与之比试，一招将其击败。其师随即登门挑战，也被父亲一招击败，其后再无人挑战。回忆往事，父亲说自己当时太年轻气盛了，此后再不曾与人交手。习武只是父亲的兴趣所在，用来强身健体而已。

20世纪90年代末，父亲在北京曾与日本太气拳协会会长久保勇人相遇。久保勇人的师父泽井健一是意拳大师王芗斋先生的弟子，在日本创立太气拳，被誉为日本的“拳圣”。父亲表达了对泽井健一先生逝世的哀悼之意，久保勇人神情倨傲地用手势表示自己听不懂中文。父亲不再理会，与同行的朋友谈起武学和形意拳。很快，久保勇人用中文向父亲请教问题，态度非常恭敬，无疑他也被父亲广博的学识折服。

父亲从 20 世纪 60 年代开始搜集中国武术流派的资料，几十年来已经掌握了 1000 多个武术流派的传承资料，至今整理问世的仅有 200 多个。父亲曾表示要将其全部整理出版，然而这项工作还未完成便匆匆离去。这不仅是父亲的一大憾事，而且是中国武林文化研究的一大损失。

自《中国武术与武林气质》等书出版后，父亲曾多次发现自己作品中的一些内容被人抄袭，有的甚至直接从书中截下一段，连字句也懒得更改，便署了名字发表出来。对于这些“文抄公”，父亲向来是一笑了之，认为实在不值得为此耗费光阴，还是干自己的事要紧。

父亲对清初著名学者颜元极为推崇。颜元既是理学大师，又精通技击，内功深厚，而且还熟悉兵法、医术等，是中国历史上一位罕见的文武全才。父亲的一生，显然是对颜元人生模式的不懈追求。

我们姐妹幼时，父亲曾想教我们习武，但是才练了几天的基本功，我们就无法坚持，父亲也不忍强迫，便放弃了。如今谈及此事，我们都后悔不已。

本书由父亲生前的一些研究成果整理而成，部分地方略有改动。书中还选发祖父松峰公所抄“太极拳分势练习法”的一幅照片和父亲早年所抄拳谱及擒拿术的两幅照片，以表示对祖父母和父亲的一点纪念，同时也是想为他们的人生之旅多少留下一些痕迹。

2021 年 9 月 21 日晚于郑州家中